Günter Saile

Sprache und Handlung

Schriften zur Linguistik

herausgegeben von
Prof. Dr. Peter Hartmann, Konstanz

Band 10

Band 1
Gerhard Stickel, Untersuchungen zur Negation im heutigen Deutsch

Band 2
Klaus Brockhaus, Automatische Übersetzung

Band 3
Beiträge zur generativen Grammatik, herausgegeben von Armin von Stechow

Band 4
Peter Raster, Zur Theorie des Sprachvergleichs

Band 5
Richard Montague/Helmut Schnelle, Universale Grammatik

Band 6
Linguistik und Statistik, herausgegeben von Siegfried Jäger

Band 7
E. F. K. Koerner, Ferdinand de Saussure

Band 8
Eckhard Wolf, Vom Buchstaben zum Laut

Band 9
Günther Storch, Semantische Untersuchungen zu den inchoativen Verben im Deutschen

Band 10
Günter Saile, Sprache und Handlung

Band 11
Vladimír Skalička, Typologische Studien

Band 12
Rudolf T. Schmidt, Die Grammatik der Stoiker

Band 13
Karlfried Knapp, Lehrsequenzen für den Zweitsprachenerwerb

Günter Saile

Sprache und Handlung

Eine sprachwissenschaftliche Untersuchung von Handhabe-Verben, Orts- und Richtungsadverbialen am Beispiel von Gebrauchsanweisungen

Friedr. Vieweg & Sohn Braunschweig/Wiesbaden

CIP-Kurztitelaufnahme der Deutschen Bibliothek

Saile, Günter: Sprache und Handlung: e. sprachwiss. Unters. von Handhabe-Verben, Orts- und Richtungsadverbialen am Beispiel von Gebrauchsanweisungen / Günther Saile. –
Braunschweig/Wiesbaden: Vieweg, 1984.
(Schriften zur Linguistik; Bd. 10)
ISBN 3-528-03709-1

NE: GT

Umschlaggestaltung: Barbara Seebohm, Braunschweig
Druck und buchbinderische Verarbeitung: Industrie- u. Verlagsdruck, Walluf b. Wiesbaden
Printed in Germany

ISBN 3-528-03709-1

Vorwort

Im Zentrum des Handlungsbegriffs stehen Bewegungen der Hand, mit denen wir Dinge von einem Ort an einen anderen schaffen. Wie weisen wir solche elementaren Hand-lungen an, wie können wir sie beschreiben? Das Buch untersucht den in Frage kommenden sprachlichen Phänomenkreis von der grammatischen und logischen Struktur bis hin zum Verstehensprozeß. Es lädt den Leser ein, sich über die greifbaren Erscheinungen an die schwierigeren Fragen von Sprache und Handlung heranzutasten. Nicht, daß sich so jeder Widerspruch vermeiden liesse. Im Gegenteil, das Greifbare ist immer das Angreifbare. Auch leugne ich nicht die Rolle, die Motiv, Absicht und Plan bei einer Handlung spielen. Aber wer sich auf spiegelglattes Eis begibt, braucht etwas, woran er sich halten kann.

Eine erste Fassung des Buches hat im Jahre 1977 dem Fachbereich I der Technischen Universität Berlin als Dissertation vorgelegen. Seitdem wurde es in durch diverse Vorhaben unterbrochenen Phasen überarbeitet und, wie ich hoffe, leserfreundlicher gestaltet. Die Professoren Helmut Schnelle und Klaus Baumgärtner haben die Dissertation betreut. Herrn Professor Baumgärtner bin ich für wertvolle Ratschläge und Hinweise zu Dank verpflichtet. Die logische Analyse der Handhabe-Verben (Kapitel IV) geht auf eine konstruktive Kritik Professor Schnelles zurück. Er war es auch, der durch Vorlesungen und Seminare mein Interesse an der strukturellen Linguistik geweckt und mich über viele Jahre institutionell gefördert hat. Dafür danke ich ihm mehr, als sich dies in einem kurzen Vorwort sagen läßt.

Bei einer Arbeit wie dieser ist man auf die Unterstützung von Kollegen angewiesen; so habe ich im Laufe der Zeit von Werner Deutsch, Christian Dütschmann, Michael Job, Gerd Kegel, Wolfgang Klein, Hannes Kniffka, Ewald Lang, Friedrich Schunck, Arnim von Stechow, Frank Tasche, Heinz Vater und Dieter Wunderlich hilfreiche Kommentare erhalten. Es wäre mir jedoch ohne die Angriffslust meines Freundes Edgar Rothacker unmöglich gewesen, dem Buch die vorliegende Form zu geben. Seine Attacken kamen ihm auf sanfte Weise über die Lippen, wie Zuspruch, und nur ein spitzbübisches Lächeln verriet, daß er schon wieder einen Fehler entdeckt hatte, der mich zur Verbesserung zwang. Wenn daraus am Ende keine "Verschlimmbesserung" geworden ist, dann ist das Aldo, Gervasio und ihren Brigaden zu danken, die etwas italienisches Ambiente nach "Malochum" brachten und uns so bei Laune hielten.

Bochum, im Spätsommer 1983 Günter Saile

Inhaltsverzeichnis

Einleitung
Sprache und Handlung

Theorie
Satz und Handlung

Anhang

Einleitung
Sprache und Handlung

Zum Handeln gehören Hände. Dieser Werbespruch bringt uns einen oft vergessenen etymologischen Zusammenhang in Erinnerung: das neuhochdeutsche Allerweltswort *handeln* geht auf das konkrete althochdeutsche Verb *hantalon* zurück, das von *hant*, dem althochdeutschen Wort für *Hand*, abgeleitet ist. Ursprünglich bedeutet *handeln*: 'Dinge mit den Händen fassen, bearbeiten'. Auf dieselbe Ursprungsbedeutung läßt sich auch das Verbalsubstantiv *Handlung* zurückführen: 'die Bearbeitung von Dingen mit Hilfe der Hände'.

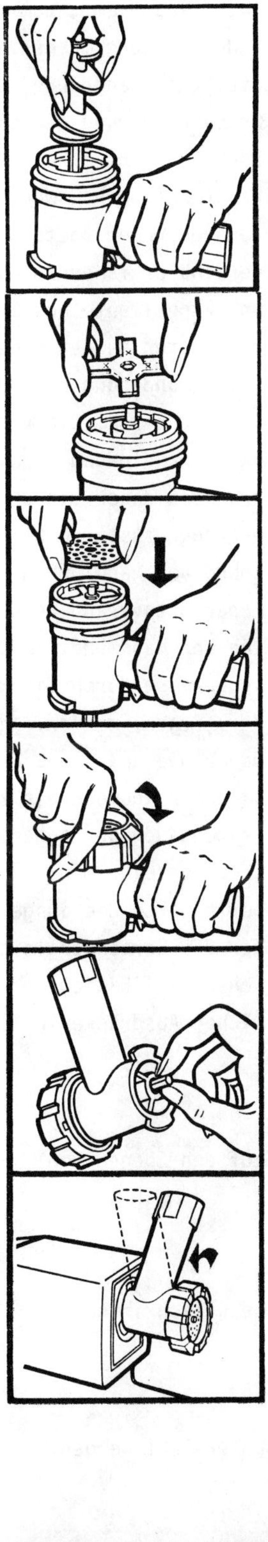

In systematischer Hinsicht sind beobachtbare Handlungen eng mit der Fähigkeit eines Täters verbunden, eine Ortsveränderung oder eine Formveränderung von Dingen zustande zu bringen (vgl. von Wright, 1963: 35ff.). Solche Veränderungen sind nur durch Bewegungen des Täters erreichbar, deren Paradigma zweifellos die Handbewegungen sind - warum sonst hätten das Deutsche und viele andere Sprachen ursprünglich gerade diese Bewegungen durch bestimmte lexematische Ableitungen hervorgehoben? Man vergegenwärtige sich nur die Ableitung germanischer Verben des Typs engl. *to handle* 'handhaben' von germ. **handu-* 'die Fassende, Greifende', die Ableitung romanischer Verben des Typs frz. *manier* 'handhaben' von lat. *manus* 'Hand' oder die Ableitung von Verben in Sprachen wie dem Griechischen χειρίζω (ngr. med.-pass. χειρίζομαι) 'handhaben' von χείρ (ngr. χέρι) 'Hand' oder dem Albanischen *përdor* 'handhaben' von *dorë* 'Hand', man betrachte nur die Herkunft der weitgehend international gebräuchlichen, aus dem Lateinischen bzw. Griechischen stammenden Lehnwörter *Manipulation, Manöver, Manufaktur, Chirurgie* etc.

Um eine Ortsveränderung oder eine Formveränderung von Dingen zustande zu bringen, muß also der

Täter insgesamt, zumindest aber ein Körperteil wie seine Hand, eine Ortsveränderung durchmachen. Für die Formveränderung von Dingen ist aber nicht nur die Ortsveränderung des Täters konstitutiv, sondern in gewissem Sinn auch die Ortsveränderung dieser Dinge. Ein Ding kann nämlich erst dann in seiner veränderten Form erkannt werden, wenn man es schon in seiner Beständigkeit erkannt hat, d.h., wenn man beobachtet hat, daß das Ding bei verschiedenen Ortsveränderungen stets dieselbe charakteristische Form aufweist. Piaget und seine Schüler fanden diese allgemeine Überlegung durch zahlreiche Beobachtungen und Experimente bestätigt: danach wird der Erwerb von Handlungsschemata in den ersten beiden Lebensjahren eines Kindes vor allem durch die Erfahrung der Ortsveränderung und der Objektkonstanz gesteuert. Die darauf gegründeten Handlungsschemata, die vom Kind graduell verinnerlicht werden, ermöglichen ihm dann, Handlungen auch sprachlich zu beschreiben (vgl. Sinclair, 1971). Wir betrachten daher die Ortsveränderung von Dingen, die ein Täter mittels Handbewegungen zustande bringt, als systematischen Ausgangspunkt für die Untersuchung von Handlungen, und die sprachliche Beschreibung derart zustande gekommener Ortsveränderungen als Kern des facettenreichen Verhältnisses von Sprache und Handlung. Im Deutschen werden solche Ortsveränderungen charakteristischerweise durch die Handhabe-Verben oder verba manupellendi wie *setzen, stellen, legen, werfen, fallen lassen* und die mit ihnen verbundenen Richtungsangaben wie *auf den Boden, über den Fluß, vom Turm* beschrieben. Zu diesem sprachlichen Phänomenkreis zählen mittelbar vor allem noch Ortsangaben, aber auch Zeitangaben und sogenannte Kontroll-Verben wie *lassen* und *machen*. Ziel des Buches ist eine möglichst vollständige sprachwissenschaftliche Untersuchung aller Aspekte des ausgewählten Phänomenkreises des Deutschen bis hin zu den Fragen des Sprachvergleichs, der psycholinguistischen Auswertung und der praktischen Implikationen der Untersuchung. Insbesondere sollen die genannten sprachlichen Ausdrücke in

- Handlungssätzen und Handlungstexten

auf den Ebenen von

- Syntax und Semantik

bezüglich ihrer

- Struktur und Funktion

untersucht werden.

Handlungssätze und Handlungstexte

Wie in jeder Wissenschaft werden auch in der Sprachwissenschaft die Möglichkeiten und Grenzen einer Untersuchung durch methodologische Kriterien bestimmt. Zwei Kriterien scheinen hier unverzichtbar: erstens sollten die aufgestellten Hypothesen sich für wissenschaftliche Systematisierungen eignen, zweitens sollten sie einer empirischen Überprüfung zugänglich sein. Leider wird oft das eine Kriterium gegen das andere ausgespielt: so bekommen die Satzgrammatiken zwar allgemeine Organisationsprinzipien des Sprachsystems in den Griff, nehmen aber dafür in Kauf, daß sie sich in der konkreten Sprachverwendung nur schwer überprüfen lassen, denn sie beschreiben ideale, künstliche Sätze, die mit den in Texten verwendeten Sätzen lediglich indirekt in Beziehung stehen. Umgekehrt lassen sich spezifische Hypothesen über ein vorgefundenes Textkorpus leicht überprüfen, sie können aber nur bedingt für andere Textkorpora verallgemeinert werden. Um beiden Kriterien - sowohl der Systematisierbarkeit wie der Überprüfbarkeit - Rechnung zu tragen, wird die Untersuchung in zwei sich ergänzenden Teilen angelegt: einem allgemeinen Teil, in dem einfache Handlungssätze mit Handhabe-Verben und Richtungsadverbialen idealiter untersucht werden, und einem textspezifischen Teil, in dem die Analyse an vorgefundenen Handlungstexten erprobt wird. Handlungstexte, in denen Handhabe-Verben und Richtungsangaben häufig vorkommen, sind handelsübliche Gebrauchsanweisungen von Haushalt- und Freizeitgeräten. Eine solche Gebrauchsanweisung wird im zweiten Teil dieser Arbeit untersucht, und zwar in ihrer deutschen, französischen und englischen Fassung.

Syntax und Semantik

Als Rahmen der syntaktischen Untersuchung des sprachlichen Phänomenkreises wähle ich die Transformationsgrammatik und als Rahmen der semantischen Untersuchung eine mehrstufige Prädikatenlogik. Diese Wahl kommt der jüngeren sprachwissenschaftlichen Tradition entgegen: in den letzten zwanzig Jahren war die Syntax eine Domäne der Transformationsgrammatik, genauso wie die Semantik eine Domäne der logischen Sprachanalyse war. Von daher liegt es nahe, daß jeder der beiden theoretischen Ansätze das für sein besonderes Anwendungsgebiet nötige begriffliche Werkzeug am besten entwickelt hat und daß innerhalb dieser Ansätze die jeweils spezifische inhaltliche Diskussion am weitesten fortgeschritten ist. Versuchte man z.Z. eine einheitliche Darstellung der Syntax und Semantik des relativ komplexen Phänomenkreises entweder im Rahmen der Transformationsgrammatik oder im Rahmen einer logischen Grammatik, so würde man sich jeweils vom komplementären Diskussionszusammenhang abkoppeln und sähe sich außerdem vor riesige, im Falle der Transformationsgrammatik vielleicht vor unüberwindliche technische Probleme gestellt. In dieser Lage ist es ratsam, Syntax und Semantik in zwei verschiedenen formalen Rahmen darzustellen und über allgemeine Wahrheitsbedingungen aufeinander zu beziehen.

Zur transformationellen Analyse des Verbbereichs liegt ein Vorschlag von Lyons (1968: 389ff.) vor, zu der des Adverbialbereichs ein Vorschlag von Steinitz (1969:96ff.). Beide Vorschläge können nach einigen Modifikationen übernommen und zusammengefaßt werden. Anders als die grammatische Form einfacher Handlungssätze ist ihre logische Form - trotz der intensiven Diskussion der letzten Jahre - noch weitgehend ungeklärt. Immerhin haben Kripke (1963), Lewis (1972), Montague (1974) und andere Logiker die Grundlagen für eine Semantik des Sachbezuges sprachlicher Ausdrücke gelegt. Die sprachlichen Ausdrücke werden letztlich durch mengentheoretische Konstrukte interpretiert, dergestalt, daß sich die Konstrukte als Modelle natürlicher Referenzobjekte, ihrer Eigenschaften und Beziehungen auffassen lassen. Die Interpretation erfolgt in Abhängigkeit von äußeren Kontextfaktoren, wie möglicher Welt, Zeit und Ort der Äußerung, Sprecher und Adressaten, voraufgehenden Redeausschnitten, Dingen und Personen, auf die verwiesen wird (vgl. Lewis, 1972). Innere Kontextfaktoren wie die Absichten und Motive der beteiligten Personen werden nicht berücksichtigt. Ihre Rolle ist gegenwärtig noch zu unerforscht, als daß man sie mit Gewinn in einen solchen formalen Rahmen einbringen könnte. Glücklicherweise ist das für eine semantische Analyse einfacher Handlungssätze wie *Gerd läßt den Kegel unter den Tresen fallen* auch gar nicht nötig. Ich meine, daß solche Sätze weder thematisieren, aufgrund welcher Absichten und Motive jemand etwas irgendwohin tut, noch voraussetzen, daß der Täter bestimmte Absichten und Motive hat. Wenn aber der innere Aspekt der Handlung für das Verständnis eines einfachen Handlungssatzes keine Rolle spielt, dann ist es nur angemessen, wenn die semantische Analyse des Satzes von diesem inneren Aspekt absieht. Bei komplexen Handlungssätzen oder Handlungstexten gilt das natürlich nicht mehr. Aber sofern sie *beobachtbare* Handlungen beschreiben, ist die Rekonstruktion des inneren Aspektes der Rekonstruktion des äußeren Aspektes nachgeordnet: um hinter die Absichten eines Täters zu kommen, muß man den Gegenstand seiner Absichten kennen, und wenn dieser Gegenstand eine beobachtbare Handlung ist, muß man wissen, wie die Handlung aussieht.

Die Darstellung der äußeren Kontextfaktoren ist zwar im Vergleich zu den inneren Faktoren unproblematisch, für sich genommen aber keineswegs leicht. Bei der Beschreibung der eigentlichen Ortsveränderung mit Hilfe von Richtungs- und Ortsangaben spielen Details wie der Aggregatzustand, die Form, Größe und Umgebung der Referenzobjekte und die funktionelle Körperasymmetrie des Menschen eine entscheidende Rolle. Im Kontext gegebene Dinge oder Personen können daher nicht länger wie z.B. bei Montague (1974) als unstrukturierte Einheiten, als Punkte aufgefaßt werden, ihre äußere Struktur bzw. die Struktur des Raumes, den sie einnehmen, ist in die Darstellung einzubeziehen. Die Semantik der Handhabe-Verben, welche das Zustandebringen der Ortsveränderung durch einen Täter beschreiben, erfordert eine Betrachtung möglicher Welten, dessen, was der Fall wäre, wenn der Täter den natürlichen Lauf der Dinge nicht beeinflußte. Im Falle der Richtungs- und Ortsangaben kann ich mich auf eigene, zusammen mit G. Kegel ausgeführte Vorarbeiten (1973, 1974, 1975) sowie auf eine umfangreiche Literatur stützen; im Falle der Handhabe-Verben beziehe ich mich auf von Wrights (1963, 1968, 1971) handlungstheoretische Darlegungen. Da aber die ersteren Arbeiten nur Teilaspekte behandeln und die letzteren keinen deutlichen Bezug zu einer Semantik- oder Sprachtheorie aufweisen, liegt der Schwerpunkt des Buches auf dem Ausbau einer leistungsfähigen Referenzsemantik für den ausgewählten sprachlichen Phänomenkreis. Diese bliebe aber unvollständig, wenn man sie nicht mit einer Sinnsemantik kombinierte, die die Bedeutungsbeziehungen sprachlicher Ausdrücke untereinander betrachtet. Erst im Verbund mit der Sinnsemantik können für Handlungssätze so wichtige grammatische Funktionen wie Transitivität und Ergativität geklärt werden.

Struktur und Funktion

Die hier vertretenen Ansätze einer transformationellen Syntax und einer logischen Semantik untersuchen nicht nur die Struktur sprachlicher Ausdrücke, sondern auch ihre Funktion bzw. die Funktion ihrer Struktur. So wird die Funktion der grammatischen Formen und Kategorien für die logische Form betrachtet, und diese wird hinsichtlich ihrer objektiven Darstellungsfunktion ausgewertet. Was bei der Konzentration auf sprachliche Ausdrücke aber letztlich aus den Augen verloren wird, ist der Sprachbenutzer selbst. Die Nichtbeachtung der inneren Prozesse des Sprachbenutzers trennt die Transformationsgrammatik und die logische Semantik von alternativen Ansätzen der Sprachpsychologie (z.B. Miller/Johnson-Laird, 1976) und der künstlichen Intelligenz (z.B. Winograd, 1972). Sie ist unlängst von Schnelle (1979) mit dem Argument kritisiert worden, daß gewisse sprachliche Zusammenhänge wie das Tempussystem erst dann richtig verstanden werden könnten, wenn man das Funktionieren des sprachlichen Organismus, die Prozesse seines Denkens und Sprechens in die Betrachtung einbeziehe. Ich glaube, daß im Falle des hier behandelten sprachlichen Phänomenkreises mit der Untersuchung von Gebrauchsanweisungen eine Brücke zwischen den alternativen Ansätzen geschlagen werden kann. Zum einen läßt sich - wie Rescher (1966) gezeigt hat - die statische logische Form von Anweisungen auch prozessual deuten, denn im Falle von Anweisungen gibt es bereits eine Übersetzung von einer logischen Form in ein Flußdiagramm. Dieses Flußdiagramm beschreibt kybernetisch die Verarbeitung von Anweisungen durch einen Organismus bis hin zu einer der Anweisung entsprechenden Handlung. Zum andern können die tatsächlichen Verarbeitungsprozesse beim Lesen einer Gebrauchsanweisung leicht an den außersprachlichen Handlungen des Lesers überprüft werden - man ist also nicht nur auf Reproduktions- und Paraphrasetests oder auf Schätzurteile über die Verstehensleistung angewiesen. Wenn man die Gebrauchsanweisung einer syntaktisch-semantischen Analyse unterzieht, können allgemeine sprachstrukturelle Hypothesen mit psychologischen Modellen der Sprachverarbeitung systematisch kombiniert und in Experimente eingebracht werden. Damit dürfte man - auf lange Sicht - auch in der Frage des bisher dunklen inneren Aspektes von Handlungen und Handlungsbeschreibungen einen Schritt weiterkommen.

Theorie

Satz und Handlung

I. Komponenten eines Handlungssatzes

1. Grammatische Form

Eine Handlung, durch die Dinge per Hand im Raum bewegt werden, läßt sich in einfacher und relativ vollständiger Weise durch einen transitiven Satz beschreiben, der ein Handhabe-Verb und eine oder mehrere Richtungsangaben enthält. Größere Beschreibungsformen - Handlungstexte wie etwa Sportreportagen, Versuchsprotokolle oder Gebrauchsanweisungen - bestehen von vornherein aus Folgen oder Verknüpfungen solcher transitiver Sätze oder können zumindest durch sie paraphrasiert werden. Was läge deshalb näher, als einen Satz wie (1) zum Ausgangspunkt der Untersuchung zu nehmen?

(1) *Gerd läßt die Kugel vom Tresen aus über die Bahn zwischen die Kegel rollen.*

Dieser Handlungssatz hat die Oberflächenform:

$$NP \quad V_{kontr} \quad NP \quad PP_{start} \quad PP_{weg} \quad PP_{ziel} \quad V$$

Sie ist transformationell aus einer Tiefenstruktur abzuleiten, die durch die Regeln (I) bis (V) erzeugt wird:

(I)	S	→	NP VP
(II)	NP	→	(Det) N
(III)	VP	→	$\left\{ \begin{array}{l} V \quad (PP_{start}) \quad (PP_{ziel}) \\ S \end{array} \right\}$
(IV)	PP_{ziel}	→	$(PP_{weg}) \quad PP_{ziel}$
(V)	PP	→	Präp NP

Die folgende Satzhierarchie bildet dann die Tiefenstruktur von Satz (1):

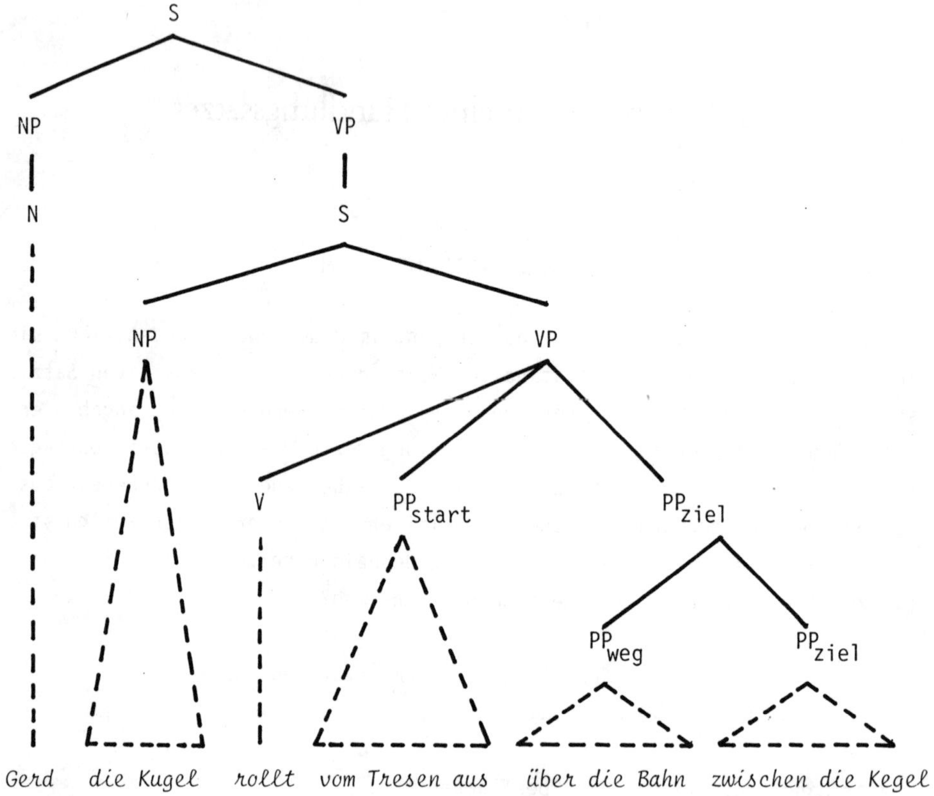

Sie ist ein Spiegelbild der Kausativkonstruktion *lassen* + Verb, denn der intransitive Satz (2) ist erkennbar eingebettet in den transitiven (3):

(2) *Die Kugel rollt ...*

(3) *Gerd läßt die Kugel rollen ...*

Dabei wird das Subjekt des intransitiven *rollen* zum Objekt der Konstruktion *rollen* + *lassen* und ein neues Subjekt wird als Ursache des Roll-Vorgangs eingeführt: *Gerd*. Nun ist diese Satzeinbettung nicht auf explizite Kausativkonstruktionen beschränkt. Sie gilt ebenso für das transitive *rollen*, denn dieses verhält sich zu der intransitiven Variante in syntaktischer Hinsicht so, wie sich die *lassen*-Konstruktion dazu verhält:

(2) *Die Kugel rollt ...*
(4) *Gerd rollt die Kugel ...*

Freilich gibt es einen inhaltlichen Unterschied zwischen (3) und (4) - doch davon später. Zunächst ist nur wichtig, daß viele, wenn nicht die meisten Handhabe-Verben so wie *rollen* + *lassen* zu analysieren sind,und das heißt, daß Handlungssätze mit diesen Verben einen Vorgangssatz als syntaktischen Kern enthalten.

Einfache Vorgangs- und Zustandssätze entsprechen einander weitgehend. Während ein Vorgangsverb eine Richtungsangabe (eine PP im Akkusativ) verlangt, fordert ein Zustandsverb eine Ortsangabe (eine PP im Dativ) als engere Ergänzung:

(5) *Die Kugel rollt zwischen die Kegel.*
(6) *Die Kugel ist zwischen den Kegeln.*

Ersetzt man in (5) das inhaltsschwere *rollen* durch ein semantisch leeres Vorgangsverb wie *gelangen*, dann haben beide Sätze eine identische Tiefenstruktur, die sich nur im Aspekt - statisch oder dynamisch - unterscheidet. Ein struktureller Unterschied ergibt sich erst, wenn wir komplexe Vorgangssätze wie den gesamten in (1) eingebetteten Satz (7) betrachten:

(7) *Die Kugel rollt vom Tresen aus über die Bahn zwischen die Kegel.*

Hier bilden die Richtungsangaben zusammen mit dem Verb eine Einheit, die nicht erst durch eine (weglaßbare) Konjunktion gestiftet wird, sondern sich gegen eine Konjunktion sträubt. Demgegenüber ist das statische Gegenstück zu (7) eine Koordination dreier unabhängiger Zustandssätze:

(8) *Die Kugel ist am Tresen und dann (ist sie) auf der Bahn und dann (ist sie) zwischen den Kegeln.*

So gesehen hat ein unabhängiger Zustandssatz die einfachste syntaktische Struktur.

2. Handhabe-Verben

Auf den ersten Blick scheint Satz (1) die charakteristische Bewegung eines Keglers zu schildern, der die Kugel mit Schwung ins Rollen bringt. Doch schon der Vergleich zwischen (3) und (4)

(3) *Gerd läßt die Kugel rollen ...*
(4) *Gerd rollt die Kugel ...*

zeigt, daß dem nicht so sein muß. Wer die Kugel bloß rollen läßt, statt sie zu rollen, braucht nicht zu den Aktiven zu gehören, nicht einmal in dem Sinne, daß er den Fuß aus der Bahn zieht. Nur die Möglichkeit des Eingriffs ist ihm vorbehalten: er kann den Lauf der Kugel stoppen. Der "Roller" indes (wenn es erlaubt ist, das Subjekt von (4) so zu nennen) stürzt sich in Aktivität, verliert aber an einem bestimmten Punkt die Kontrolle über den Vorgang, eben dann, wenn die Kugel alleine weiterrollt. Der aktivste Täter der Szene ist jedoch ohne Zweifel der Kegeljunge, der die umgeworfenen Kegel wieder auf ihren Platz stellt. Vom Anfang bis zum Ende seiner Handlung hat er die Kegel fest im Griff. Was er hinstellt, steht. In den skizzierten Handlungsvarianten kommt der inhaltliche Unterschied zwischen Verben wie *rollen lassen*, *rollen* und *stellen* zum Vorschein. Ihn begrifflich herauszuarbeiten, ist ein zentrales Anliegen dieses Buches (Kap. IV).

3. Richtungsangaben

Drei Richtungsangaben bestimmen in (1) den Lauf der Kugel:

- *vom Tresen aus*
- *über die Bahn*
- *zwischen die Kegel*

Sie bezeichnen den Start, den Weg und das Ziel des Rollvorgangs, und ihre Reihenfolge im Satz ist daher nur bedingt vertauschbar. Das Ziel scheint in der Sicht unserer Sprache wichtiger zu sein als der Start, da Satz (5) auch ohne Startangabe auskommt, während (9) eine Zielangabe, zumindest aber einen richtungsweisenden Verbzusatz wie *los-* erfordert. (10) wirkt nur vollständig im imperfektiven Aspekt, in dem *über die Bahn* einen zeitlich unbegrenzten Vorgang lokalisiert. Um diese PP als Wegangabe verstehen zu können, müssen wir sie durch eine Ziel-PP oder ein entsprechendes Adverb (*hinweg*) ergänzen:

(5) *Die Kugel rollt zwischen die Kegel.*
(9) **Die Kugel rollt vom Tresen aus.*
(10) *Die Kugel rollt über die Bahn.*

Wir können im Prinzip beliebig viele Wegangaben aneinander reihen - *durch die offene Tür, den Flur entlang, an drei Bierkästen vorbei, über die Bahn,...* -, was bei Start- und Zielangaben schon deshalb schwer möglich ist, weil ein typischer Bewegungsablauf nur einen Anfang und ein Ende hat. Alles in allem ist das System der Richtungspräpositionen klar gegliedert: schon die Wortwahl zeigt das Stadium des Vorgangs an. Die Beziehung zwischen Richtungs- und Ortspräpositionen ist in Einzelfällen schwerer zu durchschauen, doch wo der Unterschied nur durch die Kasusrektion (Akkusativ oder Dativ) markiert ist (z.B. bei *zwischen*), fällt die Zuordnung leicht:

- Wenn die Kugel *vom Tresen aus* losgerollt ist, heißt das, daß sie vorher *am Tresen* war.

- Wenn sie *über die Bahn* hinweg gerollt ist, heißt das, daß sie nur vorübergehend *auf der Bahn* war.

- Wenn sie *zwischen die Kegel* gerollt ist, heißt das, daß sie anschließend *zwischen den Kegeln* war.

4. Ortsangaben

Die verschiedenen Positionen der Kugel werden sozusagen durch den Roll-Vorgang eingeführt: wir erschließen sie aus den Richtungsangaben und dem Bewegungsverb *rollen*. Insofern sind die Ortsangaben indirekt. Aber nicht nur deswegen. Der Zielort zum Beispiel erscheint als eine Kollektion von Kegeln, zu denen sich - nach Ablauf des Vorgangs - eine Kugel gesellt. Wir benennen eine Art Ordnungsbeziehung zwischen Kugel und Kegeln, aus der sich der Ort der Kugel indirekt ergibt: *zwischen*. Freilich kann man die Frage *Wo war die*

Kugel? auch viel einfacher beantworten. Der Kegeljunge, den wir an der Bahn zur Rede stellen, schmettert uns das Wörtchen *da* entgegen, wobei er unmißverständlich auf eine Stelle am Boden deutet. Damit ordnet er der Kugel ihren Ort direkt zu. Eine direkte Ortsangabe von anderer Art gebraucht Koordinaten: *Das Kugelobjekt befand sich zur Zeit t an der Stelle* (x,y,z). Auch in dieser physikalischen Koordinatensprache wird der Ort der Kugel unabhängig von anderen Dingen angegeben. Insoweit gleicht die Aussage des Physikers der des Kegeljungen. Während aber das den absoluten Raum charakterisierende Koordinatensystem unbeweglich gedacht wird mit intersubjektiv festgelegten Koordinaten (Himmelsrichtungen, Gravitationslinie), bewegt sich das deiktische Koordinatensystem mit dem Sprecher und richtet sich in einem Dialog jeweils nach dem, der das Wort hat.

5. Zeitangaben

Ort und Zeit treffen sich im Begriff der Bewegung. Wir können der minuziösen Schilderung der Kugelbewegung in (1) nicht nur die verschiedenen Positionen der Kugel entnehmen, sondern auch die zeitliche Abfolge dieser Positionen. Genaugenommen wird die Zeitangabe indirekt durch die Wahl bestimmter Verhältniswörter übermittelt, die eine Position als Start-, Weg- oder Zielposition kennzeichnen. Werden mehrere Wegpositionen genannt, dann ist die Reihenfolge der 'Wegwörter' entscheidend: der Zug, der über Dortmund, Bielefeld, Hannover, Braunschweig, Magdeburg von Bochum aus nach Berlin fährt, ist - nachdem er Bochum verlassen hat - erst in Dortmund, dann in Bielefeld, dann in Hannover, dann in Braunschweig, dann in Magdeburg. Das heißt: die Reihenfolge, in der die Ortsnamen im Skopus von *über* auftreten, entspricht der Reihenfolge,in der diese Orte durchquert werden. Das einschlägige Kursbuch der Deutschen Bundesbahn gibt darüber hinaus noch die Uhrzeit an, zu der die Züge auf den Bahnhöfen ankommen und abfahren. Aktualisiert man diese Daten durch ein Fahrtprotokoll, so erhält man die explizite Form einer direkten und objektiven Zeitangabe. Direkt, aber subjektiv, weil auf die Sprechzeit bezogen, sind die Zeitadverbien *jetzt, heute, später* usw. sowie das Tempussystem des Deutschen. Dieses System ist nicht Gegenstand unserer Untersuchung. Ich werde daher das Tempus aus den grammatischen Analysen ausklammern und gegebenenfalls den Zeitbezug des Tempus durch die Variable t indizieren. Hingegen werde ich die Analyse der Orts- und Richtungsadverbiale auf die Zeitadverbiale zu übertragen versuchen, da der in ihnen aufscheinende Zeitbegriff nach dem Muster des räumlichen Begreifens gebildet wird (Kap. III.9ff.).

6. Logische Form

Die logische Form eines Handlungssatzes vom Typ (1) enthält im Kern eine Folge von Ordnungsbeziehungen zwischen dem bewegten Ding (hier: Kugel) und anderen, nicht bewegten Dingen (hier: Tresen, Bahn, Kegel). Das Anfangsglied dieser Folge kennzeichnet die Startbeziehung (hier: Kugel am Tresen), das Schlußglied fixiert die Zielbeziehung (hier: Kugel zwischen den Kegeln), und die Zwischenglieder geben verschiedene Beziehungen an, die das bewegte Ding im Laufe der Bewegung eingeht (hier handelt es sich nur um eine einzige: Kugel auf der Bahn). Da solche Beziehungen indirekt den Raum (bzw. Ort) charakterisieren, nennen wir sie auch Raumbeziehungen oder lokale Relationen. Handlungsbeschreibungen, die Zeigwörter einsetzen wie z.B. (11) oder sich einer Koordinatensprache bedienen wie z.B. (12),

(11) *Gerd rollt die Kugel von hieraus, darüber, nach dort.*
(12) *Gerd rollt die Kugel von Position* (x_1,y_1,z_1) *über Position* (x_2,y_2,z_2) *nach Position* (x_3,y_3,z_3).

haben eine logische Form, die eine Folge von Punktmengen enthält. Die Menge der Raumpunkte, die das bewegte Ding in der Startposition einnimmt, bildet das erste Glied der Folge. Die übrigen Glieder der Folge bestehen dann entsprechend aus den Punktmengen der angegebenen Wegpositionen bzw. der Zielposition. Punktmengen- und Relationenfolge sind formal verschieden und lassen sich nur bedingt ineinander übersetzen. Die Beschäftigung mit der ersteren könnten wir getrost den Physikern überlassen, ginge es nur um die Koordinatensprache. Da aber auch die Zeigwörter, die eine wichtige Funktion im Sprechverkehr erfüllen, direkt auf Raumbereiche, d.h. auf Punktmengen referieren, darf der Sprachwissenschaftler diese Art der Referenz nicht unterschlagen. Freilich werden wir die durch Präpositionen erfaßten Raumbeziehungen in den Vordergrund rücken, weil das System der Präpositionen viel differenzierter und einer logischen Analyse zugänglicher ist als das der Zeigwörter. Die nächsten drei Kapitel klären schrittweise die logische Form der Handlungssätze von der räumlichen Basis her. In einem ersten Schritt bestimmen wir verschiedene lokale Relationen bzw. Punktmengen durch eine Explikation von Zustandssätzen mit Ortsangaben. In einem zweiten Schritt kommen wir - über eine Analyse von Vorgangssätzen mit Richtungsangaben - zu Folgen von Relationen oder Punktmengen. Erst danach kann geklärt werden, ob und wie ein Täter solche Folgen beeinflußt. Die Einflußnahme des Täters wird durch die

Handlungssätze und insonderheit durch die darin vorkommenden Handhabe-Verben beschrieben. Auf diese Verben konzentriert sich die Untersuchung in einem dritten Schritt.

II. Zustandssätze mit Ortsangaben

1. ZUSTAND

Was ist ein Zustand? Ein bestimmter Ausschnitt der in einem Wahrnehmungsraum liegenden elementaren Einheiten einer Welt samt ihren relativ konstanten Eigenschaften und Beziehungen: Ortsgebundenheit, Form, Farbe etc. Diese Eigenschaften und Beziehungen können nur dann relativ konstant erscheinen, wenn sie in der Zeit wahrgenommen werden, mit anderen Worten: ein Zustand ist zeitabhängig. Er läßt sich durch lokale (1) oder modale (2) Aussagen beschreiben:

(1) *Etwas ist (zur Zeit t) da und da.*
(2) *Etwas ist (zur Zeit t) so und so.*

Letztere bleiben im folgenden außer Betracht; unser Augenmerk gilt vielmehr den Aussagen des ersten Typs, konkreter: Sätzen wie (3) und (4),

(3) *Die Flasche ist in der Tasche.*
(4) *Das Bier ist hier.*

die aus einem Nominal, der Kopula und einer Ortsangabe bestehen. Um solche Sätze richtig zu deuten, müssen wir

- die Nominale im gegebenen Kontext auf außersprachliche Einheiten beziehen (z.B. das Nominal *die Flasche* in (3) auf die spezielle Flasche Pilsener Urquell, die ein wohlwollender Besucher mitgebracht hat)

- diesen Einheiten eine Zeit zuordnen (z.B. der Flasche Pilsener Urquell im Kontext von *ist* eine Zeit, die mit der Äußerungszeit von (3) identisch ist) und in Abhängigkeit davon

- einen Ort im Wahrnehmungsraum (z.B. den mit *in der Tasche* bezeichneten Ort).

Diese Aufgabe sollen in unserer modelltheoretischen Semantik die drei Funktionen ε, χ und τ übernehmen. Betrachten wir zunächst die Funktion ε (von gr. τὸ εἶναι 'das Sein', vgl. auch *Entität*), die den kontextabhängigen Sachbezug von Nominalen charakterisiert:

$$\varepsilon\colon \text{ aus } \mathbf{N} \times \mathbf{C} \rightarrow \mathbf{E}$$
$$\text{mit } \varepsilon(NP, C) = a$$

N ist eine Menge von Nominalen $\{NP_i, NP_j, \ldots\}$. **C** ist eine Menge von Kontexten $\{C_i, C_j, \ldots\}$; jedes Element der Menge **C** kann durch mindestens zehn Koordinaten bestimmt werden: mögliche Welt; Sprecher; Adressat; Zeit und Ort der Äußerung; Einheiten, auf die gezeigt wird; Einheiten, die im Kontext prominent sind; voraufgehende Redeausschnitte; Satzkontext und eine Variablenbewertungskoordinate (vgl. Lewis, 1972: 175 und 214ff.). **E** ist eine Menge von Einheiten; sie umfaßt Einheiten erster Ordnung {a,b,...}, zweiter und dritter Ordnung. Zu den Einheiten erster Ordnung, auch elementare Einheiten genannt, zählen belebte oder unbelebte, massive oder hohle Gegenstände sowie gasige, flüssige, körnige oder lokale Bereiche. Perzeptorische oder begriffliche Konstrukte aus elementaren Einheiten, wie die eingangs charakterisierten Zustände, aber auch Vorgänge und Handlungen bilden die Einheiten zweiter Ordnung. Von diesen sind die Einheiten dritter Ordnung zu unterscheiden: das sind abstrakte Einheiten wie Propositionen oder Zahlen (vgl. Lyons, 1977: § 11.3). Je nachdem, welche Einheit einem Nominal typischerweise zugeordnet wird, sprechen wir von Nominalen erster, zweiter oder dritter Ordnung. Beispielsweise ist *der Schlüssel* ein Nominal erster Ordnung, da er in Standardkontexten (z.B. *der Schlüssel zur Kellertür*) einen metallenen Gegenstand zum Öffnen und Schließen eines Schlosses und nur in metaphorischen Kontexten (z.B. *der Schlüssel zur Lösung des Problems*) etwas Abstraktes bezeichnet. Man kann die Ordnung der Nominale auch morphologisch und syntaktisch begründen, wie dies Vendler (1968: Part One) für das Englische getan hat. So sind etwa Nominale auf *-er* i.a. erster Ordnung (vgl. *Maler, Tischler, Klavierspieler*), solche auf *-ung* i.a. zweiter Ordnung (vgl. *Verlobung, Unterbrechung, Untersuchung*), und solche auf *-heit* i.a. dritter Ordnung (vgl. *Wahrheit, Falschheit, Weisheit*). Es ist zuzugeben, daß die Referenz von Nominalen mit generischem Artikel oder ohne Artikel oder im Plural (z.B. *der Mensch, Sand, (die)*

Steine) mitunter Schwierigkeiten bereitet; wir wollen aber annehmen, daß solche Schwierigkeiten bei singulär definiten Nominalen (Eigenamen, Personalpronomina, definiten Kennzeichnungen) nicht auftreten; das heißt: in diesem Falle ist die Zuordnung ε prinzipiell definierbar. Auf dem Bildbereich von ε operiert die Funktion χ (von gr. χρόνος 'Zeit'); sie ordnet den Einheiten der Referenz in Abhängigkeit vom Kontext ein bestimmtes Zeitintervall I zu:

$$\chi: \text{ aus } \mathbf{E} \times \mathbf{C} \rightarrow \mathcal{P}(T)$$
$$\text{mit } \chi(a,C) = I$$

Die Menge T besteht aus allen denkbaren Zeitpunkten $\{t_i, t_j \ldots\}$ und ist durch die Relation *früher als* halbgeordnet: (T,<). Bei exaktem Bezug auf die öffentliche Zeit kann T als die Menge der reellen Zahlen $\mathbb{R}$ interpretiert werden und < als die natürliche Ordnung auf $\mathbb{R}$. Für Teilmengen von T wird die Variable I verwendet. Eine spezifische Zeitzuordnung ist für Einheiten erster und zweiter Ordnung im Prinzip möglich, wenngleich sie in dem einen oder anderen Kontext schwerfallen mag. Für Einheiten dritter Ordnung ist die Zeitzuordnung χ nicht definiert. (Mehr über die Funktion χ in Kap. III.10.) Aufbauend auf ε und χ können wir dann eine Funktion τ (von gr. τόπος 'Ort') ansetzen aus einer Einheitsmenge **E**, einer Kontextmenge **C** und einer Menge von Zeitpunkten T in die Potenzmenge einer Menge von Raumpunkten $\mathcal{P}(P)$. τ heißt Ortsmarkierung und liefert für eine Einheit a zu einem Zeitpunkt t einen Raumbereich R als Ort:

$$\tau: \text{ aus } \mathbf{E} \times \mathbf{C} \times T \rightarrow \mathcal{P}(P)$$
$$\text{mit } \tau(a,C,t) = R$$

R ist eine Teilmenge der Menge P, die den Wahrnehmungsraum charakterisiert. Der hier verwendete Begriff des Wahrnehmungsraumes ist weitgespannt: er ist insbesondere sprachabhängig und schließt einen anschaulichen Vorstellungsraum ein, in dem verdeckte oder vorgestellte Einheiten ähnlich wie wirklich gesehene Einheiten lokalisiert werden können. Im Nahbereich ist der Wahrnehmungsraum vom physikalischen Raum nicht allzusehr verschieden, da wir dort in möglichster Annäherung die intersubjektiv nachprüfbare, "richtige" Form und Größe der Dinge sehen (vgl. Metzger, 1975: 237ff.). In der Ferne schaut das natürlich etwas anders aus, zumal wenn nicht die naive Wahrnehmung bewußt korrigiert wird. Ein Kind, das zwei parallele Eisenbahnschienen so sieht, als berührten sie sich in der Ferne, fragt einen Erwachsenen: *Wie soll die*

Eisenbahn da noch fahren können, die Schienen werden ja immer enger? Da aber die geometrische Struktur solcher Abweichungen noch nicht hinreichend bekannt ist, deute ich den Wahrnehmungsraum P - aus heuristischen Gründen - als dreidimensionalen Vektorraum über dem Körper der reellen Zahlen $\mathbb{R}$. Im $\mathbb{R}^3$ können z.B. Projektionen formuliert und rechts von links und vorne von hinten unterschieden werden, was in den zu allgemeinen topologischen Räumen nicht möglich ist. τ ist jedoch keine physikalische, sondern eine wahrnehmungsmäßige Ortsmarkierung, die außer von der Zeit auch vom Kontext abhängt. Selbst wenn der Wahrnehmungsraum als eine strukturierte Punktmenge gedeutet wird, was man im allgemeinen ja nicht zu sehen vermag, so hat diese Deutung noch eine physiologische Grundlage: das Bild im Auge wird auf ein Raster von Millionen kleinster Empfangszellen verteilt und auf dem Weg ins Nervenzentrum in lauter einzelne, verschiedenartig gereizte Punkte aufgelöst (vgl. Metzger, 1975: 98). Die Ortsmarkierung τ ist für Einheiten dritter Ordnung nicht definiert; zum Raumbezug von Einheiten zweiter Ordnung vgl. Kap. III.3. Vorläufig wird τ nur auf Einheiten erster Ordnung $\{a,b,c...\}$ angewandt. Dabei nehmen wir an, daß der Bildbereich von τ für jedes (a,C,t) beschränkt ist, daß jedes Argument a in $\tau(a,C,t)$ ein Resultat von $\varepsilon(NP,C)$ - also die Extension eines Nominals im Kontext - ist, ferner, daß das Argument t in $\tau(a,C,t)$ im allgemeinen aus dem Intervall $\chi(a,C)$ gewählt ist. Der Rahmen der Interpretation, den die drei Zuordnungen ε, χ und τ festlegen, ist in der modelltheoretischen Semantik (vgl. Montague, 1974; Lewis, 1972) üblich bis auf den Unterschied, daß die außersprachlichen Einheiten nicht als einzelne Punkte, sondern als strukturierte Punktmengen im Wahrnehmungsraum aufgefaßt werden.

Untersucht man die Ortsangaben von (3) und (4) genauer, so stößt man auf weitere Probleme. Die Angabe *in der Tasche* von (3)

(3) *Die Flasche ist in der Tasche.*

enthält selbst ein Nominal - eben *die Tasche* -, das seinerseits auf einen Ort zu beziehen ist. Wir können also der Flasche nicht kurzerhand den Raum in der Tasche zuordnen, vielmehr ordnen wir der Flasche einen Raum R_1 und der Tasche einen Raum R_2 zu, und konstatieren eine Beziehung zwischen beiden Räumen, die wir im wesentlichen als Teilmengen-Beziehung deuten: $R_1 \subset R_2$. Bei Zeigwörtern wie *hier* und *dort* ist zwar ein solcher Umweg nicht nötig, aber es müssen Vagheitszonen toleriert werden. Wie groß ist z.B. der Bereich von *hier* in (4)?

(4) *Das Bier ist hier.*

Meist wissen wir nur zweierlei: nämlich, daß der *hier*-Bereich den Sprecherstandort einschließt und daß er den Bereich außerhalb des Raumes, in dem (4) geäußert wird, ausschließt. Der Bereich zwischen dem Sprecherstandort und dem Außenbereich bildet dann die Vagheitszone. Ist mit dem Bier in (4) eine bestimmte Flasche Bier gemeint, so ist klar, welchen Raum das Bier ausfüllt: den Hohlraum der Flasche, also einen scharf abgegrenzten dreidimensionalen Raum im *hier*-Bereich. Wenn aber jemand die Flasche so lange schüttelt, bis das Bier herausspritzt, wo ist es dann? Welchen Raum nimmt es dann ein?

2. Stoffe und Dinge

In unserer Wahrnehmung und im sprachlichen Zugriff sortieren wir die konkreten Einheiten vor allem nach Stoffen und Dingen. *Bier* bezeichnet einen Stoff, *Flasche* ein Ding. Dinge sind Gestalteinheiten, sie sind abgegrenzt und zählbar. Die Einheit von Stoffen kommt nicht durch die Form, sondern durch die Substanz zustande, sie sind amorph und gleichzeitig hier und dort im Raum verstreut. Stoffe sind bezüglich der Aggregation abgeschlossen: wenn man Bier mit Bier vermengt, erhält man wiederum Bier, während zwei Flaschen ebensowenig eine Flasche bilden wie zwei Quadrate ein Quadrat (vgl. Quine, 1974: § 14). Stoffe sind an sich nicht zählbar, nur meßbar: *ein Liter Bier, zwei Kilo Eisen, drei Meter Flanell*. Stoffwörter erlauben weder einen unbestimmten Artikel (**ein Sand*, **ein Gold*, **ein Flanell*) noch den Plural (**Milche*, **Sande*, **Golde*) und wenn doch, dann fehlt im Grunde ein Klassifikator wie *Stück, Portion, Sorte...*: *Ein Eisen* = ein Stück Eisen, *ein Bier* = ein Glas Bier, *Biere* = mehrere Gläser Bier bzw. verschiedene Sorten Bier. Auch beim bestimmten Artikel ist ein Klassifikator zu ergänzen oder es handelt sich um einen lokalen Bereich (vgl. *Das Wasser war viel zu tief*). Sagt einer *Ich mag Milch*, dann verwendet er *Milch* ohne jeglichen Raumbezug, sagt er aber *Ich mag Bücher*, dann setzt *Bücher* zumindest die Vorstellung einer räumlichen Abgegrenztheit voraus. Selbst der Satz *Auf der Straße ist Wasser* drückt eher eine Eigenschaft der Straße aus - *die Straße ist naß* - als daß er *Wasser* räumlich einordnet. Daher betrachten wir vor allem Stoffwörter mit bestimmtem Artikel bzw. im Skopus von Präpositionen. Erst dann dürfen wir einigermaßen sicher sein, daß ein Raumbezug vorliegt und daß der vom Stoff eingenommene Raum zusammenhängend ist. Im Unterschied zum Ding-Raum kann dieser Stoff-Raum teilweise oder völlig offen sein. Wir erkennen dies u.a. am Gebrauch der Ortspräpositionen *an* und *auf*. Während alle Dingwörter (z.B. *Flasche, Schwert, Ball ...*)

mit *an* oder *auf* verbunden werden können, sind bei den Stoffwörtern gewisse Beschränkungen zu beobachten:

die Hand {*auf dem* / *am*} *Eisen*

die Fliege {*auf* / *?an*} *der Milch*

das Flugzeug {**auf dem* / **am*} *Nebel*

Diese Beschränkungen verweisen auf die verschiedenen Aggregatzustände der Denotate. Feste Stoffe haben, sofern sie individuiert sind, einen prägnanten Rand. Flüssigkeiten bilden zwar immer eine waagerechte Oberfläche, doch der Rand dieser Oberfläche variiert stark. Gase haben nicht einmal eine solche konstante Oberfläche, ihre gesamte Gestalt ist in höchstem Maße veränderlich und paßt sich der Form der jeweiligen Umgebung an. Aus diesen Gründen können wir etwas *auf* oder *an* einem festen Stoff lokalisieren, ebenso *auf* einer Flüssigkeit, aber kaum *an* ihr, und weder *an* noch *auf* einem Gas. Hier wird eine semantische Skala innerhalb der Klasse der Stoffwörter sichtbar: Wörter wie *Eisen* sind näher am Formkonzept als Wörter wie *Milch* oder gar Wörter wie *Nebel*. Zwischen dieser Wortklasse und der Klasse der Dingwörter sind die Kollektiva angesiedelt. Sie bezeichnen im Singular eine Mehrzahl von Dingen, die von einer Gruppe (*Flotte*) bis zur ganzen Art (*Korn*) reichen kann. Einerseits können sie wie Dingwörter einen Plural (*Städte, Körner*) bilden, andererseits sind sie wie die Stoffwörter meßbar (*ein Büschel Gras, ein Fuder Korn*) oder gleichen ihnen darin, daß ihr Denotat nicht klar begrenzt sein muß (*Stadt, Wald*). Wir unterscheiden die Kollektiva, die Orte charakterisieren, von solchen, die sich auf Arten beziehen. Nur die ersteren erlauben einen Anschluß mit dem Relativadverb *wo*: *Der Wald, wo das Wild gejagt wird*, aber nicht: **Das Wild, wo die Tollwut verbreitet ist*. Die Dingwörter oder Individuativa schließlich bezeichnen Gestalteinheiten, die nach (prominenten) Dimensionen abgestuft sind. Etwas Dreidimensionales kann entweder *hoch, lang, breit* (*dick*) sein - z.B. ein Wagen - oder aber *hoch, breit, tief* (*dick*) - z.B. ein Schrank. Zweidimensionale Dinge sind *lang* und *breit* (Rechteck) oder *hoch* und *breit* (Fenster), aber nie *hoch* und *lang*. Praktisch eindimensionale Dinge erscheinen entweder *hoch* (Säule) oder *lang* (Seile)[1]. Die Abstufung nach Dimensionen spiegelt sich auch im charakteristischen Gebrauch der Verhältniswörter *in, auf* und *an*. *In* wird bevorzugt für dreidimensionale, *auf* für zweidimensionale, und *an* für eindimensionale Gebilde gebraucht: *im Haus, auf der Straße, an der Grenze*. Damals, als wir noch klein waren, mußten wir manchmal *in der Zimmerecke* stehen, später durften wir uns *auf die Sofaecke* setzen, und fast schon erwachsen, trafen wir uns *an der Straßenecke* mit dem anderen Geschlecht. Beziehen sich alle drei Präpositionen auf denselben dreidimensionalen Gegenstand, dann reduzieren sie ihn sukzessive um eine Dimension:

Das Streichholz in der Schachtel.
Das Etikett auf der Schachtel.
Die Reibfläche an der Schachtel.

Umgekehrt können sie etwas Lineares um zwei Dimensionen aufstocken:

Die Fliege am (Teller-)Rand.
Die Sauce auf dem (Teller-)Rand.
Die Rillen im (Teller-)Rand.

Während die Dimensionsreduktion noch den objektiven geometrischen Eigenschaften eines Gegenstandes Rechnung trägt - ein Körper ist ja durch Flächen und Linien begrenzt -, ist die Dimensionserhöhung eher eine Sache der individuellen Sehweise. Sie wirkt sprachlich weniger natürlich, denn ohne Vorgabe spezieller Kontexte sträubt sich das Inhaltswort *in* gegen zwei- und eindimensionale Begriffe: *?in der Fläche, ?in der Seite, ?in der Grenze, ?im Strich.* Wenn sich der Sprachbenutzer darüber hinwegsetzt, dann verhält er sich so,

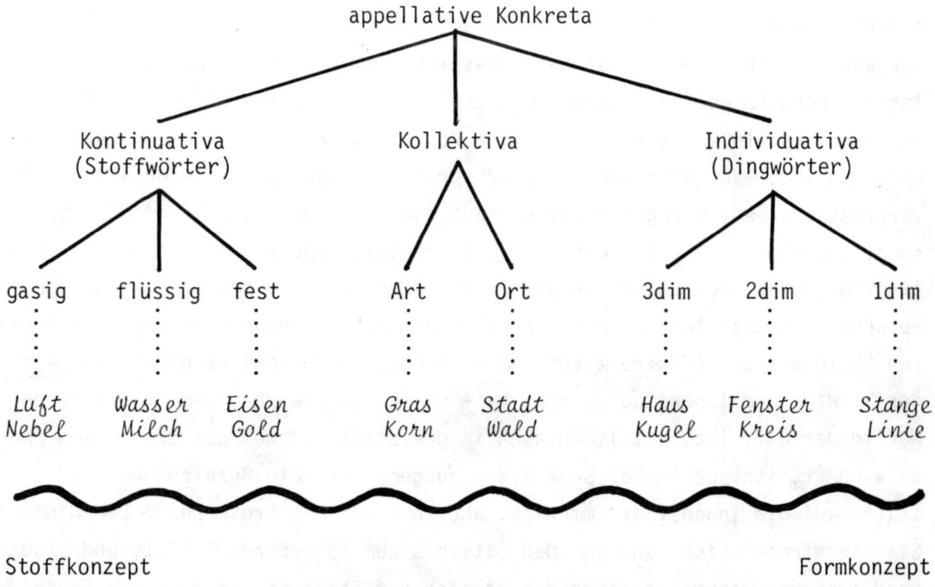

Abb. 2.1: Fließender Übergang zwischen Stoff- und Formkonzept

wie wenn er die Kontinuativa mithilfe des definiten Artikels individuiert oder die Individuativa im artikellosen Plural kollektiv oder kontinuativ erscheinen läßt: er benutzt die Übergänge zwischen den natürlichen Kategorien der Sprache. Dagegen ist wenig zu sagen, denn die Wirklichkeit selbst ist im Fluß. Die ganze Vielfalt der Erscheinungen bildet ein Spektrum, das kontinuierlich von den amorphen Stoffen bis zu den reinen Formen übergeht.

3. Kern- und Aussenbereich, Rand und Umgebung

Jeder korrekte Gebrauch von Individuativa setzt - anders als der Gebrauch aller übrigen Nomina in Abb. 2.1 - voraus, daß das Denotat einen prägnanten Rand aufweist. Dieser Rand hat eine Dimension weniger als das Denotat, das er begrenzt: eine dreidimensionale Kiste hat als Rand eine zweidimensionale Oberfläche und diese hat als Rand eine eindimensionale Kante. Doch schon bei Orten ist der Rand oft derart diffus, daß sich keine exakte Abstufung nach Dimensionen ergibt. Nehmen wir zum Beispiel eine Stadt. Im Mittelalter, als sie noch von einer Mauer eingefaßt war, erschien der Stadtrand dem von auswärts kommenden Besucher als hochaufragende, zweidimensionale Fläche. Wer den Stadtplan studierte, sah eine klare Linie. Seitdem hat sich das Gesicht der Stadt völlig verändert: sie uferte aus, immer mehr Bürger zogen in die nähere und weitere Umgebung des alten Stadtkerns. Vor-, Schlaf-, Satelliten- und Trabantenstädte entstanden am Rande der Großstadt, mit der sie verwaltungstechnisch verbunden blieben. Der Stadtrand - das ist ein weit ausgedehntes, mit Grünanlagen durchsetztes Siedlungsgebiet, das im Stadtplan als Fläche erscheint und in natura als lockeres Agglomerat von Polyedern. Was Stadtrand und was Stadtumgebung ist, läßt sich sachlich und sprachlich kaum auseinanderhalten. Die Vorstädter sagen, wir gehen zum Einkauf und zur Arbeit *in die Stadt* - gerade so als ob sie nicht dahin gehörten. Andererseits locken sie die armen Verwandten vom Lande: Zieh zu uns *in die Stadt*, hier lebst du besser. Da ist der Sprachwissenschaftler gut beraten, wenn er sich mit einer Strategie der klaren Fälle aus der Affaire zieht. Am besten unterscheidet er den Kernbereich der Stadt - die Innenstadt oder City - vom Außenbereich - dem freien Lande. Wer in der City ist, ist immer auch in der Stadt und wer auf dem freien Lande wandert, ist außerhalb. Semantisch ausgedrückt: die Bezeichnung *Stadt* trifft auf die Innenstadt immer zu, aber nie auf das freie Land. Der Rand der Stadt erstreckt sich dann von der City bis zum Außenbereich. City und Stadtrand zusammengenommen ergeben den Bereich der Stadt in einem weiten Sinne. Die Umgebung der Stadt gehört teils zum Außenbereich, teils zum Stadtrand, d.h., Rand und Umgebung überlappen einander. Die anschaulich eingeführten Begriffe können formal präzisiert werden, wenn wir anders als in Kapitel II.1 von einer zweifachen Ortsmarkierung ausgehen. Dabei soll die Funktion τ einen Kernbereich R_1 von einem Außenbereich R_2 unterscheiden.

Revidierte Fassung der Ortsmarkierung τ:

$$\tau : \text{aus } \mathbf{E} \times \mathbf{C} \times \mathcal{P}(T) \rightarrow \mathcal{P}(P) \times \mathcal{P}(P)$$
$$\text{mit } \tau(a,C,t) = \langle R_1, R_2 \rangle$$

R_1 und R_2 sind Teilmengen des Wahrnehmungsraumes P. Statt von zwei Mengen R_1 und R_2 zu reden, kann man sich auch eine partielle Zuordnung φ: $P \rightarrow [0,1]$ vorstellen, wobei den Werten aus R_1 der Wert 1 (wahr) entspricht und den Werten aus R_2 der Wert 0 (falsch). Die partielle Zuordnung läßt sich zu einer totalen vervollständigen, indem man denjenigen Raumpunkten, über die nichts gesagt ist, weiche Wahrheitswerte zwischen 0 und 1 zuordnet (vgl. die Theorie der "fuzzy sets" von Zadeh, 1965). Mit Hilfe der Funktion τ definieren wir nun den Kernbereich, den Rand, den Bereich, den Außenbereich und die Umgebung einer elementaren Einheit a:

Kernbereich: $\tau_{Kb}(a,C) := R_1$

Rand: $\tau_{Rd}(a,C) := P \setminus (R_1^o \cup R_2^o)$
wobei R_1^o den offenen Kern von R_1 und R_2^o den offenen Kern von R_2 bezeichnet.

Bereich: $\tau_B(a,C) := \tau_{Kb}(a,C) \cup \tau_{Rd}(a,c)$

Außenbereich: $\tau_{AB}(a,C) := R_2$

Umgebung: $\tau_U(a,C) := R_3 \cup R_4$
wobei $R_3 \subset R_2$ und $R_4 \subset \tau_{Rd}(a,C)$

Unsere Sprache erfaßt Kernbereich und Bereich einer Einheit durch die Präposition *in*, den Rand durch *an* und *auf*, den Außenbereich durch *außerhalb*, die Umgebung durch *bei* und *um*. Andere Wörter für den Kernbereich sind *das Innerste, Mitte, Zentrum, Fokus, Herz, Nabel* und für den Bereich *Gebiet, Bezirk, Region, Feld, Zone*. Der Außenbereich begegnet uns als *Außenwelt* oder *Außenraum*, als *Ausland* oder *Jenseits*; der Rand erscheint auch als *Rand-*

bezirk oder *Randzone*, als *Oberfläche*, *Seite*, *Grenze*, *Linie*, *Rahmen*, *Kante* und spezieller als *Ufer*, *Wand*, *Decke*, *Dach*, *Boden*, *Zaun*, *Mauer* etc. Dinge, Orte und Stoffe unterscheiden sich vor allem hinsichtlich ihres Randes. Er ist bei Dingen so schmal, daß die Vereinigung von Kern- und Außenbereich mit dem Wahrnehmungsraum identisch ist, während bei Orten und Stoffen meist ein mehr oder minder großer Zwischenraum als Randzone übrigbleibt. Kern- und Außenbereich eines Dinges stoßen hart aneinander, sie treffen sich sozusagen im Rand, da jeder Randpunkt eines Dinges sowohl zum Kern- wie zum Außenbereich gehört. Zwei verschiedene Dinge a und b können in der Wahrnehmung so nahe zusammenrücken, daß sich ihre Ränder überlappen - so wie die Tangente eines Kreises mit diesem einen Punkt gemeinsam hat. Da aber der Rand eines Dinges a nur zwei- oder eindimensional ist, vermag er nicht, ein vergleichbares dreidimensionales Ding b vollständig in sich aufzunehmen.

Im allgemeinen gehört zu einer Einheit auch eine bestimmte räumliche Umgebung, von der sie sich abhebt: das Platzdeckchen für ein Gedeck, der Garten eines Hauses, die Feldmark oder Flur eines Dorfes, die Bannmeile einer Stadt, die Küstengewässer einer Insel, der Luftraum eines Landes, der Hof des Mondes. Diese Beispiele dürfen uns indes nicht dazu verleiten, die Umgebung einer Einheit als größenkonstant oder gar invariant zu begreifen. Abgesehen davon, daß die Umgebung beweglicher Einheiten in natürlicher Weise wechselt, können wir auch bei Immobilien verschieden große Umgebungen betrachten. Nicht nur der Garten um das Haus zählt als Hausumgebung, sondern - je nachdem - auch das Wohnviertel, die Stadt, das Land, der Erdteil. Letzteres ist nicht gerade häufig der Fall, doch wenn es sich um das Weiße Haus in Washington handelt, liegen zumindest die Vereinigten Staaten von Amerika in seinem Einflußbereich. Mekka ist der Nabel der islamischen Welt, und wo auch immer ein gläubiger Muslim sein Gebet verrichtet, er wird sich in Richtung der arabischen Stadt verneigen. In dieser frommen Perspektive ist dort Mekka, und der Rest der Welt ist die Umgebung von Mekka. Was ich damit illustrieren will, ist die starke Flexibilität des Umgebungsbegriffs und seine Abhängigkeit von kulturellen Faktoren. Wie schnell kann z.B. die Ausdehnung einer Bannmeile per Erlaß verändert werden! Schon bei der ersten Einführung der Ortsmarkierung τ wurde darauf hingewiesen, daß Wahrnehmung, Sprache und Vorstellung ineinandergreifen. Die Ortsmarkierung von Kern- und Außenbereich, von Bereich und Rand stimmt jedoch mehr mit den äußeren physikalischen Gegebenheiten überein als die Umgebungszuordnung; d.h., jene ist eher als Perzept, diese eher als Konzept zu begreifen. In der formalen Rekonstruktion zeigt sich dies darin, daß die Umgebung einer Einheit - anders als ihr Rand und Bereich - nicht schon durch die Wahl des Kern- und Außenbereichs eindeutig festgelegt ist.

4. Ortsangaben

Blicken wir zurück auf die Ortsangaben in (3) und (4):

(3) *Die Flasche ist in der Tasche.*

(4) *Das Bier ist hier.*

Wenn wir weitere Adverbien einflechten oder die Kopula durch ein semantisch reicheres Zustandsverb ersetzen - z.B.

(3a) *Die Flasche ist unten in der Tasche.*

(4a) *Das Bier steht hier.*

so suspendieren solche Zutaten die ursprüngliche Angabe nicht, sie modifizieren sie lediglich. *Unten in der Tasche* heißt: im unteren Innenraum der Tasche oder in der Tasche, die sich an einem Ort unterhalb des Beobachterniveaus befindet. *Unten* ist also in beiden Deutungen dem Präpositional *in der Tasche* untergeordnet. Nicht viel anders verhält sich das Verb *stehen* zu dem Adverb *hier* in (4a). Wenn ich weiß, daß das Bier steht, weiß ich zwar wie, aber nicht wo es sich befindet. *Das Bier steht hier* besagt soviel wie *Das Bier ist hier, und zwar in stehender Weise.* Mit anderen Worten: Das Adverb, nicht das Verb, liefert die semantische Basisinformation für die räumliche Einordnung einer Einheit. Nun ist *hier* ein Ortsadverb besonderer Art. Während das Adverb *unten* - auch wenn es alleine steht - letztlich auf die Präpositionen *unter* bzw. *unterhalb* zurückgeführt werden kann, ist eine vergleichbare Reduktion von *hier* nicht möglich. Führt man etwa Satz (4) auf die Paraphrase *Das Bier ist am Ort der Äußerung von (4)* zurück, so steht *hier* noch immer im Skopus von (4). Die lokalen Zeigwörter *hier, da, dort* und die Ortspräpositionen sind voneinander unabhängige, irreduzible adverbiale Bestimmungen. Sie lassen sich freilich auch untereinander kombinieren, bevor man aber beliebig komplexe Ortsbestimmungen untersucht, müssen die einfachen Bestandteile geklärt werden. Die Frage ist nur, welche man zuerst behandelt. Obwohl die Zeigwörter in gewisser Hinsicht einfacher sind, insofern sie direkt auf den Ort verweisen, ohne den Umweg über eine als Bezugspunkt dienende Einheit zu nehmen, wollen wir uns zunächst den Ortspräpositionen zuwenden. Ihr System ist vielschichtiger und daher aufschlußreicher, vor allem aber läßt es sich mit den im Laufe von Jahrhunderten geschärften Instrumenten der Linguistik und Logik leichter untersuchen. Wir können das schon an dem zahlenmäßig sehr ungleichen Verhältnis ablesen, in dem die wissenschaftliche Literatur auf beide Gebiete verteilt ist. Während die Klassiker Brugmann (1904) und Bühler (1934) bis in die allerjüngste Zeit (vgl. Jarvella/Klein, 1982) die einzigen waren, die sich ausführlicher mit der Raumdeixis befaßten, geht die Literatur über Präpositionen mittlerweile in die Hunderte. Sie reicht von den Untersuchungen der Philologen Flothius (1928) und Brinkmann (1962) über die Arbeiten des Glossematikers Brøndal (1939, 1950), der Strukturalisten Pottier (1957, 1962) und Leech (1969) über Studien im Umfeld der Stratifikationsgrammatik (Bennett, 1975) bis hin zu generativen (Steinitz, 1969), prozeduralen (Miller/Johnson-Laird, 1976) und modelltheoretischen (Lutzeier, 1974, 1981; Moilanen, 1979; Wunderlich, 1982) Analysen[2]. Der Einstieg über die Präpositionen ermöglicht uns so eine bessere Kontrolle durch die wissenschaftliche Literatur, wenn wir im folgenden versuchen wollen, einen neuen Blick auf die altvertrauten Phänomene zu werfen. Wir gehen aus von einfachen Zustandssätzen der Form

(5) NP Kop Präp NP (*und* NP)

die wir als tiefenstrukturelle Form der häufig vorkommenden Fügungen

(6) NP Präp NP (*und* NP)

auffassen. Werden in Beispielsätzen gelegentlich andere Verben anstelle der Kopula verwendet, so sieht die semantische Beschreibung von dem spezifischen Verbinhalt ab. Wir explizieren in dem Satzrahmen (5) alle wichtigen Ortspräpositionen des Deutschen. Hier vorweg eine alphabetische Liste: *an*, *auf*, *außerhalb*, *bei*, *diesseits*, *entlang*, *fern*, *gegenüber*, *hinter*, *in*, *innerhalb*, *jenseits*, *längs*, *links*, *nah*, *neben*, *oberhalb*, *rechts*, *über*, *um*, *unfern*, *unter*, *unterhalb*, *unweit*, *vor*, *zwischen*.

Im Gegensatz zu den offenen Klassen flektierbarer Inhaltswörter - Nomina, Adjektive, Verben - bilden die Ortspräpositionen eine geschlossene Klasse: es sind etwa 26, und diese Anzahl hat sich im Laufe der Sprachgeschichte nur langsam verändert. Die Ortspräpositionen sind - obwohl sie diverse Kasus regieren - selbst keiner Formveränderung durch die Flexion unterworfen und gelten als Wörter mit stark kontextabhängiger Bedeutung, eben als Verhältniswörter. Sie können nicht nur verschiedenartige räumliche Verhältnisse, sondern auch (mit Nominalkomplementen zweiter und dritter Ordnung) zeitliche und modale Verhältnisse bezeichnen: *zwischen Hans und Franz*, *zwischen Amberg und Bamberg*, *zwischen Himmel und Erde*; *zwischen Ostern und Pfingsten*; *zwischen Theorie und Praxis*. Da die Verhältniswörter verhältnismäßig flexible Bedeutungen besitzen, müssen diese sehr allgemein formuliert werden. Dafür scheinen sie aber auch grundlegend zu sein für eine Semantik des Raumkonzepts und darüber hinaus - wie wir in Kap. III.10 sehen werden - auch des Zeitkonzepts und anderer Konzeptsysteme.

Wie lassen sich die 26 Ortspräpositionen unterteilen? Eine grammatische Gliederung ergibt sich vor allem aus der Kasusrektion. In Verbindung mit Zustandsverben regieren 13 Präpositionen den Dativ, 10 den Genitiv, 2 den Dativ oder den Genitiv und nur eine einzige den Akkusativ:

Kasusrektion	Ortspräpositionen
Dativ	*an, auf, bei, fern, gegenüber, hinter, in, nah, neben, über, unter, vor, zwischen*
Genitiv	*außerhalb, diesseits, innerhalb, jenseits, links, oberhalb, rechts, unfern, unterhalb, unweit*
Dativ oder Genitiv	*entlang, längs*
Akkusativ	*um*

Die innere Wortstruktur ist bei 13 Präpositionen eingliedrig (*an, auf, bei, fern, hinter, in, nah, neben, über, unter, vor, zwischen, um*) und bei 13 zusammengesetzt (*außerhalb, diesseits, entlang, gegenüber, innerhalb, jenseits, längs, links, oberhalb, rechts, unterhalb, unfern, unweit*). Letztere werden auch als Adverbien verwendet; *nah* und *fern* sind eigentlich Adjektive, die die Funktion einer Präposition übernehmen können. Die grammatische Subklassifikation der Ortspräpositionen liefert jedoch keine semantisch relevanten Gruppen. Solche lassen sich nur nach inhaltlichen Gesichtspunkten bilden: danach, wie der Wahrnehmungsraum sprachlich zerlegt wird und nach der zunehmenden strukturellen Komplexität der Bedeutungen. Auf diese Weise erhalten wir vier semantische Gruppen von Ortspräpositionen, die auf elementare, vertikale, horizontale und (richtungs-)neutrale Beziehungen verweisen:

Beziehungen	Ortspräpositionen
elementare	*in, an*
vertikale	*auf, über, unter, oberhalb, unterhalb*
horizontale	*bei, nah, fern, unfern, unweit, vor, hinter, diesseits, jenseits, links, rechts, gegenüber, neben*
neutrale	*innerhalb, außerhalb, um, entlang, längs, zwischen*

Diese inhaltliche Gliederung scheint eher als die grammatische mit der Reihenfolge beim Spracherwerb übereinzustimmen. Nach einer sprachpsychologischen Untersuchung (vgl. Miller/Johnson-Laird, 1976: 383) beherrschen Kinder, deren Muttersprache Englisch ist, von 23 englischen Ortspräpositionen *in* am besten und *between* am schlechtesten. Die deutschen Präpositionen *in* und *zwischen* dürften sich von den englischen nicht sonderlich unterscheiden. Während nun *in* und *zwischen* in ein- und derselben grammatischen Subklasse (eingliedrige Präpositionen mit Dativ) vorkommen, gehört nach der inhaltlichen Gliederung *in* zur strukturell einfachsten und *zwischen* zur strukturell komplexesten semantischen Gruppe.

5. Elementare Beziehungen

Über die Leichtigkeit, mit der ein Kind die Wörtchen *in* und *an* erlernt, kann sich ein Linguist nur wundern, bereiten sie ihm doch das größte Kopfzerbrechen. Die durch *in* und *an* ausgedrückten Raumbeziehungen sind so elementar, daß sie sich gegen exakte Begriffe sträuben. Wer versucht, sie in den Rahmen einer Konstruktsprache einzufügen, muß bei aller Genauigkeit genug Spielraum für sehr verschiedene Einzelfälle lassen. Die etwas ausführliche Darstellung der Details ist einmal durch den exemplarischen Charakter der Explikation zu rechtfertigen, zum anderen durch die fundamentale Rolle, die *in* und *an* bei der Entwicklung des Raumbegriffs spielen.

IN. - Zunächst kann *a in b* eine Beziehung des räumlichen Enthaltenseins zwischen Stoffen bezeichnen, die weder einen bestimmten Aggregatzustand haben noch klar abgegrenzt sein müssen:

der Ruß im Rauch
die Luft im Wasser
das Öl in der Erde
der Sand im Kies
das Erz im Stein

In scheint selbst eine Art Stoffbegriff zu sein, nur eben kein absoluter wie *Rauch*, sondern ein relativer, der diffuse Bereiche a und b aufeinander bezieht. Aus der Beobachtung, daß *in* sich den "reinen" Randbezeichnungen (z.B. *Schneide, Oberfläche*) widersetzt und, falls umständehalber doch in eine solche Verbindung gezwungen, die Ränder aus ihrer Ein- oder Zweidimensionalität herausführt (z.B. *Scharten in der Schneide, Vertiefungen in der Oberfläche*), schließen wir, daß der Bereich b sich zumindest konzeptuell nicht im Rand erschöpft, das heißt:

(i) Der Kernbereich von b ist nicht leer.

Im Wasser bezeichnet nicht nur den Wasserspiegel und *in der Erde* nicht allein die Erdoberfläche. Im Gegenteil, es kommt auf das Innere an: den Kernbereich. Der Kernbereich eines Tals ist der Talgrund. Dieser ist immer bebaut, wenn von einer *Stadt im Tal* die Rede ist. Natürlich bevorzugen die höheren Einkommensschichten privatim die Hanglage, aber der Stadtkern liegt im Talgrund. Der Kernbereich des Tals enthält also den der Stadt, oder etwas weiter und allgemeiner gefaßt:

(ii) Der Kernbereich von b vereinigt mit dem
Rand von b enthält den Kernbereich von a.

Die Kernbereiche von Tal und Stadt werden im übrigen durch verschiedene Faktoren bestimmt: während wir nur ins Tal zu schauen brauchen, um den Talgrund festzustellen, ist der Stadtkern nicht allein an der Geschoßüberhöhung zu erkennen. Funktionale Bedingungen wie die Nutzung durch Geschäfte und Büros, die Konzentration von öffentlichen und privaten Dienstleistungsbetrieben sowie die Entstehungsgeschichte (Altstadt) spielen eine Rolle. Trotzdem sind

Stadt im Tal

die Verhältnisse recht übersichtlich. Mit der Bedingung (ii) können wir auch Fälle wie

Das Schiff ist im Nebel.
Das Auto steht im Schatten.
Das Flugzeug ist in den Wolken.

erfassen, wo wenigstens der größte Teil der Transportmittel in den fremden (Kern-)bereich eingetaucht ist. Schwierigkeiten ergeben sich erst, wenn wir aus einem bestimmten Blickwinkel zu einer anderen Ansicht gelangen, etwa wenn wir hören, der Schwan sei im Wasser, und doch vom Ufer aus sehen, wie er mit seiner größten Leibesfülle den Wasserspiegel überragt. "Ach du lieber Schwan!" spottet da der Semantiker und hält Bedingung (ii) aufrecht: "Diese Perspektive wird durch *in* gerade ausgeschlossen. Sie hätten den Schwan aus der Vogelschau betrachten müssen (vgl. Abb. 2.2) und wenn nicht, dann war das Tier im Augenblick der Äußerung untergetaucht oder das Wasser war in jenem Augenblick so bewegt, daß der Schwan in den Wellen verschwand. Ansonsten heißt es: *auf dem Wasser*, nicht *im Wasser*". Oft steht uns aber keine alternative Präposition zur Verfügung. Wir müssen zu *in* greifen, auch wenn es eine auffällige Perspektive gibt, in der die zu ortenden Dinge weit überstehen:

(5) *der Schlüssel im Schlüsselloch*
(6) *die Blume in der Vase*
(7) *die Zigarre im Mund*

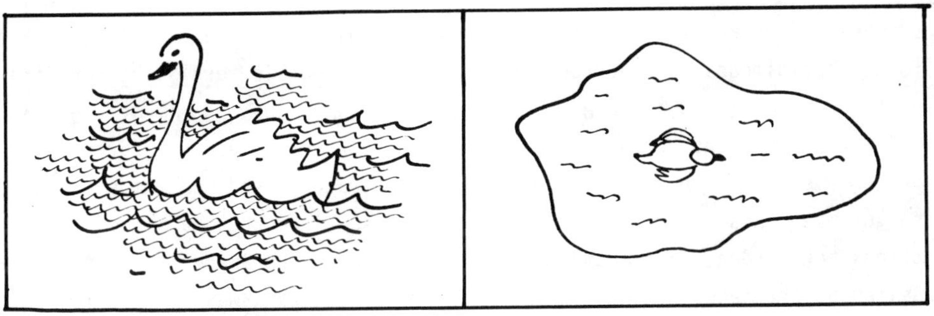

der Schwan auf dem Wasser / im Wasser

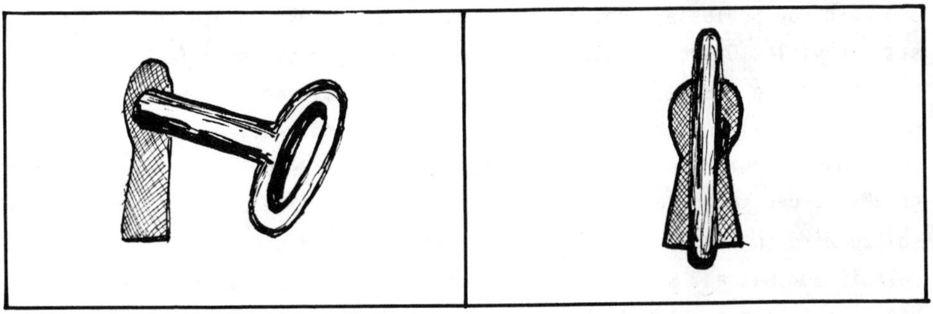

der Schlüssel im Schlüsselloch

die Blumen in der Vase

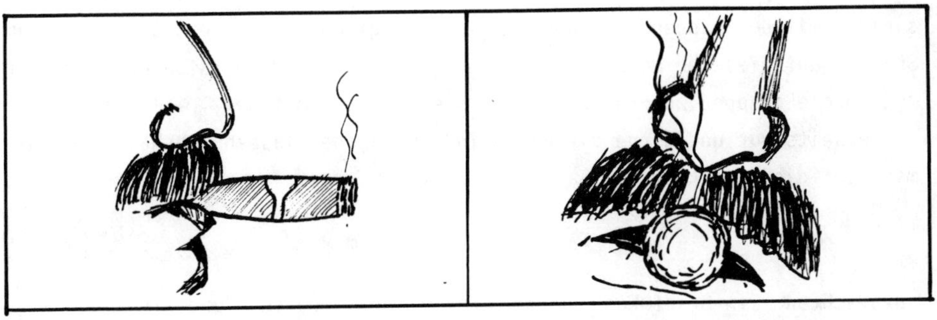

die Zigarre im Mund

Abb. 2.2: Perspektivenwechsel beim Gebrauch der Präposition *in*

Der Semantiker könnte versucht sein, sich auf die mit der Bedingung (ii) konforme zweidimensionale Perspektive zurückzuziehen, sie zur "Sicht der Sprache" zu erklären usw. Doch das wäre - mit Verlaub - Augenwischerei (vgl. Abb. 2.2). Wer kann schon behaupten, daß er immer vor verschlossenen Türen steht, daß er die Blumen in der Vase nur von oben betrachtet und daß ihm ein Raucher so gut wie nie sein Profil zuwendet? Wenn diese Dinge aber häufig von der Seite gesehen werden, dann müßte man, um *in* überhaupt gebrauchen zu können, die Seitenansicht jedesmal in die Vorderansicht übersetzen, was aller Erfahrung widerspricht. Nicht viel besser wäre es, die Hohlräume trichterförmig über den Rand von Schlüsselloch, Vase und Mund hinaus auszudehnen, denn im Gegensatz zu vielen Orten und Stoffen haben diese Hohlräume scharfe Konturen. Bleibt die Möglichkeit, den Kernbereich des lokalisierten Dings (Schlüssel, Blume, Zigarre) entsprechend zu definieren. Offensichtlich kann der Kernbereich dann nicht als der innere, mittlere oder größere Teil einer Einheit aufgefaßt werden, denn nur der Schlüsselbart wird ins Schloß und nur die Zigarrenspitze wird in den Mund gesteckt, und wie groß sind diese Teile schon im Verhältnis zum Ganzen? Wenn nicht der innere oder größere Teil, welcher dann? Vielleicht läßt er sich funktional bestimmen: in (5) der für das Schließen wesentliche Teil, der Schlüsselbart, in (6) der für das In-der-Vase-Stehen wesentliche Teil, die Blumenstengel, in (7) der für das Rauchen wesentliche Teil, das Mundstück. Der Haken dabei ist, daß diese Teile jeweils den Blicken entzogen sind und in der Vorstellung rekonstruiert werden müssen. Man mag ja bei einem Schlüssel an den Bart denken, aber denkt man bei Blumen auch an die Stengel? Ist das Mundstück einer Zigarre für das Rauchen wichtiger als die brennende Zigarrenspitze? Und wenn ja, ist das Mundstück eines Saxophons nicht ebenso wichtig für das Saxophonspiel? Und warum fällt es uns dann schwer, den Satz *Das Saxophon ist im Mund* zu akzeptieren? Sehen wir uns an, wie ein Saxophonist sich in der Pause genüßlich eine Brasil anzündet: Er hält sie nur mit den Lippen und Zähnen fest. Unmöglich, daß er das Saxophon beim Spielen auf dieselbe Weise festhalten könnte, seine Hände also nur gebrauchte, um die Klappen zu drücken. Der Schiedsrichter mit der Trillerpfeife kann seinerseits gut und gerne die Hände in den Taschen lassen, weshalb auch niemand auf die Idee käme, den Satz

Die Trillerpfeife ist im Mund.

anzufechten. Ein Brief kann *im* Schnabel einer Taube sein und ein Kind *im* Schnabel eines Klapperstorchs. Selbst wenn Freund Adebar das Kind nur am Wikkelband festhält, sagt man noch: *er hat ein Kind im Schnabel*[3]. Schließlich bleibt auch der Schlüssel *im* Schlüsselloch stecken und die Blumen stehen weiter *in* der Vase, denn der stützende Rahmen gibt ihnen Halt. Wir wollen unsere Impressionen zu einer dritten und letzten Bedingung für die Explikation von *a (ist) in b* verdichten:

(iii) Wenn der Bereich (Kernbereich + Rand) von b nur irgendeinen Teil von a enthält, dann wirkt eine Kraft von b auf a, die a festhält.

Diese letzte Bedingung kann nicht mehr rein geometrisch oder mengentheoretisch rekonstruiert werden. Wer deshalb auf sie verzichten möchte, nehme zur Kenntnis, daß auch die Bedeutungsexplikation wichtiger anderer Präpositionen wie *an* und *auf* sowie eine angemessene Theorie der Teil-Ganzes-Beziehung physikalische Kräfte berücksichtigen muß. Eine Vermeidungsstrategie wäre - aufs Ganze gesehen - wohl zum Scheitern verurteilt und würde im Falle von *in* die Begriffe Kernbereich und Rand so ausweiten müssen, daß sie auch auf die Fügungen (5), (6) und (7) passen. Dies hätte zur Folge, daß Kriterien der Wahrnehmung und des Sprachgebrauchs, wie sie die paradigmatischen Beispiele des Stadtkerns, des Talgrunds oder des Kernschattens nahelegen, nur noch eine untergeordnete Rolle spielen, und der definitorischen Willkür wären bald Tür und Tor geöffnet.

Tabelle 2.1 präsentiert das Resultat der Begriffserklärung. Das Explikat der räumlichen Bedeutung von Sätzen der Form *a ist in b* ist die lokale Relation L-IN(a,b). Die Großschreibung weist darauf hin, daß es sich um einen Ausdruck der Konstruktsprache handelt; "L" steht für "lokale Relation". Die Nominale *a* und *b* werden durch die Abbildung ε in die Einheiten a und b überführt. Die Bedingungen (i) bis (iii) legen die Interpretation der Beziehung L-IN(a,b) fest. (Zu den Prinzipien und Formen der Explikation vgl. Schnelle, 1973: 85-114.)

Wir beobachten nun, daß gewisse lokale Verwendungen von *in* wie

(8) *der Ast im Brett*
(9) *die sechs Speichen im Rad*
(10) *der Dom in der Stadt*
(11) *die vielen Buchen im Wald*
(12) *der Rum im Cocktail*
(13) *das Kupfer im Messing*

EXPLIKANDUM	EXPLIKAT
a ist in b	L-IN(a,b):
a und *b* sind Nominale erster Ordnung.	a und b sind Einheiten erster Ordnung,
Beschränkung:	und (i) der Kernbereich von b ist nicht leer,
Für *b* können nur bedingt Randbezeichnungen eingesetzt werden:	und (ii) enthält - vereinigt mit dem Rand von b - den Kernbereich von a,
? im Strich *? in der Kante* *? in der Fläche*	oder (iii) irgendeinen Teil von a; dann wirkt jedoch eine Kraft von b auf a, die a festhält.
Beispiele:	
Die Stadt ist im Tal.	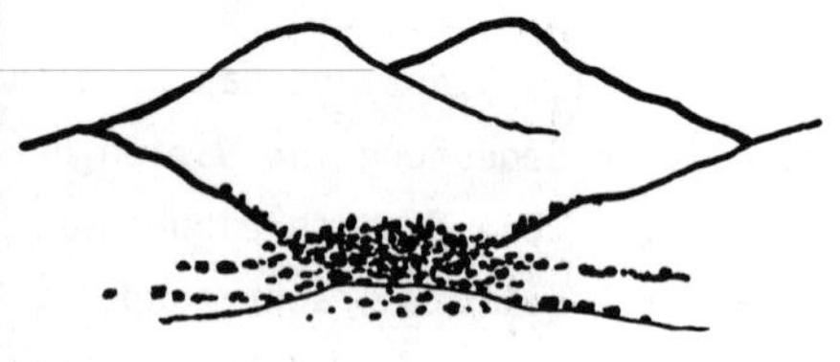
Die Zigarre ist im Mund.	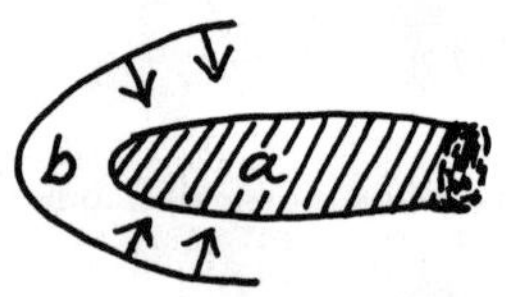

Tab. 2.1: Explikation der räumlichen Bedeutung von *in*

durch asymmetrische Konstruktionen wie NP_2 *hat* NP_1, vgl. (14), oder NP_2 *mit* NP_1, vgl. (15), oder NP_2 *besteht aus* NP_1 (*und* ...), vgl. (16), sowie durch Komposita vom Typ NP_1 NP_2, vgl. (17), umschrieben werden können:

(14) *Das Brett hat einen Ast.*
Das Rad hat sechs Speichen
Die Stadt hat einen Dom.
Der Wald hat viele Buchen.

(15) *Das Brett mit dem Ast.*
Das Rad mit den sechs Speichen.
Die Stadt mit dem Dom.
Der Wald mit den vielen Buchen.
Der Cocktail mit Rum.

(16) *Der Wald besteht aus Buchen, Eichen und Tannen.*
Der Cocktail besteht aus Rum, Wermut, Soda und Eis.
Messing besteht aus Kupfer und Zink.

(17) *Domstadt, Buchenwald, Rumcocktail*

Diese Paraphrasen verweisen auf eine Teil-Ganzes-Beziehung. Mit dem Begriff der Teil-Ganzes-Beziehung sind heikle Probleme verbunden, zumal das Ganze nicht nur ein Ding (8), (9), sondern auch ein Ort bzw. ein Kollektiv (10), (11) oder ein Stoff (12), (13) sein kann. Da alle angeführten Beispiele die Bedingungen (i) und (ii) der Relation L-IN(a,b) erfüllen, ist zu fragen, inwiefern sich die Beziehungen von Teil und Ganzem von den bereits betrachteten *in*-Beziehungen in der Sache unterscheiden. Einigermaßen brauchbar erscheinen die Kriterien, daß sich die Teile mitbewegen, wenn das Ganze sich bewegt, und daß ein Teil nicht entfernt werden kann, ohne daß dadurch das Ganze beschädigt, verletzt oder irgendwie unvollständig wird. Das erste Kriterium entspricht weitgehend der Bedingung (iii) unseres Explikats. Das letzte Kriterium ist so weit zu nehmen, daß es auch die Privativa - das sind Wörter, die eine Abwesenheit von Substanz bezeichnen (vgl. Leisi, 1960: 37ff.) - einschließt. Denn für *die Löcher im Schweizer Käse* und *das Öhr in der Nähnadel* gelten nicht nur die erwähnten Paraphrasebeziehungen, sie machen auch diese Dinge erst zu dem, wofür die Bezeichnung *Schweizer Käse* bzw. *Nähnadel* steht. Für das Erkennen einer Teil-Ganzes-Beziehung reicht die naive Wahrnehmung eines Zustandes oft nicht aus, darüber hinaus sind Kenntnisse der Entstehungsgeschichte und der Funktion einer Einheit erforderlich, ja im Zweifel müssen erst Handlungen mit dieser Einheit ausgeführt werden. Was aber auch immer an substantiellen Kriterien genannt werden mag, ist den Bedingungen (i) und (ii) der Relation L-IN(a,b) hinzuzufügen, das heißt: jede mit *in* verbundene konkrete Teil-Ganzes-Beziehung ist ein Spezialfall der allgemein räumlichen Bedeutung von *a ist in b*.

AN. - Dies Verhältniswort läßt sich - im Gegensatz zu *in*[4] - mit Orts- und Stoffbezeichnungen nur verbinden, wenn ein Randbegriff vorgeschaltet oder zumindest hinzugedacht wird. *Am Feld? Am Dorfe? An der Stadt?,* wo soll das sein? Doch *am Feldrain, am Dorfeingang, am Stadtrand* - das kann man sich vorstellen. **Das Flugzeug am Nebel*, **der Kratzer am Schnaps* und **die Schaufel am Sand* nichten im Nirgendwo linguistischer Sprachspiele. Orten wir sie aber an der Nebelwand, am Schnapsglas oder am Sandkasten, jeder Laie würde sie entdecken. Wo *an* mit *auf* kontrastiert, geht es meist um einen seitlichen (*auf dem See : am See; auf der Straße : an der Straße; auf dem Tisch : am Tisch*), seltener um einen unteren Rand im Verhältnis zum oberen (*auf der Wasseroberfläche : an der Wasseroberfläche*). Der untere Rand ist dann, genauer gesagt, die Unterseite einer oberen Begrenzung, während die Oberseite einer Unterlage der Präposition *auf* vorbehalten bleibt: *an der Zimmerdecke,* aber *auf dem Fußboden; am Himmel*, aber *auf der Erde*. Entfällt der Kontrast zu *auf*, so kann sich *an* auf den gesamten Rand beziehen (*Am Körper*). *An* ist daher das semantisch unmarkierte Glied dieser Opposition (zum Begriff der Markiertheit vgl. Kap. IV.7). Wir halten als erste Bedingung für die Explikation von *a ist an b* fest:

(i) b hat einen wahrnehmbaren (seitlichen oder unteren) Rand.

Dabei definieren wir den seitlichen und unteren Rand analog zum oberen Rand wie im nächsten Abschnitt (Kap. II.6) ausgeführt.

Im Grunde ist *an* - das zeigen schon die Redewendungen *Wand an Wand wohnen, Seite an Seite kämpfen, Stoßstange an Stoßstange fahren* - ein relativer Formbegriff, der die Ränder zweier Einheiten aufeinander bezieht. Da man aber auch in unbestimmter Weise sagen kann, daß *am Fensterrahmen Wasser ist*, oder *Nebel am Seeufer*, wollen wir nicht voraussetzen, daß wir den Rand von a so wie den von b wahrnehmen können. Welcher Art ist nun die Beziehung zwischen den Rändern? Offensichtlich kommt es zu einem Kontakt, einer Berührung, mengentheoretisch ausgedrückt: beide Ränder haben einen gemeinsamen, nicht-leeren Durchschnitt. Offensichtlich - das heißt bei den Dingen in der Nähe etwas anderes als bei den Orten in der Ferne. Ich spüre die *Uhr an meinem Arm* und den *Ring an meinem Finger* und wie ich auch Arm und Hand vor meinen Augen drehe und wende, in jeder Perspektive berühren sich Uhr und Arm, Ring und Finger. Bei benachbarten geographischen Gegebenheiten kann ich auf ferne Sicht einen Kontakt nicht ausschließen: es ist möglich, daß bei einem *Hotel am See* die Wellen gegen die Grundmauer schlagen, daß bei einem *Grundstück am Wald* die eine oder andere Tanne auf eben diesem Grundstück steht, aber das muß - aus der Nähe besehen - wirklich nicht so sein. Daher sei lediglich die Minimalbedingung (ii) vorausgesetzt:

> (ii) Es gibt eine Perspektive, in der nicht auszuschließen ist, daß der Rand von a mit dem (seitlichen oder unteren) Rand von b überlappt.

Wenn die durch *an* verknüpften Nomina nicht gerade identisch sind, können sie in ein- und derselben Situation nur schwer vertauscht werden:

(18) *Das Hotel ist am See*, aber kaum: *?der See ist am Hotel*.
(19) *Der Ring ist am Finger*, aber kaum: *?der Finger ist am Ring*.
(20) *Der Knopf ist an der Jacke*, aber nicht: **die Jacke ist am Knopf*.
(21) *Das Bild ist an der Wand*, aber nicht: **die Wand ist am Bild*.
(22) *Die Lampe ist an der Decke*, aber nicht: **die Decke ist an der Lampe*.

Dies scheint vorderhand mit den Größenverhältnissen der betrachteten Einheiten zusammenzuhängen. Das Kleine ist am Großen, nicht umgekehrt. Doch da fällt unser Blick auf den *Mantel am Haken*. Unmöglich, dieses Stilleben als **Haken am Mantel* zu beschreiben! Wie viele Lastkähne sind *an einem Schlepper*, wie viele Anhänger *an einem Traktor*? Ein riesiger Hund ist *an der Leine*, wenn wir ihn damit festhalten, und nur wenn wir die Leine loslassen, ist sie auch *am Hund*. Obwohl a in den beiden folgenden Bildern größer ist als b, dürfte jeder sagen: *a ist an b*. Der durchgehende Strich wirkt tragend, es sieht so aus, als werde a von b gehalten (vgl. Metzger, 1953: 147). Die tragende Kraft kann also die Größe übertrumpfen, ja meist ist die Größe nur insofern für *an* relevant, als sie tragend wirkt. In jedem Fall läßt sich die Asymmetrie der

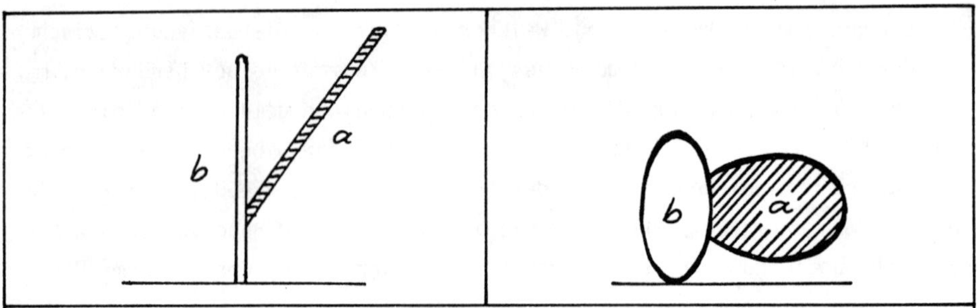

a ist an b (und nicht: *b ist an a*)

Beispiele (19) bis (22) am besten dadurch erklären, daß ein Ding das andere trägt oder festhält. Daher gilt:

(iii) Es wirkt eine Kraft von b auf a, die a festhält.

Daß *ein Hotel am See* liegt und nicht umgekehrt, könnten wir mit etwas Phantasie auf die magische Anziehungskraft zurückführen, die ein See für Wassersportler hat. Doch abgesehen davon, daß *ein Fels am See* völlig unempfänglich für solche Verlockungen wäre, würden wir dadurch die Grenze zwischen äußeren (physikalischen) und inneren (psychologischen) Kontextfaktoren unnötig verwischen. Der Begriff, der nach unserer Auffassung am stärksten durch innere Kontextfaktoren bestimmt ist und der sich gerade für geographische Gegebenheiten anbietet, ist der der Umgebung. Im allgemeinen haben große Einheiten große Umgebungen und kleine Einheiten haben kleine. Die kleinen Einheiten liegen in den Umgebungen der großen, nicht umgekehrt. Liegt aber bei zwei vergleichbaren Einheiten, die vergleichbare Umgebungen haben, eine Einheit in der Umgebung der anderen, so gilt dies meist auch umgekehrt. (Liegt z.B. bei zwei sich schneidenden Kreisen mit gleichem Radius der Mittelpunkt des ersten Kreises in der Kreisfläche des zweiten, so liegt auch umgekehrt der Mittelpunkt des zweiten Kreises in der Kreisfläche des ersten.) Das erklärt, warum zwar *das Hotel am See* ist, aber kaum *der See am Hotel* und warum nicht nur *ein Flugplatz am See* sein kann, sondern auch *ein See am Flugplatz*. (Keine Frage, daß *der B-See* ebenso *am C-See* ist wie *der C-See am B-See!*) Weitere Beispiele zeigen, daß außer der Größe der Einheiten noch andere Faktoren für die Festsetzung der Umgebungsgröße maßgebend sind: der Straßenkreuzer von Herrn X ist viel größer als ein Kilometerstein. Trotzdem meldet sich Herr X nach einer Panne mit den Worten: *Mein Auto ist am Kilometerstein 412.* Wir schließen daraus, daß unbewegliche Einheiten größere Umgebungen besitzen als bewegliche. Die Auffälligkeit oder Bekanntheit spielt auch eine Rolle. Ist das in (18) erwähnte Hotel stadtbekannt, so hält uns seine räumliche Kleinheit nicht davon ab zu sagen: *Der See ist am Stundenhotel*. Dabei braucht die Bezugseinheit nicht einmal allgemein bekannt zu sein. Es genügt oft, daß sie im gemeinsamen Wahrnehmungsraum von Sprecher und Adressat liegt oder im sprachlichen Kontext eingeführt ist. Z.B. wäre (24) eine mögliche Antwort auf die Frage (23), wenn beiden Gesprächspartnern klar ist, wo das Hotel liegt:

(23) *Was ist da am Hotel?*
(24) *Am Hotel ist ein See.*

Mit anderen Worten: hier geht es um eine Thema-Rhema-Beziehung. Im Rahmen der vorgeschlagenen Semantik weisen wir nur einer im Kontext gegebenen Einheit eine Umgebung zu, wobei die angebbare Umgebung stets größer sei als eine nichtangebbare. Wir nutzen also die partielle Definition von $\tau_U(a,C)$ aus, um die Vertauschbarkeit der Nomina unter besonderen Umständen zu erklären. Da der Umgebungsbegriff genügend vage ist, können wir den gesamten Bereich von a einbeziehen:

(iv) Wenn Bedingung (iii) entfällt, ist der Bereich (Kernbereich + Rand) von a in der Umgebung von b enthalten.

Abschließend eine Zusammenfassung unserer explikativen Analyse (Tab. 2.2). Der konstruktsprachliche Begriff für die durch *a ist an b* ausgedrückte Raumbeziehung lautet: L-AN(a,b), seine Interpretation wird durch die erörterten vier Bedingungen bestimmt. Teil-Ganzes-Beziehungen sind Spezialfälle der Bedingung (iii), insofern der Rand des Teils nicht nur mit dem des Ganzen überlappt, sondern in ihm enthalten ist. Bei *an* bleibt eine Teil-Ganzes-Beziehung also an der Oberfläche, am Rande. Während Formeigenschaften für die durch *in* bezeichneten inneren Teile nur von untergeordneter Bedeutung sind (vgl. *Im Cocktail ist Rum*), werden die äußeren Teile vor allem durch Richtungsänderungen der Gesamtkontur abgegrenzt, d.h. durch Wendepunkte bei Kurvenfiguren (25), (30) und durch unabhängige Winkel bei geradlinigen Figuren (26), (27), (28), (29):

(25) *An der Tasse ist ein Henkel.*
(26) *Am Flugzeug sind zwei Flügel.*
(27) *Am Hut sind drei Ecken.*

EXPLIKANDUM	EXPLIKAT		
a ist an b	L-AN(a,b):		
a und *b* sind Nominale erster Ordnung.			a und b sind Einheiten erster Ordnung,
	und	(i)	b hat einen wahrnehmbaren (seitlichen oder unteren) Rand,
Beschränkung:	und	(ii)	es gibt eine Perspektive, in der nicht auszuschließen ist, daß der Rand von a mit dem (seitlichen oder unteren) Rand von b überlappt,
Für *b* können nur bedingt Kontinuativa eingesetzt werden:	und	(iii)	es wirkt eine Kraft von b auf a, die a festhält,
? am Nebel *? an der Milch* *? am Sand*	oder	(iv)	der Bereich (Kernbereich + Rand) von a ist in der Umgebung von b enthalten.
Beispiele: *Der Mantel ist am Haken.* *Das Hotel ist am See.*	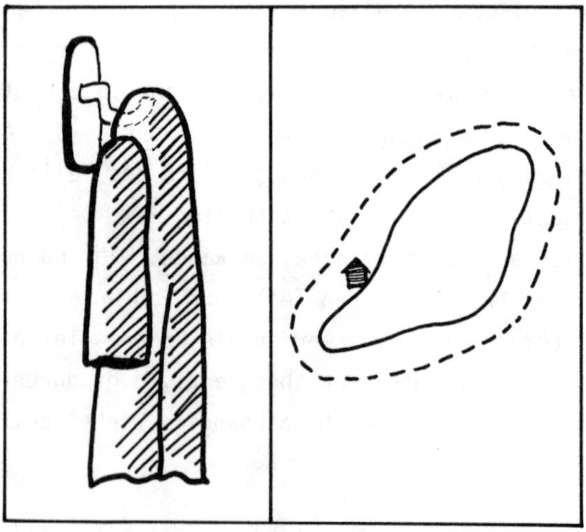		

Tab. 2.2: Explikation der räumlichen Bedeutung von *an*

(28) *Am Tisch sind vier Beine.*
(29) *An dem Stern sind fünf Zacken.*
(30) *An der Blüte sind sechs Blätter.*

6. Vertikale Beziehungen

Auf sie verweisen wir mithilfe der Beziehungswörter *auf*, *über*, *unter* sowie *oberhalb* und *unterhalb*. Die letzten beiden werden schon aus formalen Gründen (Wortlänge, Genitiv) seltener verwendet und sind sprachgeschichtlich und systematisch den Präpositionen *über* und *unter* nachgeordnet. *Auf* steht nicht nur zu *über*, sondern auch zu dem elementaren Kontaktwort *an* im Gegensatz. Um die Bedeutung von *an* gegen die von *auf* abzugrenzen, haben wir bereits informell verschiedene Richtungen des Randes einer Einheit differenziert. Wir wollen nun die Begriffe *oberer* und *unterer Rand*, *obere* und *untere Umgebung* näher erläutern, da sie für die vertikalen Beziehungen von zentraler Bedeutung sind.

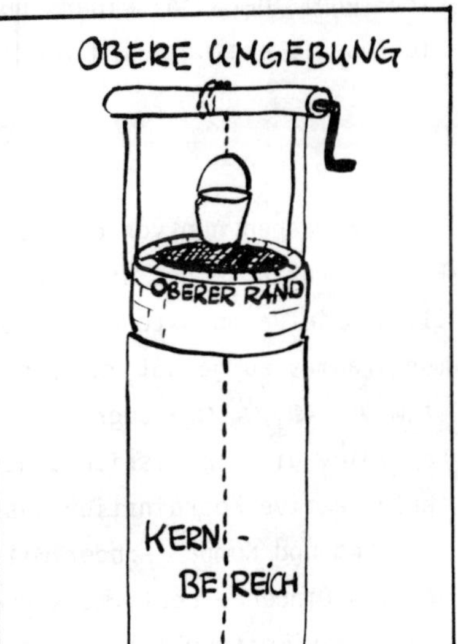

In den meisten Sprechsituationen unterscheiden wir ohne Schwierigkeit einen oberen Rand, einen Kernbereich oder ein Mittelstück sowie einen unteren Rand an den für *auf*, *über*, *unter* relevanten Bezugseinheiten. Obere und untere Umgebung lassen sich dann relativ zum oberen und unteren Rand bestimmen. Nehmen wir eine Situation, die durch den Satz

Der Eimer ist über dem Brunnen.

beschrieben wird. Wenn wir den Eimer herunterlassen, so kommt er zunächst am oberen Brunnenrand vorbei, gelangt dann in den inneren Brunnenbereich - den Schacht - und landet schließlich auf der Sohle, d.h. auf dem unteren Rand. Die obere Umgebung des Brunnens reicht bis zum oberen Rand, die untere Umgebung beginnt unter der Sohle. Beide Umgebungen verlängern den Kernbereich zylinderförmig nach oben und unten.

Natürlich brauchen wir den Eimer nicht wirklich herunterzulassen. Ein Gedankenexperiment genügt. Die Fallinie ist eine allgegenwärtige Erfahrung, auf die wir bei der Kennzeichnung des oberen und unteren Randes zurückgreifen. Nur sehr selten mag es Probleme geben, z.B. dann, wenn ein Tisch so umgedreht ist, daß die Beine nach oben zeigen. Sagt nun jemand: *Auf dem Tisch ist ein Fleck*, so meint er damit nicht den momentanen oberen Rand, auf den man in dieser Ausnahmesituation etwas fallen lassen könnte, sondern den normalen oberen Rand, auf den man häufig etwas fallen läßt, an dem man normalerweise arbeitet und ißt, d.h. die Oberseite der Tischplatte. Eine Lampe ist hingegen auch dann *über dem Tisch*, wenn sie auf die Unterseite der Tischplatte fallen würde, d.h., die obere Umgebung richtet sich nach dem momentanen oberen Rand. Nicht immer bilden obere und untere Umgebung eine exakte Verlängerung des Kernbereichs. In gewissen Fällen müssen wir sie uns kegelförmig ausgestellt denken, etwa wie einen Lichtkegel, der von einer punktförmigen Lichtquelle erzeugt wird (*unter der Lampe*).

Wir machen nun von der Voraussetzung Gebrauch, daß der Wahrnehmungsraum P die Struktur eines affinen dreidimensionalen Vektorraums besitzt (vgl. Kap. II.1). Die Raumpunkte aus P werden als Punkte eines intersubjektiven Wahrnehmungsraumes aufgefaßt, dem ein dreidimensional-rechtwinkliges Koordinatensystem $\Omega := \langle \Omega_1, \Omega_2, \Omega_3 \rangle$ zugrunde liegt. Dieses durch den Kontext - z.B. durch die Fallinie, die Himmelsrichtungen oder ein rechtwinkliges Zimmer - gegebene intersubjektive Koordinationssystem kann im Zweifel mit Hilfe von Instrumenten - z.B. Lot und Kompaß - oder mit Hilfe nachprüfbarer Verfahren - z.B. Fallenlassen von Dingen - bestimmt werden. Sei a eine Einheit aus **E**, C ein Kontext aus **C**, t ein Zeitpunkt aus T, sei ferner x eine Koordinate aus Ω_1, y eine Koordinate aus Ω_2, seien z und z' Koordinaten aus Ω_3. Dann gilt:

<u>Die obere Umgebung</u> der Einheit a im Kontext C zum Zeitpunkt t ist die Menge aller Umgebungspunkte (x,y,z), zu denen es einen Punkt (x,y,z') aus dem Rand von a gibt mit $z' < z$.

<u>Der obere Rand</u> einer Einheit a im Kontext C zum Zeitpunkt t ist die Menge aller Randpunkte (x,y,z), zu denen es einen Punkt (x,y,z') aus dem Kernbereich von a gibt mit z' < z.

<u>Der untere Rand</u> der Einheit a im Kontext C zum Zeitpunkt t ist die Menge aller Randpunkte (x,y,z), zu denen es einen Punkt (x,y,z') aus dem Kernbereich von a gibt mit z < z'.

<u>Die untere Umgebung</u> der Einheit a im Kontext C zum Zeitpunkt t ist die Menge aller Umgebungspunkte (x,y,z), zu denen es einen Punkt (x,y,z') aus dem Rand von a gibt mit z < z'.

AUF, ÜBER, UNTER. - Zurück zu den Verhältniswörtern. *Auf* beschreibt ebenso wie *an* eine Kontaktbeziehung, nur daß diese praktisch in jeder relevanten Perspektive am oberen Rand der Bezugseinheit zu beobachten ist: das Kind *auf dem Bett* liegt auf der Bettdecke, das Kind *am Bett* stößt an die hölzerne Bettumrandung, die Hütte *auf dem Berg* steht auf dem Gipfel, die Hütte *am Berg* lehnt am Hang, der Schwan *auf dem Wasser* schwimmt auf der Wasseroberfläche, der Schwan *am Wasser* verweilt am Ufer. Die Ausdehnung des oberen Randes hängt von der Wahrnehmung ab. Wir sagen: *Die Lampe ist auf dem Tisch,* wenn sie auf der Tischplatte steht. Wir äußern diesen Satz auch dann, wenn noch ein Tischtuch auf dem Tisch ist oder noch ein, zwei Bücher unter dem Lampenfuß liegen. In unseren Augen heben sich solche Dinge kaum vom oberen Tischrand ab. Steht die Lampe aber auf einem Stuhl, der seinerseits auf dem Tisch steht, würden wir den obigen Satz so nicht mehr behaupten. Ein Stuhl ist zu hoch, als daß wir ihn noch zum oberen Tischrand zählen könnten. Das könnten wir allenfalls dann, wenn der Stuhl ein oberer Teil wäre, der normalerweise auf dem Tisch angebracht ist - ähnlich dem Aufbau gewisser Schreibtische. Alte Sekretäre zum Beispiel besitzen zwei obere Niveaus: die herausgeklappte Schreibplatte und die Oberseite des Aufbaus, und je nachdem kann *die Lampe auf dem Sekretär* ihr Licht eine Etage höher oder tiefer leuchten lassen. Wie schon für *an,* so ist auch für *auf* die bloße Kontaktbeziehung nicht ausreichend. Wenn ich eine Lampe in der Hand halte und mit dem Lampenschirm die Tischplatte von oben berühre, käme wohl niemand auf die Idee, von einer *Lampe auf dem Tisch* zu sprechen, denn offensichtlich trägt der Tisch die Lampe nicht. Beleuchten wir eine andere Situation: vor uns, auf einem Bierdeckel, steht ein Glas Bier. Wenn beim Anheben des Glases der Deckel kleben bleibt, dann ist *das Glas* nicht mehr *auf dem Deckel*, sondern *der Deckel am* (oder: *unter dem*) *Glas*. Dabei hat sich an dem Kontakt zwischen Glas und Deckel nichts geändert, auch nicht an dem sichtbaren Verhältnis von oben und unten, geändert hat sich nur das Verhältnis des Trägers zum Getragenen. Während vorher der Deckel das Glas zu tragen schien, trägt nun umgekehrt das Glas den Deckel. Die Analyse ist nicht genau genug: wenn wir den Hut *auf* und den Mantel *an* den Haken hängen, dann dient der Haken beidesmal als Träger. Der Unterschied liegt in der Richtung der tragenden Kraft: der Mantel wird von oben, der Hut aber von unten gehalten. Aus demselben Grunde sind für uns die Äpfel *am*, die Vögel aber *auf* dem Baum. Wenn wir uns mit *auf* statt mit *an* auf geographische Bereiche beziehen, so bilden diese stets eine tragfähige Grundlage für das, was dort lokalisiert wird. Während *das Haus am See* nicht auf Wasser gebaut ist, wird *das Hausboot auf dem See* vom Wasser getragen. Der Schiffbrüchige *an der Insel* ist noch nicht vor dem Ertrinken gerettet, erst *auf der Insel* hat er wieder festen Boden unter den Füßen. Der Umgebungsbegriff, der bei *an* in Ermangelung einer tragenden Kraft erforderlich ist, spielt daher bei *auf* keine Rolle:

L-AUF(a,b): a und b sind Einheiten erster Ordnung,

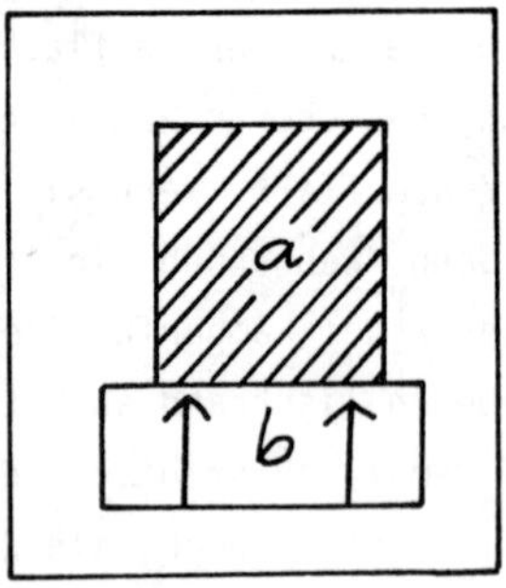

und (i) der Rand von a überlappt mit dem oberen Rand von b,

und (ii) es wirkt eine Kraft von b auf a, die a festhält (und wenn a dieser Kraft ausschließlich mit seinem Gewicht entgegenwirkt, dann wird a von unten gehalten).

Ein Vergleich zwischen *auf* und *über* zeigt, daß *über* i.a. weder eine Berührungs- noch eine Teil-Ganzes-Beziehung ausdrückt. Die gesuchte Einheit befindet sich lediglich in der oberen Umgebung einer anderen:

das Bild { *auf* / *über* } *der Kommode*

die Ente { *auf* / *über* } *dem See*

der Fleck { *auf* / *über* } *dem Sofa*

Nur selten, wenn die Bezugsgröße ganz verdeckt wird, kann *über* auch einen

Kontakt involvieren:

die Decke {*auf* / *über*} *dem Bett*

der Käse {*auf* / *über*} *den Nudeln*

Doch dann ist die Berührung den Blicken entzogen und unbedeutend, also nicht augenfällig und konstitutiv für die Bedeutung wie bei *auf*. Daher gilt:

L-ÜBER(a,b):

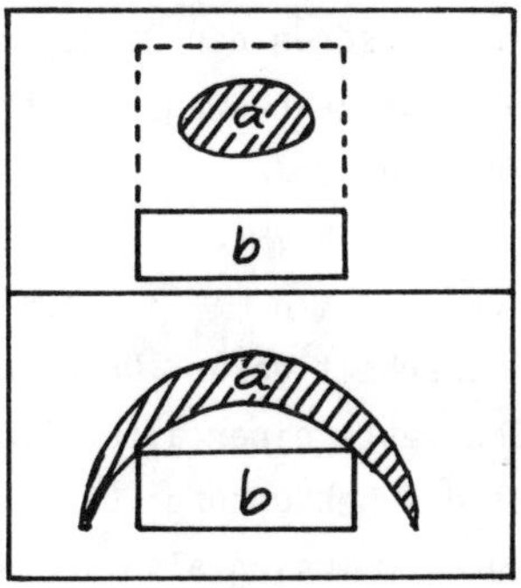

a und b sind Einheiten erster Ordnung,

und (i) a liegt in der oberen Umgebung von b,

und (ii) der Rand von a überlappt nicht mit dem Rand von b - es sei denn, a verdeckt b.

In der Präposition *unter* sind zwei Verhältniswörter der indogermanischen Grundsprache zusammengefallen: **n̥dhēr* (lat. *infra*), das eine vertikal tiefere Lage bezeichnet, und **n̥tēr* (lat. *inter*), das etwas in eine Gruppe oder Menge einordnet. Beide Bedeutungen sind grundverschieden und können strukturell nicht aufeinander zurückgeführt werden. In der ersten Bedeutung kontrastiert *unter* mit *über*, *auf* und *an*:

über	*auf*
unter	*an*

Dabei erscheint das Verhältnis von *über : unter* weitgehend symmetrisch. Wer mit jemandem *unter einem Dach* zusammenlebt, hat jedenfalls ein *Dach über dem Kopf*. Wenn *Mayers über Müllers* wohnen, dann wohnen *Müllers unter Mayers*. *Die Lampe hängt über dem Tisch*, also steht *der Tisch unter der Lampe*. Für die Wahl der einen oder anderen Präposition ist in erster Linie das Verhältnis zwischen Bekanntem und Unbekanntem, zwischen Erwähntem und Unerwähntem, zwischen Gefundenem und Gesuchtem verantwortlich. Ist der Austausch der beiden Verhältniswörter nur schwer möglich, dann liegt das daran, daß man normalerweise nach beweglichen oder kleinen Dingen sucht und unbewegliche oder große immer schon gefunden hat:

Die Fliege sitzt unter dem Bild. aber: *?das Bild über der Fliege.*
Das Auto steht unter dem Baum. aber: *?der Baum über dem Auto.*
Das Schiff ist unter der Brücke. aber: *?die Brücke über dem Schiff.*

Wie für *über*, so spielt auch für *unter* der Kontakt zwischen den Dingen keine Rolle. *Der Luftballon unter der Zimmerdecke* muß diese keineswegs berühren, wohl aber *der Luftballon an der Zimmerdecke*. *Die Vögel unter dem Himmel* können ein gutes Stück tiefer fliegen, aber *die Sterne am Himmel* erscheinen uns daran angeheftet. Vielleicht liegt *das Preisschild unter dem Tisch* auf dem Boden, nur wenn es *am Tisch* ist, klebt es mit Sicherheit daran. *Unter der Brücke sind vier Pfeiler* - das mögen auch die Überreste einer alten Brücke sein, die nur als Denkmal erhalten blieben, erst die Behauptung: *Die Brücke ruht auf vier Pfeilern* zerstreut unsere Bedenken. Wir müssen also *an* sagen, um den Kontakt hervorzuheben oder - falls das obere Ding vom unteren getragen wird - *auf*. Ein letzter Punkt betrifft das Verhältnis von Behältern zu ihrem Inhalt. Drehen wir einen nach oben offenen Behälter so um, daß sein Inhalt darunter zu liegen kommt, so können wir das Verhältnis Inhalt - Behälter stets durch *unter*, manchmal (in der Umkehrung) auch durch *über*, aber nie durch *in* verbalisieren:

Der Putzlappen ist $\left\{\begin{array}{c}\textit{unter}\\ \textit{*in}\end{array}\right\}$ *dem (umgedrehten) Eimer.*

Das Ruder ist $\left\{\begin{array}{c}\textit{unter}\\ \textit{*in}\end{array}\right\}$ *dem (umgedrehten) Boot.*

Die Würfel sind $\left\{\begin{array}{c}\textit{unter}\\ \textit{*in}\end{array}\right\}$ *dem (umgedrehten) Becher.*

Offenbar verlieren solche Behälter ihre Eigenschaft, wenn sie umgedreht werden: sie können dann nichts mehr "behalten". Unsere formale Darstellung zählt unter diesen Umständen den Hohlraum der Behälter nicht zu ihrem Kernbereich. Die untere Umgebung beginnt bereits am umgedrehten Boden des Eimers, des Bootes, des Bechers. Fazit:

L-UNTER$_1$(a,b):

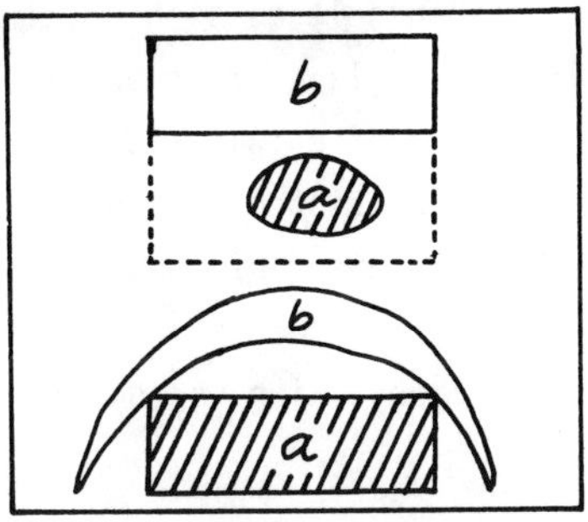

a und b sind Einheiten erster Ordnung,

und (i) a liegt in der unteren Umgebung von b,

und (ii) der Rand von a überlappt nicht mit dem Rand von b - es sei denn, b verdeckt a.

Die lat. *inter* entsprechende Verwendung von *unter* ist von der eben explizierten durch ein mehrzahlbedingtes Bezugswort geschieden: es muß sich um ein Genuskollektivum handeln (*unter dem Vieh*) oder im Plural stehen (*unter (den) Wölfen*). *a ist unter b* heißt dann, daß a sich in einer Gesamtheit b befindet. Diese Beziehung kann in gewissen Fällen so gedeutet werden, daß der Bereich von a im Kernbereich der Gesamtheit b enthalten ist:

(31) *Unter den Villen (am Stadtrand) steht ein Hochhaus.*
Unter den Veilchen (am Waldrand) steht eine Königskerze.

Als Test für die räumliche Interpretation bietet sich das auf den Kernbereich zielende Adverb *mitten* an, das wir dem Verhältniswort *unter* vorausschicken können:

mitten unter den Villen
mitten unter den Veilchen

Es ist jedoch völlig ausgeschlossen, (31) als Spezialfall von L-UNTER$_1$(a,b) zu betrachten, da das Hochhaus die Villen und die Königskerze die Veilchen bei weitem überragen. Die räumliche Bedeutung von *a unter b* geht in eine strukturelle über, wenn das Bezugswort b einen Oberbegriff für a darstellt:

(32) *Unter den Häusern ist ein Hochhaus.*
Unter den Blumen ist eine Königskerze.

Rein strukturell sind schließlich die folgenden Konstruktionen zu deuten:

(33) *Dieses Hochhaus ist das höchste unter den Häusern.*
Diese Königskerze ist die größte unter den Blumen.

Während wir noch in (32) *mitten* hinzufügen können, um eine räumliche Deutung nahezulegen, ist das in (33) nicht mehr möglich. Hier handelt es sich um eine reine Elementbeziehung. Die Sequenz (31) - (32) - (33) läßt erkennen, wie sich ein Strukturbegriff schrittweise aus einem Raumbegriff entwickelt (vgl. Kap. III.10). Anders als die inhaltlich verwandten Präpositionen *zwischen* und *in*, die in der Umgebung konkreter Nomina den Raumbegriff nie ganz abstreifen können, artikuliert *unter* den Strukturbegriff auf natürliche Weise in relativ reiner Form. Wir sondern deshalb die strukturelle Interpretation von der räumlichen:

L_2-UNTER(a,b): a ist eine Einheit erster Ordnung, b eine Gesamtheit solcher Einheiten,

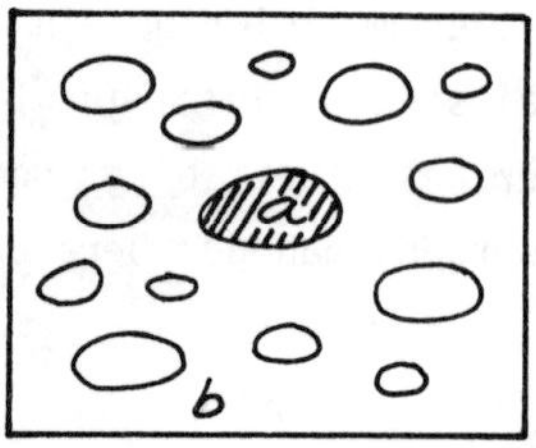

und (i) a liegt im Kernbereich von b,

oder (ii) a ist ein Element der nicht mehr lokalisierten Gesamtheit.

OBERHALB, UNTERHALB. - Der Herkunft nach gehören sie zu *innerhalb*, *außerhalb* und *diesseits*, *jenseits*, denn diese Verhältniswörter sind alle von den mhd. Substantiven *halb* und *sīte*, beide mit der Bedeutung 'Seite', abgeleitet. Ursprünglich bezeichnen die Verhältniswörter eine Position auf der oberen, unteren, inneren, äußeren, auf dieser (der vorderen), auf jener (der hinteren) Seite. Eine Seite ist wenigstens in einer Richtung deutlich durch einen wahrnehmbaren Rand begrenzt. Auf diesen wird zwar nicht immer expressis verbis hingewiesen wie in *oberhalb der Baumgrenze*, *unterhalb der Bergkuppe*, doch ist der Bezug stets erkennbar: *die Burg oberhalb der Stadt* befindet sich auf der Seite eines Bergs, die nach unten durch die "Skyline" der Stadt begrenzt ist, *die Wiese unterhalb des Weges* liegt in einem Bezirk mit dem Weg als oberer Grenze. *Ober-* und *unterhalb* (sowie die anderen mit *-halb* und *-seits* gebildeten Präpositionen) werden vor allem auf geographische Gegebenheiten angewendet. Von daher ist zu verstehen, daß die Seiten oder Flächen, auf die man sich bezieht, nicht völlig plan oder exakt senkrecht sein können: ein Gelände ist eben wellig, und ein Berghang fällt meist schräg nach unten ab. Wie unterscheidet sich nun *ober-* und *unterhalb* konkret von *über* und *unter*? Moilanen (1979: 105), dem wir das kontrastive Beispiel

Der Vogel fliegt { *oberhalb* / *über* } *der Berghütte.*

verdanken, sieht den Unterschied zwischen den alternativen Ortsangaben einzig darin, daß die Linie Vogel - Berghütte bei *über* vertikal und bei *oberhalb* diagonal verläuft. Doch das ist bestenfalls die halbe Wahrheit. Abgesehen davon, daß *oberhalb* nicht notwendig auf eine Diagonale verweist und daß unser Autor hier Wirkung (Diagonale) und Ursache (geographischer Anwendungsbereich) verwechselt, ist der entscheidende, schon etymologisch greifbare Punkt doch der, daß wir bei *oberhalb* die Konstellation Vogel - Berghütte von fern gegen den Berghang sehen, d.h. auf dem Hintergrund einer schräg aufwärts gerichteten Fläche, die nach unten durch das Dach der Berghütte und eventuell eine (gedachte) Linie in dessen Höhe begrenzt wird. Diese Fläche spielt für das Verständnis von *über* keine Rolle:

der Vogel über der Berghütte	*der Vogel oberhalb der Berghütte*

Betrachten wir die Verhältnisse im Innenraum eines Zimmers: hier ist der Gebrauch von *oberhalb* und *unterhalb* stärker eingeschränkt. Jemandem, der auf Mückenjagd geht, rufen wir zu: *Jetzt ist die Mücke unter der Lampe!* Doch wer bringt ein *unterhalb der Lampe* über die Lippen, wenn diese frei im Raume hängt? Dabei dürfte gleichgültig sein, ob sich die Mücke senkrecht unter dem Mittelpunkt der Lampe befindet oder schräg darunter. Anders *der Fleck oberhalb des Türrahmens* oder *unterhalb des Bildes* - schließlich ist er an einer Wand, deren Fläche durch den Tür- oder Bilderrahmen begrenzt wird. Bleibt noch zu erwähnen, daß *ober-* und *unterhalb* eine Teil-Ganzes-Beziehung ausschließen, denn die Hutfeder ist ebensowenig *oberhalb des Hutes* wie die Brükkenpfeiler *unterhalb der Brücke* sind. Zusammengefaßt:

L-OBERHALB(a,b): a und b sind Einheiten erster Ordnung,

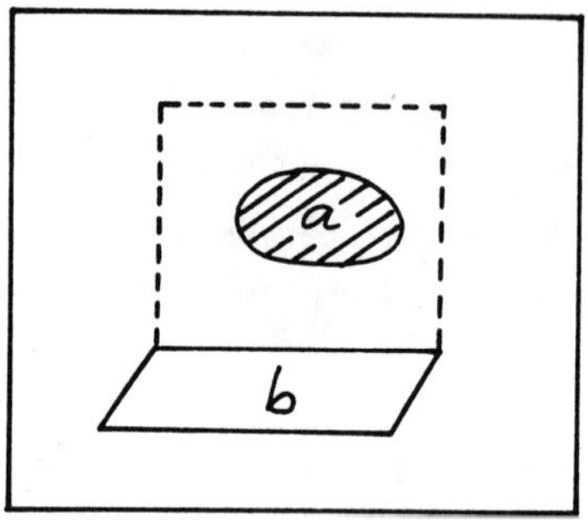

und (i) b hat einen wahrnehmbaren (oberen) Rand,

und (ii) a liegt in der oberen Umgebung von b, die als (vertikale oder schräg aufwärts gerichtete Fläche) wahrgenommen wird,

und (iii) a ist kein Teil von b.

L-UNTERHALB(a,b) ist ganz analog in bezug auf den unteren Rand und die untere Umgebung von b zu bestimmen.

7. Horizontale Beziehungen

In der Horizontalen werden die verschiedensten Beziehungen unterhalten. Um sie zu differenzieren, stehen uns von 25 Beziehungswörtern nicht weniger als 13 zur Verfügung: *bei*, *nah*, *fern*, *unfern*, *unweit*, *vor*, *hinter*, *diesseits*, *jenseits*, *links*, *rechts*, *gegenüber*, *neben*. Die ersten fünf zerlegen die ebene Umgebung einer Einheit in Ringe, während die übrigen Wörter Sektoren ausschneiden.

BEI.- Wer *beim Tresen* steht, muß schon einen Schritt darauf zu machen, um *an* ihn heranzukommen: erst dann ist der Tresen in Reichweite. Gegen das Haus *am See* schlagen die Wellen, nicht gegen das Haus *beim See*, denn letzteres befindet sich nicht in der Uferzone. *An* verweist mithin auf die enge, *bei* auf die nahe Umgebung einer Bezugseinheit. Die nahe Umgebung läßt sich nicht so leicht begrenzen wie die enge. Wir können klar sagen, daß die enge Umgebung da aufhört, wo ein Kontakt auszuschließen ist, aber wo hört die nahe Umgebung auf? Nun: da, wo die Distanz zu einer anderen vergleichbaren Bezugseinheit geringer erscheint. Wenn ein Haus *beim b-See* ist, dann darf es vom b-See nicht weiter entfernt sein als vom c-See, vorausgesetzt, beide Seen sind im Kontext gleichermaßen prominent. Es geht hier um einen wahrnehmbaren

Entfernungsunterschied zwischen vergleichbaren Bezugseinheiten. Wie dieser gemessen wird - ob in Längen-, Zeit- oder Erfahrungseinheiten, hängt vom Kontext ab und mag gerade bei geographischen Einheiten stark variieren. Der Entfernungsunterschied ist nur im Konfliktfall ausschlaggebend, d.h. dann, wenn die weitere Umgebung der Lokalisationsbasis nicht deutlich begrenzt ist und die zu lokalisierende Einheit in mehr als einer relevanten Umgebung liegt. Wenn ich mein Auto auf dem umzäunten Parkplatz des Funkhauses abstelle, dann darf ich

Mein Auto steht beim Funkhaus.

auch dann behaupten, wenn das Auto weiter vom Funkhaus entfernt ist als vom Rathaus. Wir können nun die Beziehung L-BEI(a,b) präzisieren:

L-BEI(a,b): a und b sind Einheiten erster Ordnung,

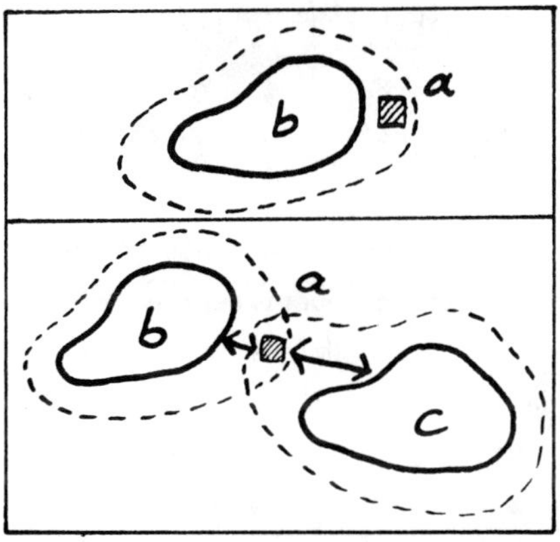

und (i) a liegt in der nahen (seitlichen) Umgebung von b,

und (ii) wenn a auch in der nahen Umgebung einer mit b vergleichbaren Einheit c liegt, dann dürfen die Wege zwischen a und c nicht kürzer sein als die Wege zwischen a und b.

Wird die Lokalisationsbasis als zweidimensionaler Bereich der Erdoberfläche aufgefaßt, dann bezieht sich *bei* auf eine horizontale Umgebung. Das gilt nicht nur für Ortschaften, die auf demselben Niveau angesiedelt sind, z.B. *Potsdam bei Berlin*, sondern auch bei spektakulären Höhenunterschieden. *Wir sind jetzt bei Berlin!* sagt mein Nachbar im Flugzeug und schaut aus dem Fenster hinunter auf die märkische Seenplatte. Im Luftraum Berlins hätte er *über* oder *in Berlin* statt *bei Berlin* gesagt. Die Information, daß es *bei Bochum* Kohle gibt, übersetzen wir in die Fläche. Selbst wenn wir wissen, daß direkt in Bochum unter Tage Kohle abgebaut wurde, brauchen wir nicht auf die Flächenvorstellung zu verzichten, da sich die Kohlenflöze über das Stadtgebiet hinaus erstrecken. Ragt die Bezugseinheit deutlich sichtbar in die Höhe, dann muß das gesuchte Ding, zumal wenn es sich bewegt, nicht in der seitlichen Umgebung sein: *Der Vogel fliegt dort beim Wasserturm* - d.h., vielleicht fliegt er auch darüber.

Ein Studiosus fragt den Bibliothekar nach dem neuesten Werk von Professor Helle. *Es steht beim großen Wörterbuch der Philosophie* lautet die Auskunft, will sagen, im Bücherregal links oder rechts vom Wörterbuch, darüber oder darunter. Bei punktförmigen, im freien Raum befindlichen Einheiten ist die *bei*-Umgebung als Kugel um den Punkt zu deuten: *Der Schmetterling fliegt bei der Lampe, die Sonde bei der Venus* - also irgendwo in deren Nähe.

NAH, FERN, UNFERN, UNWEIT. - Auf die Nähe können wir auch direkt mit dem Adjektiv *nah* verweisen. Es wird gelegentlich als Präposition gebraucht:

$$\textit{Wir wohnen nah der} \left\{ \begin{array}{l} \textit{Stadt} \\ \textit{Autobahn} \end{array} \right\} .$$

In dieser Umgebung ist *nah* (kognitiv) synonym mit *bei* und antonym zu *fern*. Zwar sind auch *nah* und *fern* nicht auf die Horizontale festgelegt,

$$\left\{ \begin{array}{l} \textit{Nah} \\ \textit{Fern} \end{array} \right\} \textit{der Erde schwebt das Raumschiff.}$$

doch beziehen sie sich überwiegend auf die ebene Umgebung geographischer Bereiche. Wir können uns diese Umgebung ringförmig aufgegliedert denken: zunächst schmiegt sich die enge Umgebung rings um den Ort. Um sie breitet sich die nahe Umgebung aus, und schließlich legt das Antonym von *fern* - *unfern* oder *unweit* - noch einen dritten Ring darum herum. Dabei sind die kleineren Umgebungen in den größeren enthalten:

Abb. 2.3: Enge, nahe und unweite Umgebung einer Ortschaft.

Quer zu der ringförmigen Aufgliederung der Umgebung verläuft eine Zerlegung nach Sektoren, die durch die nachfolgend besprochenen Präpositionen - insbesondere aber durch *vor, hinter, links, rechts* - realisiert wird:

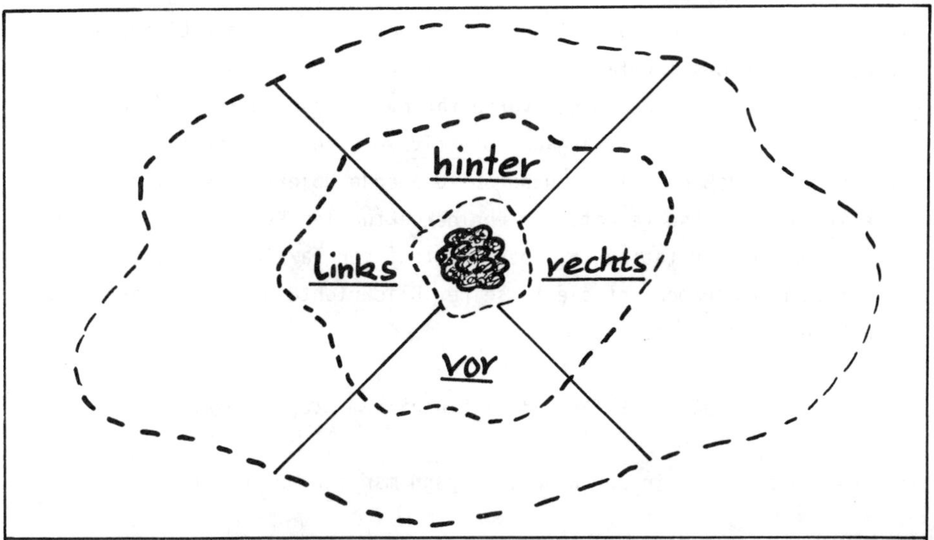

Abb. 2.4: Vordere, hintere, rechte und linke Umgebung einer Einheit

Die Richtung der Sektoren wird teils durch die Achsen oder Seiten der Bezugseinheit, teils durch die des beobachtenden Subjekts festgelegt, was in kritischen Fällen zu Mehrdeutigkeiten und Kommunikationskonflikten führt.

VOR, HINTER. - Bitten Sie einen Taxifahrer, hinter einem am Straßenrand geparkten Lieferwagen zu halten, und Sie werden sich eine Rückfrage einhandeln: *Wo???* Warum weiß der Taxifahrer nicht, wo er halten soll? Vergegenwärtigen wir uns eine solche Situation:

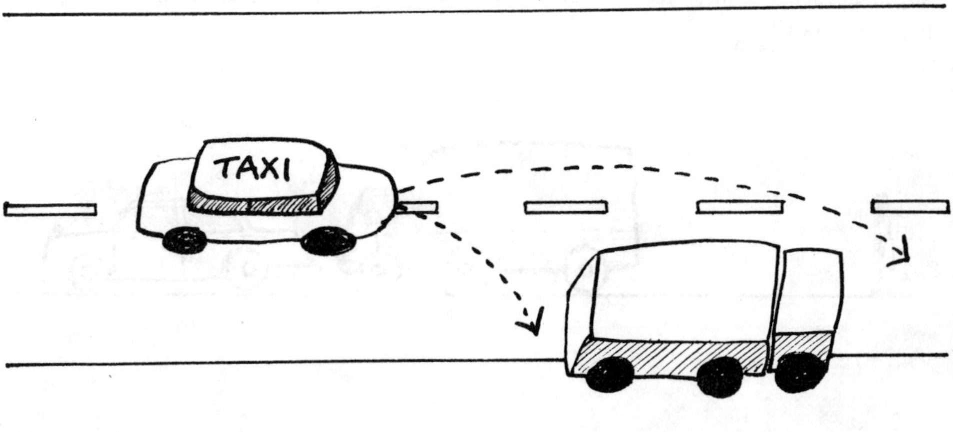

(a) Dem Taxifahrer ist klar, wo die Rückseite des Lieferwagens ist. Wenn er an jener Tür parkt, durch die Waren ein- und ausgeladen werden, könnte er ganz sicher sagen: *Jetzt stehen wir hinter dem Lieferwagen* (vgl. aber *Jetzt stehen wir hinter dem Baum*). Andererseits befindet sich der Lieferwagen in der Perspektive des Taxifahrers *vor dem Taxi*. Um *hinter den Lieferwagen* zu gelangen, müßte er an dem Wagen vorbeifahren und dann parken. In der Interpretation (a) wird die Ortsangabe objektiv verstanden, denn hier kommt es nur darauf an, daß das als Bezugsgröße dienende Objekt eine ihm eigene, charakteristische Rückseite hat, die von der aktuellen Perspektive unabhängig ist. In der Interpretation (b) aber versteht der Taxifahrer die Ortsangabe subjektiv, d.h.,er bezieht sie in seiner Blickrichtung auf den Lieferwagen. Betrachten wir den Satz

(34) *Das Taxi steht hinter dem Lieferwagen.*

Wenn kein Beobachter in der Nähe ist, kann man ihn nur objektiv verstehen:

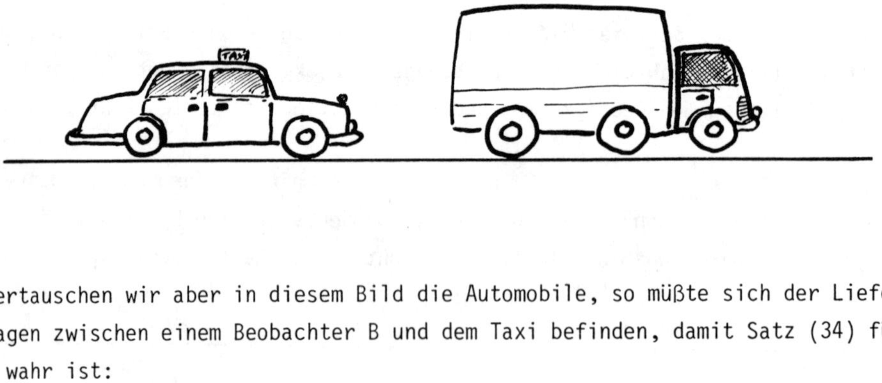

Vertauschen wir aber in diesem Bild die Automobile, so müßte sich der Lieferwagen zwischen einem Beobachter B und dem Taxi befinden, damit Satz (34) für B wahr ist:

Jede der beiden Lesarten kann sprachlich eindeutig festgelegt werden, die objektive etwa durch

(34-ob.) *Das Taxi steht an der Rückseite des Lieferwagens.*

die subjektive durch

(34-sub.) *Das Taxi steht, von mir/dir/ihm/... aus gesehen, hinter dem Lieferwagen.*

Die zweite explizite Formulierung ist geläufiger als die erste, was den Vorrang der objektiven Interpretation von *hinter* andeutet: die vorherrschende Interpretation bedarf im allgemeinen keiner Hervorhebung. Doch in so unklaren Situationen wie der oben skizzierten sollte der Sprecher von vornherein beide Möglichkeiten in Betracht ziehen und eine mit Worten oder Gesten ausschließen. Tut er das nicht, hat der Hörer das Nachsehen. Wegen des Vorrangs der objektiven Lesart nehmen wir an, daß sie zuerst vom Hörer geprüft wird und die subjektive danach. Stimmen dann die Lesarten im Endeffekt nicht überein, so ist eine Rückfrage unerläßlich. Die Informatik hat geeignete Mittel bereitgestellt, um solche verwickelten Interpretationsprozesse modellhaft darzustellen. Sie bedient sich sogenannter Flußdiagramme wie dem in Abb. 2.5, das die Interpretation der mehrdeutigen Ortsangabe *x ist hinter g* für einen Beobachter/Hörer B rekonstruiert. Hier kann B die Einheit g bereits lokalisieren und sucht x noch[5].

Eine objektive Interpretation von *vor* und *hinter* ist nicht bei allen Dingen möglich. So können Präpositionale wie *vor der Blume, vor dem Strauch, vor dem Baum, vor dem runden Eßtisch, vor der Flasche (ohne Etikett), hinter dem Hocker, hinter der Kerze, hinter dem Rohr, hinter dem Stein, hinter dem Würfel* etc. nur im Ausnahmefall unabhängig vom Standort und von der Blickrichtung eines Beobachters verstanden werden: z.B. dann, wenn der runde Eßtisch in eine Ecke geschoben ist, so daß nur an einer Seite gegessen werden kann, oder dann, wenn der Baum am Straßenrand steht, so daß eine Seite von der Straße aus zugänglich ist. Normalerweise haben aber die eben aufgezählten Dinge keine charakteristischen Vorder- und Rückseiten, die erst eine objektive Interpretation erlauben würden. Die Existenz solcher Seiten hängt von vielerlei Faktoren ab: so spielt u.a. eine Rolle, ob die Seite in die typische Bewegungsrichtung des Gegenstandes zeigt, ob sie über ein Wahrnehmungsorgan verfügt, ob sie leicht zugänglich ist oder ob man ihr gegenüber eine charakteristische Haltung einnimmt. Ein erster Ansatz zur Erfassung einiger dieser Faktoren wurde von G. A. Miller und Ph. Johnson-Laird (1976: 403) gemacht.

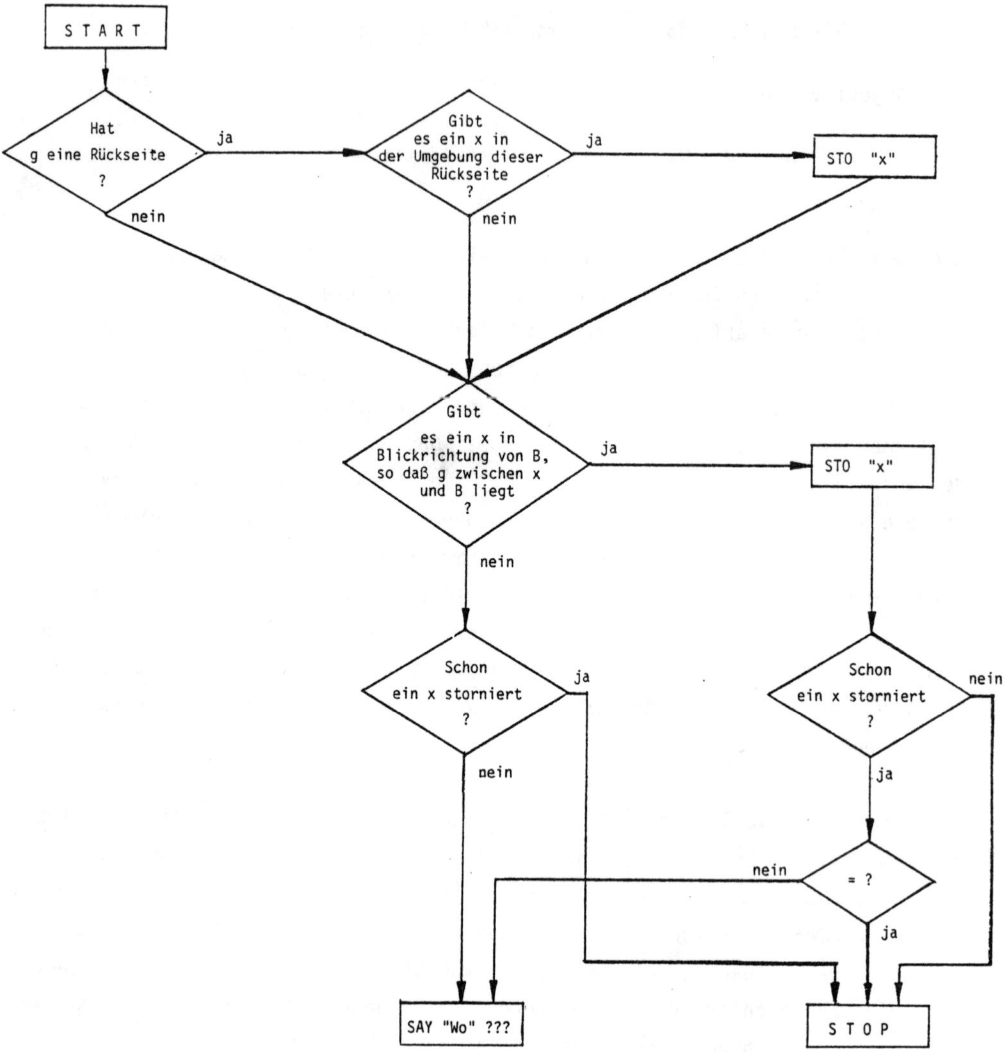

Abb. 2.5: Wie versucht ein Beobachter/Hörer B die Ortsangabe x *ist hinter* g zu verstehen? Das Flußdiagramm rekonstruiert den Verstehensprozeß.

Abb. 2.6. bringt ihre Annahmen in die anschaulichere Form eines Flußdiagramms. Wie auch immer die Information über charakteristische Seiten im einzelnen strukturiert sein mag, sie ist jedenfalls in unserem "inneren Lexikon" der Dingbezeichnungen gespeichert und wird abgerufen, sobald wir ein Präpositional *vor NP* oder *hinter NP* interpretieren. Schon bevor wir das bezeichnete Ding im Raum wahrnehmen, wissen wir - wenigstens in klaren Fällen -, ob es eine charakteristische Vorder- und Rückseite hat, und wenn ja, wissen wir auch, wie diese Seiten ungefähr aussehen.

Besitzt ein Ding aber keine objektive Vorder- und Rückseite, so ist man auf seine aktuelle Position im Wahrnehmungsraum angewiesen. Die Vorderseite ist dann diejenige Seite, auf die der Blick eines Beobachters fällt, und die dem Blick entzogene Seite ist die Rückseite. Wir nehmen an, daß die Blickrichtungen der beiden Augen vom Beobachter nicht als verschieden empfunden werden: sie fallen für ihn zu einer einzigen Perzeptionslinie zusammen, die scheinbar von der Nasenwurzel ausgeht. Der Beobachter sieht also nicht so, als hätte er zwei Augen, sondern - in dem glücklichen Vergleich von Hering (1879) - so, als hätte er ein "Cyklopenauge" und dementsprechend ein einziges Gesichtsfeld. Die Winkelhalbierende dieses Gesichtsfeldes bildet die für *vor*, *hinter* relevante Koordinate Σ_2 des vom Beobachter aufgespannten subjektiven Koordinatensystems $\Sigma := \langle\Sigma_1, \Sigma_2, \Sigma_3\rangle$ (vgl. Abb. 2.7). Relativ zu Σ_2 läßt sich bestimmen, welche Raumpunkte der Bezugseinheit zur subjektiven Vorder- oder Rückseite gehören: es sind diejenigen Punkte, deren Distanz zum Nullpunkt, zur Nasenwurzel des Beobachters, am geringsten bzw. am größten ist. Statt von Vorder- und Rückseiten, können wir auch von vorderen und hinteren Enden, Gliedern, Teilen, Abschnitten, Linien etc. oder - einer einheitlichen Begriffsbildung zuliebe - von vorderen und hinteren Rändern sprechen. Sei a eine Einheit aus **E**, C ein Kontext aus **C**, t ein Zeitpunkt aus T, sei ferner x eine Koordinate aus Σ_1, seien y und y' Koordinaten aus Σ_2 und z eine Koordinate aus Σ_3. Dann gilt:

> Der subjektive vordere Rand der Einheit a im Kontext C zum Zeitpunkt t ist die Menge aller Randpunkte (x,y,z), zu denen es einen Punkt (x,y',z) aus dem Kernbereich von a gibt mit $y < y'$.

> Der subjektive hintere Rand der Einheit a im Kontext C zum Zeitpunkt t ist die Menge aller Randpunkte (x,y,z), zu denen es einen Punkt (x,y',z) aus dem Kernbereich von a gibt mit $y' < y$.

Gegenstandsbezeichnung "g" liegt vor:

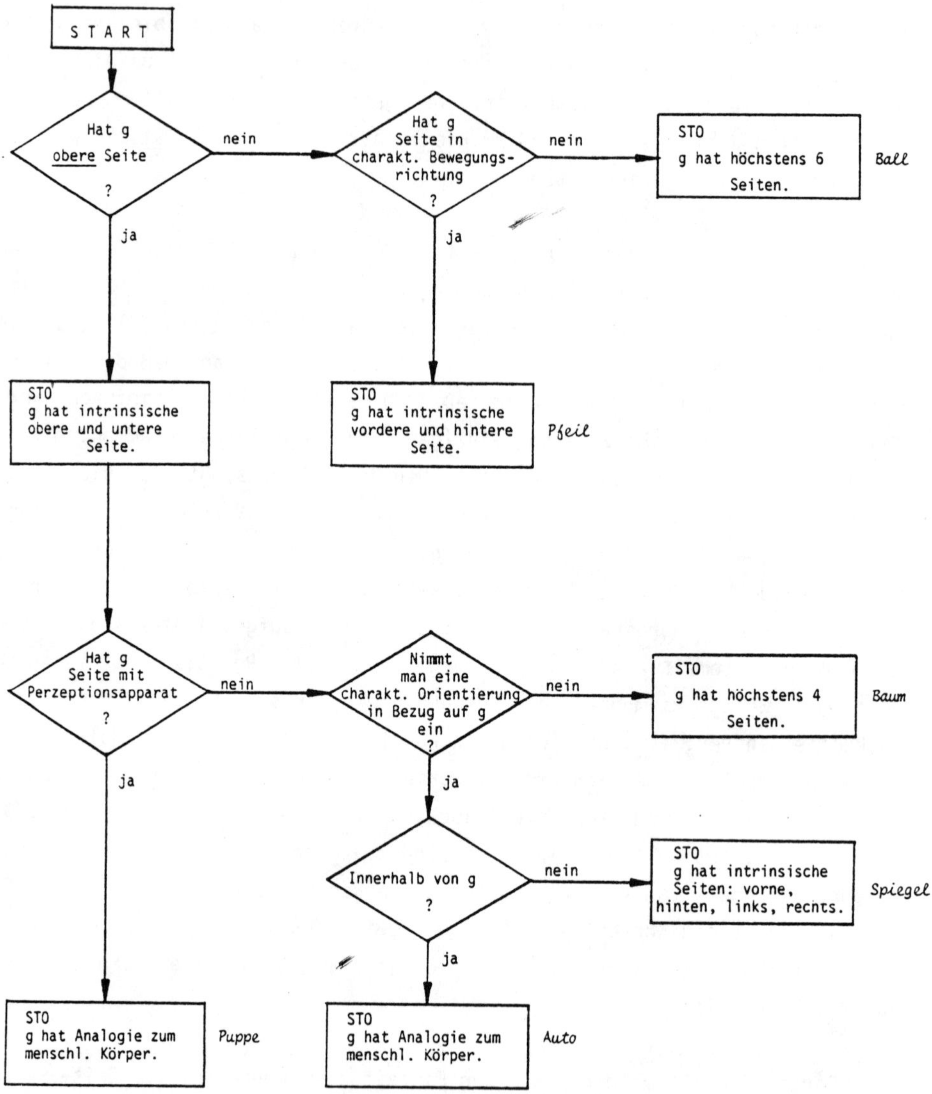

Abb. 2.6: Wie werden Gegenstandsbezeichnungen in unserem "inneren Lexikon" klassifiziert? Das Flußdiagramm rekonstruiert die Klassifikation nach den charakteristischen Seiten des bezeichneten Gegenstandes.

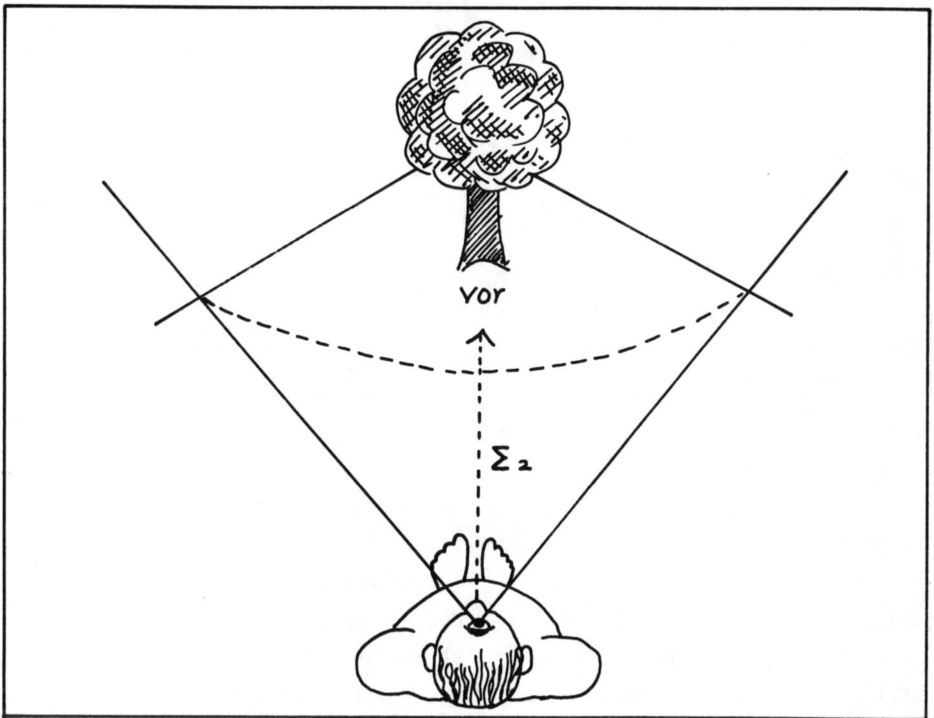

Abb. 2.7: Beobachter als Cyclop

Die subjektive vordere bzw. hintere Umgebung einer Einheit a ist dann die Umgebung des subjektiven vorderen bzw. hinteren Randes von a. Formal kann man sie genauso bestimmen wie die obere und untere Umgebung (vgl. die Definitionen in Kap. II.6), nur eben relativ zu Σ_2. Anschaulich eröffnen die Umgebungen zwei Scheitelwinkel, deren Scheitelpunkt mit dem gedachten Mittelpunkt der Einheit zusammenfällt. Die hintere Umgebung endet letztlich an der Grenze des Gesichtsfeldes, die vordere da, wo ihr Winkel den Gesichtswinkel des Beobachters schneidet (siehe Abb. 2.7). Auf die Zuordnung einer vorderen und hinteren Umgebung kann nicht verzichtet werden, da es im Normalfall nicht ausreicht, die bloße räumliche Abfolge der Dinge von einem Beobachter aus zu rekonstruieren. In der unten skizzierten Situation bleibt die Reihenfolge Kind - Ball - Baum unverändert, gleichgültig, ob der Ball Position 1 oder 2 einnimmt. Doch während wir dem Kind, das seinen Ball sucht, das eine Mal sagen, *Der Ball ist vor dem Baum*, sagen wir das andere Mal: *Der Ball liegt vor dir.*

Auch für die objektive Interpretation ist das Umgebungskonzept unverzichtbar: *vor dem Haus* kann sich u.U. nur auf den Vorgarten beziehen und nicht auf

der Ball vor dem Kind

der Ball vor dem Baum

den Bereich außerhalb davon. Die Bestimmung der objektiven Umgebung erfolgt in Abhängigkeit vom jederzeit identifizierbaren objektiven vorderen und hinteren Rand der Bezugseinheit. Aus diesem Rand läßt sich eine *vor-hinter*-Koordinatenachse ableiten (in ähnlicher Weise wie die Achse Σ_2 aus der Blickrichtung und den Kopfkoordinaten des Beobachters), und in bezug darauf können dann die Punkte der objektiven vorderen und hinteren Umgebung formal berechnet werden. Anschaulich ergeben sich wiederum zwei Ausschnitte aus der kreisförmigen, ebenen Umgebung, auf die wir mit *an* oder *bei* verweisen.

Wir unterscheiden die objektive und subjektive Lesart von *vor* wie folgt:

L_1-VOR(a,b): a und b sind Einheiten erster Ordnung,

und (i) b hat einen objektiven vorderen Rand (eine Vorderseite),

und (ii) a liegt in der Umgebung dieses vorderen Randes.

L_2-VOR(a,b): a und b sind Einheiten erster Ordnung,

und (i) b hat einen subjektiven vorderen Rand (eine dem Beobachter zugewandte Seite),

und (ii) a liegt in der Umgebung dieses vorderen Randes.

Die Relationen L_1-HINTER(a,b) und L_2-HINTER(a,b) sind entsprechend in bezug auf den hinteren Rand zu bestimmen.

DIESSEITS, JENSEITS. - Auf dieser, auf jener Seite, will sagen auf der Seite *vor*, auf der Seite *hinter* einer Grenze. Der Standort des Sprechers und seine potentielle Bewegungsrichtung sind ausschlaggebend, eine objektive Interpretation (etwa bei Flüssen relativ zur Strömungsrichtung) unmöglich:

Diesseits des Flusses stehen Wochenendhäuser,
jenseits erstreckt sich ein dichter Wald.

Alles spielt sich in der Ebene ab, nur das Jenseits des irdischen Lebens wird von vielen Gläubigen in der Höhe geortet. Beide Präpositionen sind auf ein- oder zweidimensionale geographische Gegebenheiten beschränkt: *diesseits des Grabens, jenseits des Sees*, aber kaum *?diesseits der Kiste, ?jenseits des Strichs*. Zwar können die Präpositionen auch in Analogie zur subjektiven Lesart von *vor* und *hinter* beschrieben werden, doch ist die Vorstellung des Überschreitens einer Grenze so deutlich, daß sie in die Explikation eingehen sollte. In diesem Zusammenhang verwendet Wunderlich (1982) den topologisch definierten Begriff des Weges. Bei *jenseits* muß jeder Weg zum gesuchten Ort die Grenze passieren, bei *diesseits* aber nicht.

L-JENSEITS(a,b):

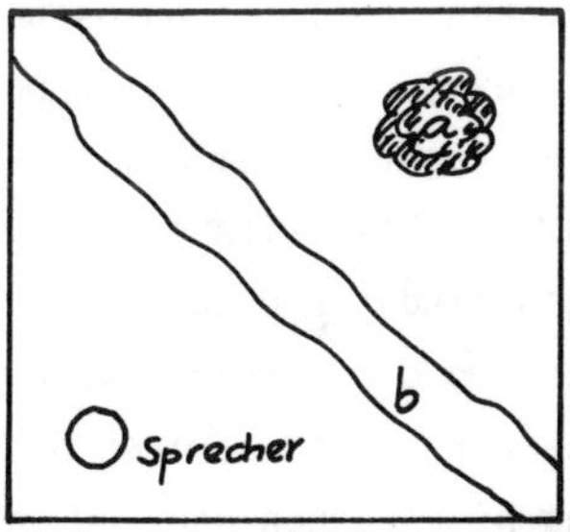

a und b sind Einheiten erster Ordnung,

und (i) b unterteilt den Wahrnehmungsraum in zwei Bereiche,

und (ii) jeder Weg vom Sprecherstandort zu a führt über die Grenze b.

RECHTS, LINKS. - Wenn der Hauptmann vis-à-vis der Truppe das Kommando *Die Augen links!* erteilt, sieht er, daß sich alle Köpfe nach rechts wenden. Das wundert ihn gar nicht, hat er sich doch die Perspektive seines Gegenübers zu eigen gemacht. Wir reden hier von einer deiktischen Projektion in der Sprecher-Hörer-Begegnung. Diese Projektion ist schwieriger als bei den Kommandos *Zwei Schritte vor! Einen Schritt zurück!* weil die linke und die rechte Seite des menschlichen Körpers von außen betrachtet symmetrisch zueinander sind, die Vorder- und die Rückseite aber asymmetrisch und daher optisch gut zu unterscheiden. Um *rechts* und *links* auseinanderzuhalten, müssen Kinder erst die Erfahrung ihrer eigenen Rechts- oder Linkshändigkeit machen (vgl. die Umschreibungen *rechter Hand* für *rechts* und *linker Hand* für *links*) und lernen, sie auf das Gesichtsfeld und auf ihr Gegenüber zu übertragen. So kommt es, daß Kinder *rechts* und *links* später beherrschen als *vor* und *hinter* (vgl. Miller/Johnson-Laird, 1976: 397) und daß auch Erwachsene jene Wörter eher verwechseln als diese. *Rechts* und *links* regieren nur selten direkt den Genitiv,

(35) *Rechts des Mains und links des Rheins*
liegt das traute Städtchen Mainz.

viel häufiger werden sie zusammen mit dem Genitiversatz *von*

(36) *Rechts von der Mosel sitzt die Rosel.*
(37) *Links vom Main ist ein Hain.*

oder als reine Adverbien (*Die Augen links!*) verwendet. Während (35) objektiv in bezug auf die Strömungsrichtung des Mains und Rheins interpretiert werden muß, drängt sich bei (36) und (37) eine subjektive Interpretation auf, und zwar relativ zur Blickrichtung bei der Betrachtung eines Fotos (36) oder relativ zur Fahrtrichtung, wenn man mit dem Auto den Fluß entlang fährt (37). Gewohnheitsmäßige Festlegungen von rechten und linken Seiten richten sich bei Menschen vor allem nach der rechten oder linken Hand, bei Autos nach der Position des Fahrers, bei Sesseln nach dem, der darin sitzt, bei Wappen (in der Heraldik) nach dem Träger, nicht nach dem Betrachter, bei Flüssen nach der Strömungsrichtung, und bei Textilien ist die rechte Seite diejenige, die nach außen getragen wird. Solche Usualisierungen sind aus Gründen der Symmetrie schwieriger als bei Vorder- und Rückseiten: wo die Fassade, wo die Rückseite eines Hauses ist, weiß jeder, aber welche der beiden übrigen Seiten die rechte ist, hängt davon ab, ob wir ins Haus hineingehen oder aus ihm herauskommen. Orientiert man sich an der eigenen Person, so kann die Position des Beckens und der Beine richtungweisend sein: ich sage, *Rechts von mir steht N.N.*, egal wohin ich meine Augen, meinen Kopf, meinen Oberkörper, meine linke oder rechte Hand drehe. Ein wichtiger Unterschied zwischen den Gesichtsfeld- und den Körperkoordinaten besteht darin, daß die letzteren eher ein rechtwinkliges Liniensystem etablieren: die kürzesten Verbindungslinien zwischen Zehen und Fersen bilden im Normalfall einen rechten Winkel mit den kürzesten Linien, die den rechten Fuß mit dem linken verbinden, und Entsprechendes gilt für die höher gelegenen Becken-, Brust- oder Kopfkoordinaten. *Rechts von mir steht* N.N., das heißt, N.N. steht auf einer Linie, die als Verlängerung meiner *links-rechts*-Standortkoordinaten gedacht werden kann. Was ist aber, wenn die Lokalisationsbasis keine eigene *rechts-links*-Achse hat und die Orientierung im Gesichtsfeld eines Beobachters erfolgt? Nehmen wir Satz (38) und betrachten dazu das folgende Bild:

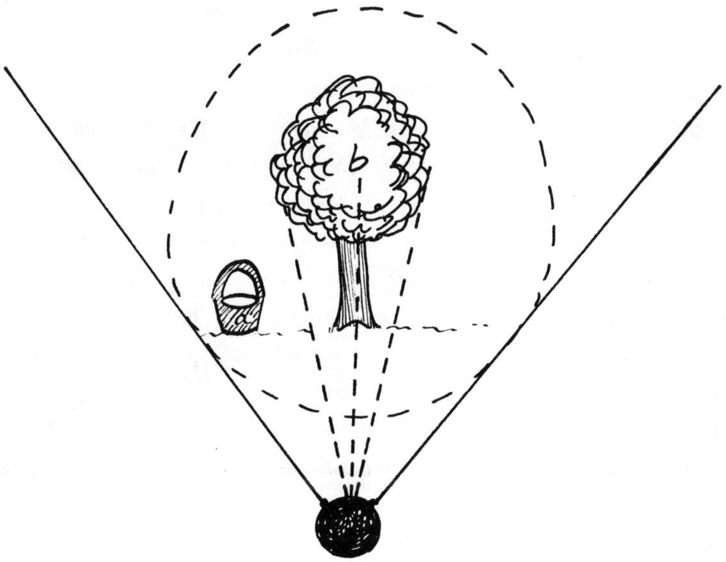

(38) *Der Korb ist links vom Baum.*

Gewiß gibt es Perzeptionslinien (im Bild gestrichelt) von der Nasenwurzel des Beobachters bis zum Mittelpunkt des Baumes und zu dessen rechtem und linkem Rand, aber wie soll der Beobachter quer dazu einen rechten Winkel ansetzen? Er wird es wohl gar nicht erst probieren, sondern die Umgebung des Baumes in der linken Hälfte seines Gesichtsfeldes absuchen. Die linke Hälfte, das ist diejenige Hälfte, in die sein linker Nasenflügel hineinragt. Ist der Korb nun in der linken Baumumgebung, ohne daß er von den gestrichelten Perzeptionslinien berührt oder gar geschnitten wird, dann ist Satz (38) für den Beobachter wahr, andernfalls nicht. Wir stützen daher die Explikation von *rechts* und *links* auf ein Konzept der rechten und linken Umgebung, das in der objektiven Interpretation auf eine rechts-links-Achse und in der subjektiven Interpretation auf die rechte oder linke Hälfte des Gesichtsfeldes zu beziehen ist. Formal ist die Explikation wie bei L_1-VOR(a,b) und L_2-VOR(a,b) durchzuführen. Bleibt zu erwähnen, daß *rechts* und *links* als Präpositionen keine Teil-Ganzes-Beziehung bezeichnen können. Dies ist nur möglich in Verbindung mit *an* oder *haben*, also dann, wenn sie als reine Adverbien gebraucht werden:

**Links des Autos ist ein Spiegel.*
Links am Auto ist ein Spiegel.
**Rechts vom Haus ist ein Erker.*
Das Haus hat rechts einen Erker.

GEGENÜBER, NEBEN. - Wer mit einem anderen spricht, sei's bei der Arbeit oder beim Spaziergang, sei's auf dem Amt oder im Café, befindet sich meist gegenüber oder neben seinem Partner. Von Angesicht zu Angesicht oder Seite an Seite: das sind die typischen Sprecher-Hörer-Konstellationen, andere Verhältnisse - etwa Rücken an Rücken oder welche ein flinker Geist sonst noch ersinnen mag - lassen sich nur selten beobachten und behindern das Gespräch eher, anstatt es zu fördern. Gegenüber dem Partner hat man die beste Position, um dessen Rede optisch wahrzunehmen, um ihm das, was er sagt, von den Lippen abzulesen und um das, was er nicht sagt, aber sagen oder am Ende gar verbergen will, an seiner Mimik und Gestik zu erkennen. Beim Nebeneinander kann der akustische Kanal optimal genutzt werden: es ist möglich, dem Partner etwas zuzuflüstern, ohne daß Dritte dies verstehen. Das Gegenüber wird eher auf Distanz gehalten als der Nebenmensch: eine Berührung ist i.a. ausgeschlossen. Wenn zwei Menschen einander gegenüberstehen, dann steht nicht nur der erste vor dem zweiten, sondern auch der zweite vor dem ersten. Dieses vis-à-vis gilt jedoch nicht für beliebige Einheiten. Betrachten wir die Sätze:

{ Das Hotel ist / Friedel steht / Der Ball liegt } gegenüber dem Rathaus.

Im Normalfall sind die Fassaden der beiden Gebäude einander zugewandt, ganz analog zur frontalen Sprecher-Hörer-Konstellation. Eine dem Rathaus gegenüberstehende Person braucht aber das Rathaus nicht zu betrachten; sie kann ihm durchaus den Rücken zukehren. An einem Ball, der auf die dem Rathaus gegenüberliegende Straßenseite gerollt ist, ist ohnehin keine charakteristische Vorderseite zu entdecken, und wenn ausnahmsweise doch (Seite in Bewegungsrichtung), dann liegt jedenfalls das Rathaus nicht in deren Umgebung. Wodurch unterscheidet sich nun das Verhältnis a *gegenüber* b von dem bereits bekannten a *vor* b? Erstens ist für *gegenüber* der Standort eines Beobachters unerheblich: *das Hotel ist gegenüber dem Rathaus* - egal, von wo aus gesehen. Zweitens schließt *gegenüber*, wie gesagt, eine Berührungsbeziehung aus. Das wird drittens in vielen Situationen augenfällig durch eine (gerade) Linie, die a von b trennt: eine Straße, ein Fluß, ein Zaun, eine Grenze etc. Da wir die Trennlinie optisch wahrnehmen, können wir uns im rechten Winkel zu ihr eine zweite, von b ausgehende Gerade denken. Liegt nun auch a auf dieser Geraden, so befindet es sich b gegenüber; wenn nicht, müssen wir *gegenüber* durch *schräg* modifizieren: Das Hotel ist dann *schräg gegenüber dem Rathaus*. Halten wir fest:

L-GEGENÜBER(a,b): a und b sind Einheiten erster Ordnung,

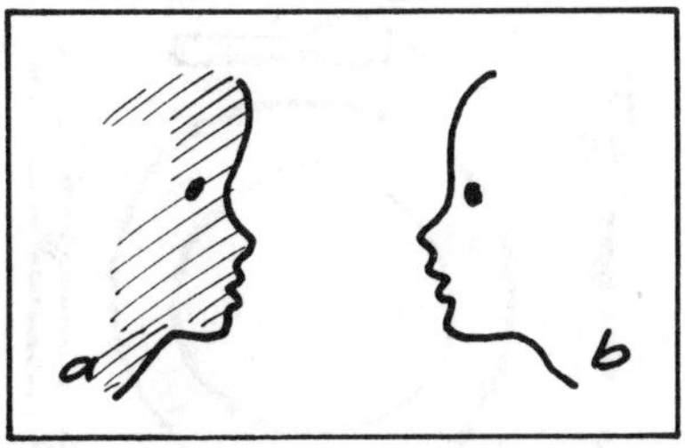

und (i) a liegt in der objektiven vorderen Umgebung von b,

und (ii) die Ränder von a und b überlappen einander nicht,

und (iii) b liegt in der objektiven vorderen Umgebung von a,

oder (iv) es gibt eine (gedachte) gerade Verbindungslinie zwischen a und b, die eine wahrnehmbare Trennlinie zwischen a und b senkrecht kreuzt.

Während *gegenüber* auf die vordere Umgebung einer Einheit verweist, bezieht sich *neben* auf die linke oder rechte Umgebung. Dieses *neben*-Verhältnis kann objektiv wie in (39) oder subjektiv wie in (40) interpretiert werden:

(39) *Neben dem Rathaus ist ein Hotel.*

(40) *Neben der Kiefer ist noch eine Kiefer.*

Sind die in Rede stehenden Einheiten aber so klein, daß sie normalerweise von oben gesehen werden, dann kann *neben* irgendeine Position in der horizontalen Umgebung beschreiben: wohin auch immer man einen Anspitzer in der Umgebung einer Streichholzschachtel legt, er ist *neben* ihr. Da wir uns in unserer normalen Perspektive nicht mit *vor* oder *hinter* auf solche Kleinigkeiten beziehen können, geben wir uns mit *neben* zufrieden. Warum liegen dann die beiden Löffel eines ordentlichen Gedecks nicht *neben*, sondern *über* oder *hinter* dem *Teller*, *oben* oder im Kellnerjargon *vor Kopf*? Nun, wir wissen eben genau, in welche Hand wir die Gabel und in welche wir das Messer nehmen. Während es nicht leicht scheint, die frontale Achse von der vertikalen zu unterscheiden, bereitet die rechts-links-Achse in diesem Fall keinerlei Schwierigkeiten, und so bleibt *neben* für die Position von Messer und Gabel reserviert. Anhand dieser Beispiele wird deutlich, daß *neben* sich immer auf die rechte oder linke Umgebung bezieht, wenn diese definierbar ist. Somit halten wir - getrennt nach objektiver und subjektiver Lesart - fest:

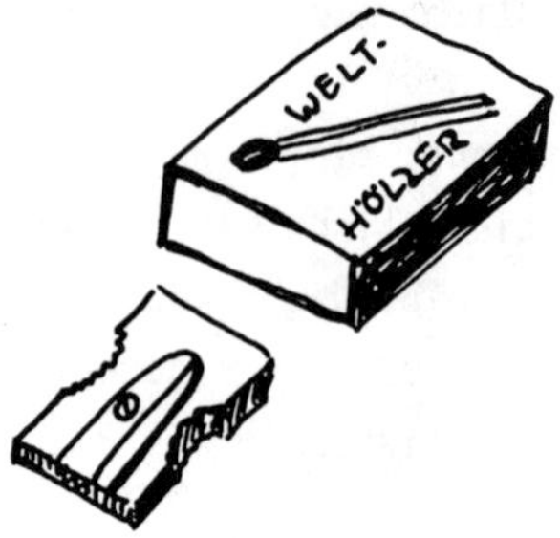

L_1-NEBEN(a,b): a und b sind Einheiten erster Ordnung,

und a liegt in der objektiven rechten oder linken Umgebung von b.

L_2-NEBEN(a,b): a und b sind Einheiten erster Ordnung,

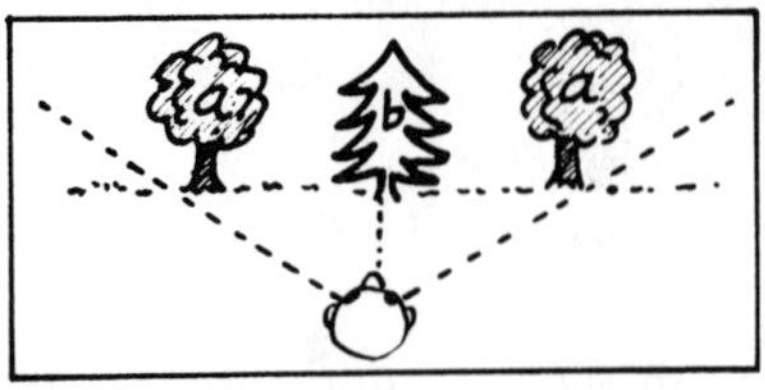

und a liegt in der subjektiven rechten oder linken Umgebung von b.

8. Neutrale Beziehungen

Diese Beziehungen sind weder auf die Vertikale noch auf die Horizontale beschränkt und strukturell komplexer als die elementaren Relationen. Im Unterschied zu *in* setzen *innerhalb* und *außerhalb* den Randbegriff voraus. *Um*, *entlang* und *längs* sind primär dynamische Präpositionen, und *zwischen* ist schon syntaktisch dreistellig.

INNERHALB, AUSSERHALB. - Wir stehen nolens volens *innerhalb von Mauern*, *innerhalb eines Zaunes* oder *eines Walls*, aber *darin* stehen können wir nicht, ohne der Sprache Gewalt anzutun. Wir beobachten den Adler *in der Luft*, den Fisch *im Wasser* und den Wurm *im Sand*, doch noch keiner hat diese Tiere *innerhalb* der Luft, des Wassers oder des Sandes gesichtet. Das rührt daher, daß *innerhalb* sich auf einen wahrnehmbaren Rand bezieht, der einen Kernbereich ringsum begrenzt, während *in* direkt auf den Kernbereich angewendet wird - ohne Rücksicht auf dessen Umrandung. Bei manchen Nomina, die mit beiden Präpositionen frei kombinierbar sind, ändert sich der Sachbezug entsprechend: *im Gelände* - das ist eine möglicherweise grenzenlose Landschaft, *innerhalb des Geländes* - das ist immer ein abgegrenztes Stück Land. *Innerhalb* scheint eher eine Fläche einzuschließen als einen Raum: selbst wer sich *innerhalb seines Hauses* geborgen fühlt, tut dies *innerhalb seiner vier Wände*, nicht *innerhalb seiner sechs Seiten*. Der Gebrauch von *innerhalb* ist nicht auf die Ebene beschränkt: wir sehen an der Wandtafel einen Kreis, und *innerhalb dieses Kreises* noch einen. An der Decke sitzt eine Spinne, genauer: *innerhalb der (Gips-)Rosette*. Also:

L-INNERHALB(a,b):

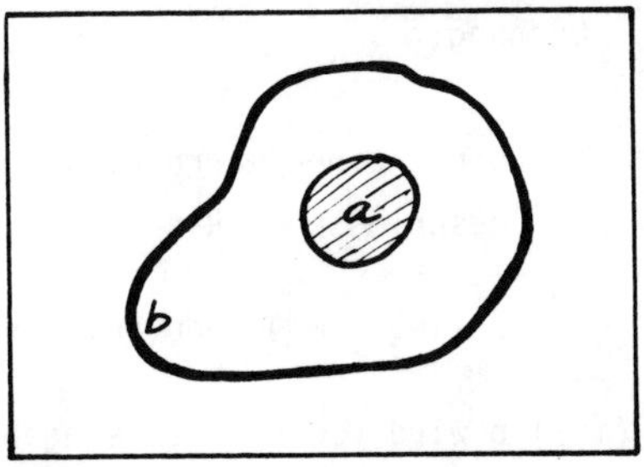

a und b sind Einheiten erster Ordnung,

und (i) b hat einen wahrnehmbaren geschlossenen Rand,

und (ii) der von diesem Rand begrenzte Kernbereich enthält a.

Was *außerhalb* einer Einheit ist, ist weder *innerhalb* von ihr noch *in* ihr; d.h., *außerhalb* steht in Opposition zu beiden Verhältniswörtern. Scheinbar wird auch *aus* (mit Dativ) komplementär zu *in* (mit Dativ) verwendet: *Der Chef ist schon aus dem Haus*, will sagen: *er ist nicht mehr im Haus*. Jedoch handelt es sich bei *aus* um eine Präposition, die immer durch ein im Kontext mitverstandenes dynamisches Verb (hier: *gehen*) zu ergänzen ist, d.h., *aus* ist eine Richtungspräposition:

Er ist schon aus dem Haus gegangen.
nicht **Er liegt schon aus dem Haus.*

Da also *außerhalb* (bzw. das nur in wenigen starren Wendungen gebrauchte *außer*) als Lückenbüßer einspringen muß für ein im System der Ortspräpositionen fehlendes Komplement zu *in*, ist sein Gebrauch weniger eingeschränkt als der von *innerhalb*. So kann *außerhalb* eher mit Massenwörtern verbunden werden: *Außerhalb des Wassers ist das Spucken verboten,* während es *im Wasser* (nicht: **innerhalb des Wassers*) erlaubt ist. Die erklärte Abwesenheit von einer Lokalisationsbasis impliziert nicht notwendig die Anwesenheit in der Umgebung. Wer sich *außerhalb Deutschlands* aufhält, mag in Österreich oder in der Schweiz sein, aber auch in Thailand, im Kongo oder in Uruguay, am Nordpol oder auf den Fidschiinseln. *Außerhalb* kann also einen riesigen Außenbereich bezeichnen, der nicht nur den Rest der Welt, sondern *außerhalb des Erdschwerefeldes* auch den Rest des Weltalls umfaßt. Die zu lokalisierende Einheit darf freilich die Lokalisationsbasis nicht einkreisen oder einhüllen, denn für eine solche räumliche Beziehung steht uns das Wörtchen *um* zu Gebote: wenn ein kleiner Kreis *innerhalb* eines großen liegt, so liegt der große Kreis nicht *außerhalb* des kleinen, sondern *darum herum*. Teil-Ganzes-Beziehungen sind grundsätzlich ausgeschlossen und müssen, sollten sie ausnahmsweise existieren, eigens behauptet werden: *Hawaii liegt außerhalb Amerikas,* gehört aber zu den Vereinigten Staaten von Amerika. Daher:

L-AUSSERHALB(a,b): a und b sind Einheiten erster Ordnung,

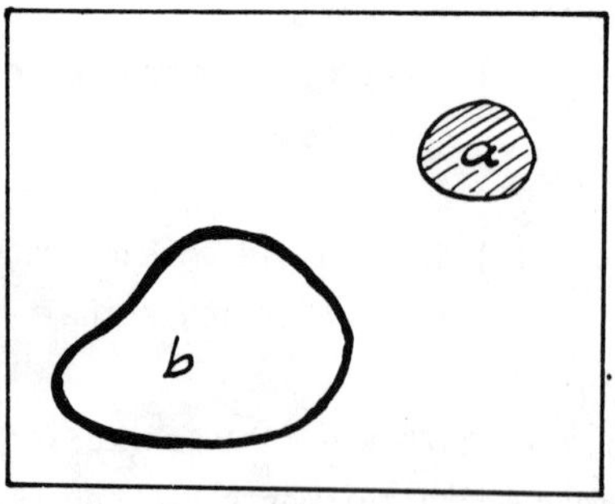

und (i) b hat einen wahrnehmbaren geschlossenen Rand,

und (ii) a liegt im Außenbereich von b,

und (iii) b wird von a weder eingehüllt noch eingekreist,

und (iv) a ist kein Teil von b.

UM. - Dies ist die einzige Ortspräposition, die in Verbindung mit Zustandsverben den Akkusativ regiert. Insofern gleicht *um* dem lateinischen *circum* (z.B. *templa circum forum sunt*). Der Akkusativ als Erstreckungs-, Richtungs- und Zielkasus läßt darauf schließen, daß *um* bevorzugt in der Umgebung von Bewegungsverben vorkommt und "im Grunde" eine dynamische Präposition darstellt.[6] Ihre Bedeutung setzt den Begriff des Weges voraus, den jemand zurücklegt (vgl. Wunderlich, 1982). Daher läßt sich z.B. (41) durch (42) umschreiben:

(41) *Paul läuft um den See herum.*
(42) *Paul ist auf dem Weg um den See herum.*

Wir können den Begriff 'Weg' in (42) nicht unabhängig von der aktuellen Bewegung verstehen, denn hier ist die Kopula nicht durch ein Positionsverb wie *sitzen, stehen, liegen* zu ersetzen und in der englischen oder portugiesischen Übersetzung muß die Verlaufsform des Bewegungsverbs gewählt werden:

engl. *Paul is running around the lake.*
port. *O Paulo está correndo ao redor do lago.*

Von der Bewegung absehen können wir nur dann, wenn direkt auf eine natürliche oder künstlich angelegte Bahn (43) verwiesen wird oder wenn es sich um viele Personen, allgemeiner: viele Einheiten handelt, die *auf dem Weg* sind (44):

(43) *Um den See herum ist ein Weg.*
(44) *(Auf dem Weg) um den See herum stehen viele Autos.*

Das dynamische Wegkonzept ist im Spiel, wenn wir bei (45) an die Handlung des Einwickelns denken und bei (46) an eine Blickwanderung des Lehrers:

(45) *Um den Blumenstrauß herum ist eine Klarsichtfolie.*
(46) *Um den Lehrer herum sitzen die Schüler.*

Im Idealfall wird der Weg durch eine geschlossene Kreislinie charakterisiert mit der Bezugseinheit als Mittelpunkt. Die Kreislinie muß nicht horizontal verlaufen wie bei den Accessoires einer Dame, die *ein Tuch um den Kopf, eine Kette ums Handgelenk* und *schwarze Ringe um die Augen* hat, und sie kann bis zu einem gewissen Grade offen sein. Bis zu welchem, sagt uns der Kontext:

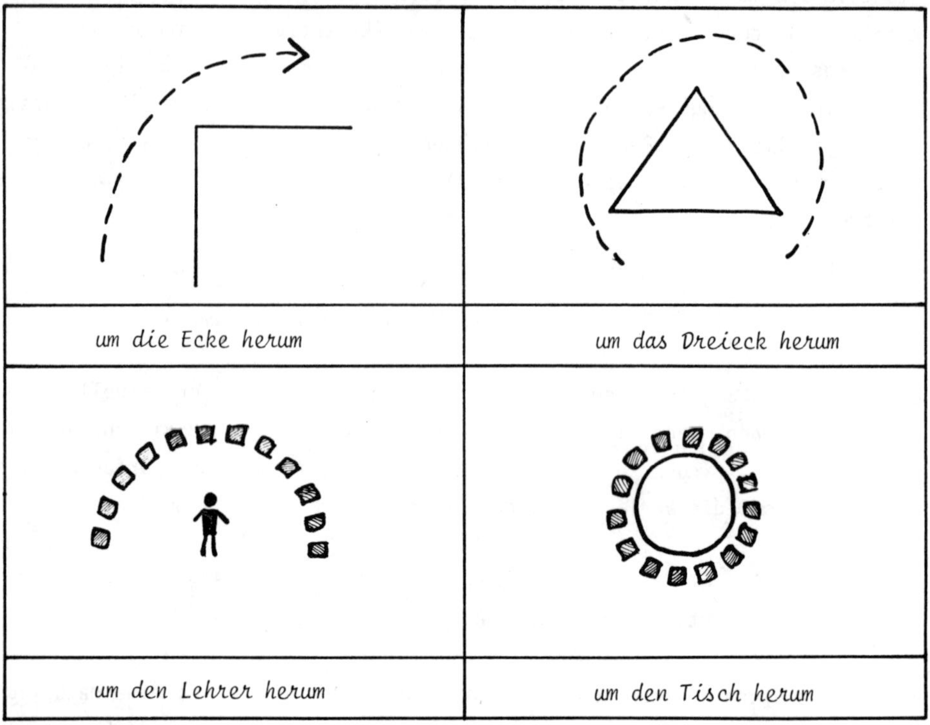

um die Ecke herum — *um das Dreieck herum*

um den Lehrer herum — *um den Tisch herum*

Ein Näherungswert scheint zu sein, daß die Bezugseinheit von mehreren Seiten eingeschlossen wird. Zusammengefaßt:

L-UM(a,b):

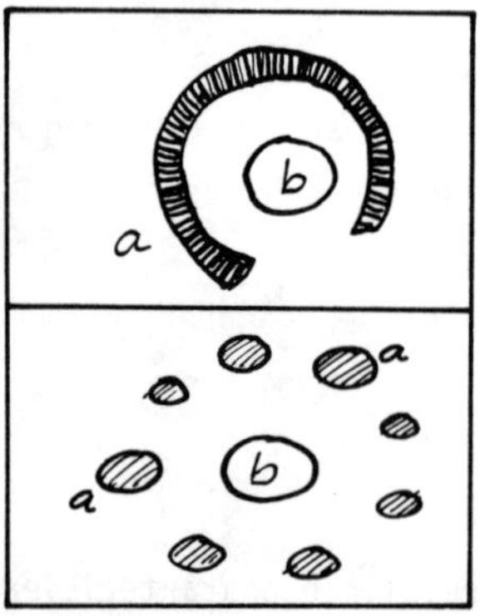

a und b sind Einheiten erster Ordnung,

und (i) in der Umgebung von b gibt es einen Weg, der b einkreist,

und (ii) a liegt auf diesem Weg,

und (iii) a muß so ausgedehnt sein oder aus so vielen Einheiten bestehen, daß b von mehreren Seiten her eingeschlossen wird.

ENTLANG, LÄNGS. - Deutsche Wörterbücher und Grammatiken zählen *entlang* zu den Präpositionen, wenngleich es heute öfter nach als vor dem Nomen steht. Wie das nur noch selten gebrauchte *längs* regiert *entlang* ursprünglich den Genitiv, später - in Analogie zu den eingliedrigen Ortspräpositionen - auch den Dativ. Beide Wörter bezeichnen den Parallelverlauf von Wegen, die im statischen Fall durch eine Reihe von Einheiten oder durch die eindimensionale Ausdehnung einer Einheit konstituiert werden:

{ *Entlang* / *Längs* } { *des Flusses* / *dem Fluß* } *stehen Pappeln.*

{ *Entlang* / *Längs* } *der Häuser führt ein Weg.*

Offensichtlich ist diese Beziehung in einer schlauchförmigen Kontaktzone angesiedelt. Sie kann im übrigen vertikal (*Längs der Regenröhre ist der Verputz abgebröckelt*) oder sonstwie (*Der Kante entlang sind schwarze Punkte*) ausgerichtet sein. Zusammengefaßt:

L-ENTLANG(a,b): a und b sind in einer Dimension ausgedehnt oder bestehen aus vielen in einer Dimension angeordneten Einheiten erster Ordnung,

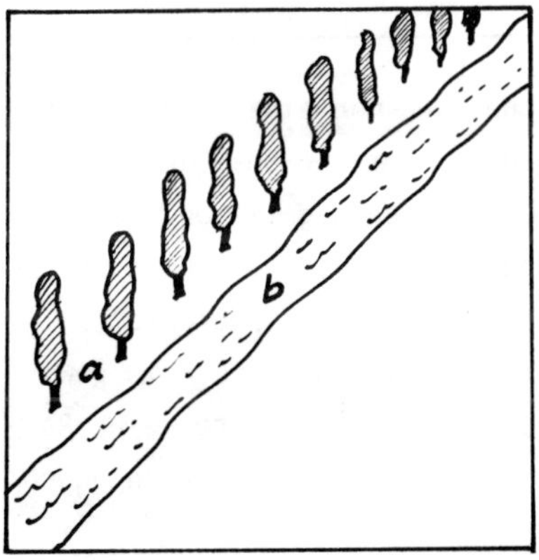

und (i) a und b konstituieren auf diese Weise Wege: Weg (a) und Weg (b),

und (ii) Weg (a) liegt in der engen Umgebung (Schlauch) von Weg (b).

ZWISCHEN. - In den "Grundlagen der Geometrie" (1899: §3) hat David Hilbert den Begriff *zwischen* durch ein System von Axiomen, den sogenannten "Axiomen der Anordnung", implizit definiert. Das erste und wichtigste dieser Axiome lautet: "Wenn ein Punkt B zwischen einem Punkt A und einem Punkt C liegt,

so sind A, B, C drei verschiedene Punkte einer Geraden, und B liegt dann auch zwischen C und A." Wie die Zeichnung verdeutlicht, ist der Abstand des inneren Punktes B zu den beiden äußeren Punkten A und C unwesentlich: die *zwi-*

schen-Beziehung wird nicht dadurch begründet, daß B die Strecke $\overline{AC}$ halbiert, sondern dadurch, daß B auf dem kürzesten Weg liegt, der A mit C verbindet. Dieser Weg ist in der Geometrie zweifellos die Gerade, aber in der Wirklichkeit ist auch die schnellste Straße zwischen drei Städten verschiedentlich gekrümmt. Viele mögen eine Straße in ihrer Vorstellung begradigen - so wie der Fahrer auf der Autobahn den Eindruck hat, er fahre immer geradeaus. Wie soll dies aber bei einer Straße gelingen, die sich in zahlreichen Serpentinen zum Gipfel eines Berges hinaufschlängelt? Und doch behaupten wir, daß B-Dorf zwischen A-Dorf und C-Dorf liegt, wenn sie die drei Bergdörfer verbindet! Bekanntlich führen viele Wege nach Rom, und so kann z.B. Bologna oder La Spezia zwischen Mailand und Rom liegen, je nachdem, welchen Weg man einschlägt. Doch wenn einer nach Rom will und den Rhein hinabfährt, hört der Spaß auf. Was zwischen zwei Orten ist, muß auf einem möglichst kurzen Weg liegen, der beide Orte miteinander verbindet. Dabei entscheiden die Sprachteilhaber, welche Wege im konkreten Fall als kurz gelten. Die Wahrheit der Aussage *b ist zwischen a und c* hängt wesentlich davon ab, ob diese Bedingung innerhalb gewisser Toleranzgrenzen erfüllt ist. Wir fragen nun, ob auch die Mitte eine Rolle spielt. Die Antwort darauf soll eine sprachgeographische Exkursion geben:

(47) *Essen liegt zwischen Duisburg und Dortmund.*

(48) *Bielefeld liegt zwischen Dortmund und Hannover.*

(49) *?Hamm liegt zwischen Dortmund und Hannover.*

In jedem Fall gibt es eine direkte Verbindung (Autobahn, Eisenbahn, Luftlinie) zwischen den drei genannten Städten. Verglichen mit (47) und (48) geht uns aber Satz (49) nur schwer über die Lippen. Das gemeinsprachliche *zwischen* scheint in die Mitte zwischen den Polen zu zielen, jedenfalls in dem ungefähren Sinne, daß die innere Einheit entweder in jeder oder in keiner Umgebung der beiden äußeren Einheiten liegt. Essen liegt sowohl *bei Duisburg* als auch *bei Dortmund* - gut. Bielefeld liegt weder *bei Dortmund* noch *bei Hannover* - auch gut. Doch Hamm setzen wir allein zu Dortmund in Beziehung: Hamm liegt *bei Dortmund* - Punkt. Andererseits: ist (49) falsch? Nein, falsch wäre nur (50):

(50) **Hamm liegt* { *mitten* / *just* / *genau* } *zwischen Dortmund und Hannover.*

Auch hält der Zug zwischen Dortmund und Hannover das erstemal in Hamm. Im aktiven Sprachgebrauch des Reisenden ist Hamm also *Zwischenstation*. Weitere Problemfälle sind (51) und (52):

(51) *?Bielefeld liegt zwischen Hamm und Hannover.*

(52) *?Bielefeld liegt zwischen Düsseldorf und Hannover.*

(51) ist ungewöhnlich, weil die beiden äußeren Städte nicht miteinander vergleichbar sind und weil das gesuchte Bielefeld größer und allgemein bekannter ist als das in (51) als bekannt vorausgesetzte Hamm. (52) macht einen stutzig, weil Düsseldorf - von Bielefeld aus gesehen - nicht die nächstgelegene mit Hannover vergleichbare Stadt ist. Doch für einen echten Hammer ist (51) die selbstverständlichste Sache auf der Welt, und einem Ausländer, der nur Düsseldorf und Hannover kennt, sagt (52) mehr als (48). Die hier illustrierten Faktoren - Mitte, Vergleichbarkeit, Bekanntheit - beeinflussen zweifellos den Gebrauch von *zwischen*, tangieren aber nicht den Wahrheitswert. Wenn Hilbert in seiner fachsprachlichen Bedeutungsdefinition von *zwischen* jene Faktoren ausklammert, dann konzentriert er sich damit auf ein Wahrheitskriterium des gemeinsprachlichen Begriffs. Das gilt auch für die Folgerung, daß sich die Reihenfolge der äußeren Punkte umkehren läßt. Nun soll die Hilbertsche Definition die Anordnung einzelner Punkte auf einer Geraden ermöglichen, d.h., man geht von einzelnen Punkten aus und denkt sich eine verbindende Gerade dazu. In der Alltagswelt ist indes der umgekehrte Fall mindestens ebenso wichtig: wieviel leichter fällt es uns, einen Fluß durch markante Punkte zu unterteilen, als einzelne Sterne am Nachthimmel durch gedachte Linien zu verbinden! Jedenfalls brauchen wir nur das Radio einzuschalten, um Fügungen wie diese zu hören:

der Rhein zwischen Bingen und Koblenz
die Autobahn zwischen Düsseldorf-Mettmann und Erkrath-Unterbach
die Eisenbahnlinie zwischen Peine und Pattensen

Der Gedanke einer zweifachen Begrenzung wird vor allem bei ausgedehnten Flächen und Räumen deutlich:

das Land zwischen Rhein und Weser
das Tal zwischen den beiden Bergen
der Raum zwischen Himmel und Erde

Hier kommt es nur darauf an, daß ein Raum auf zwei einander gegenüberliegenden Seiten begrenzt wird. In dem inneren Raum können dann verschiedene Dinge mithilfe von *zwischen* lokalisiert werden:

Viele Aussiedler leben zwischen Rhein und Weser.
Das Schloß liegt zwischen den beiden Bergen.
Das Flugzeug schwebt zwischen Himmel und Erde.

Das gemeinsprachliche *zwischen* hat also verschiedene Facetten: die in Beziehung gesetzten Einheiten sind nicht nur Punkte und Gerade, sondern auch Fläche und Körper. "Man muß jederzeit anstelle von 'Punkten, Geraden, Ebenen' 'Tische, Stühle, Bierseidel' sagen können", soll Hilbert einmal scherzhaft geäußert haben. Nimmt man diesen Vorschlag ernst und ersetzt die entsprechenden Substantive in den Axiomen der Anordnung, so zeigt sich rasch, wie sehr der gemeinsprachliche *zwischen*-Begriff in der mathematischen Fachsprache eingeschränkt wird. Unsere Explikation versucht dagegen alle diskutierten Fälle zu erfassen:

L-ZWISCHEN(b,a,c):

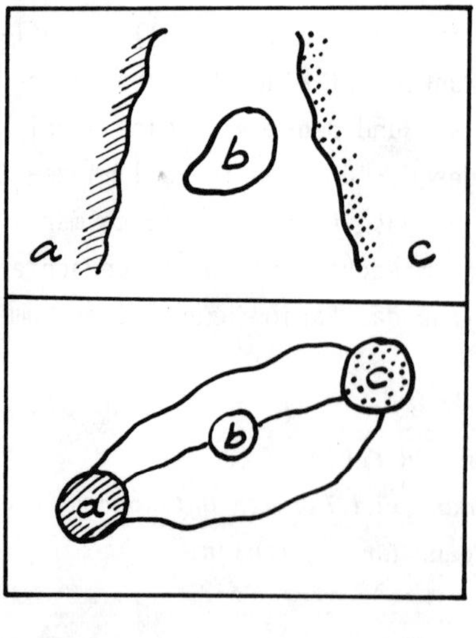

b, a und c sind Einheiten erster Ordnung,

und (i) a und c begrenzen einen Raum auf zwei (einander gegenüberliegenden) Seiten,

und (ii) b liegt in diesem Raum oder konstituiert diesen Raum,

oder (iii) a und c werden durch möglichst kurze Wege verbunden,

und (iv) b liegt auf einem dieser Wege oder konstituiert einen solchen Weg.

Für Hilbert ist *zwischen* ein Grundbegriff, auf den komplexe geometrische Konstruktionen zurückgeführt werden können. Nun haben aber Tests mit amerikanischen Kindern im Vorschulalter ergeben, daß *between* am schwersten gelernt wurde (vgl. Miller/Johnson-Laird, 1976: 383). Das eine Mal ein einfacher, das andere Mal ein schwieriger Begriff - wie reimt sich das zusammen? Wir haben gesehen, daß eine Variante der *zwischen*-Beziehung möglichst kurze Wege voraussetzt. Das gilt auch für *über*, *unter*, *vor*, *hinter*, *rechts* und *links*, wenn sich diese Präpositionen auf eine Reihe von Einheiten beziehen. Beispielsweise ist der Weg in (53) durch den Treppenaufgang, in (54) durch die Straßenverbindung, in (55) durch eine Perzeptionslinie gegeben:

(53) *über Mayer wohnt Müller, über Müller wohnt Schulze ...*
(54) *A-Dorf kommt vor B-Dorf, B-Dorf vor C-Dorf ...*
(55) *Von links nach rechts im Bild: Herr X, Herr Y, Herr Z ...*

Im Unterschied zu den von *zwischen* vorausgesetzten Wegen besitzen diese jedesmal eine Richtung: wir steigen die Treppe hinauf, wir fahren von A-Dorf nach C-Dorf, wir blicken oder bewegen den Kopf von rechts nach links. Bei der *zwischen*-Beziehung sehen wir von einer solchen natürlichen Richtung ab, was uns oft nicht leicht fällt: ein ungerichteter Weg ist eben "abstrakter" als ein gerichteter. Vor allem aber ist *zwischen* schon syntaktisch komplexer als *über*, *vor*, *rechts* usw: es bringt nicht zwei, sondern gleich drei Einheiten auf die Reihe. Nach Piaget markieren mechanische Reihungsoperationen den Übergang vom anschaulichen zum konkret-operativen Denken (vgl. Kegel/Saile, 1975: 57ff.), und dies erklärt letztlich auch, warum Hilbert das dreigliedrige, reihende *zwischen* als Grundbegriff für eine logische Rekonstruktion der anschaulichen Geometrie gewählt hat.

9. Zeigwörter

HIER, DA, DORT. - Erinnern Sie sich an Ihren Besuch in jenem intimen Etablissement, als plötzlich die Polizei im Eingang auftauchte? *Da raus!* rief die Dame auf dem Barhocker, doch diese Worte allein waren es nicht, was Ihnen damals hinausgeholfen hatte. Hilfreich war Ihnen erst der ausgestreckte Arm der Dame: so blickten Sie in die gezeigte Richtung und fanden die Hintertür. - Wörter, die wie jenes da funktionieren, nennt Karl Bühler "Zeigwörter": sie "steuern den Partner in zweckmäßiger Weise. Der Partner wird angerufen durch sie, und sein suchender Blick, allgemeiner seine suchende Wahrnehmungstätigkeit, seine sinnliche Rezeptionsbereitschaft wird durch die Zeigwörter auf Hilfen verwiesen, gestenartige Hilfen und deren Äquivalente, die seine Orientierung im Bereich der Situationsumstände verbessern, ergänzen" (Bühler, 1934: 105f.). Wie das Zitat erkennen läßt, gibt es durchaus verschiedene Zeighilfen. So kann ein Sprecher, der bloß auf eine Schallquelle verweisen will, sich auf ein schlichtes *Hier!* beschränken. Denn dann dient die Herkunftsqualität der Stimme als Leitfaden, dem der Hörer nur zu folgen braucht: "Wer mitten in einer Menschengruppe *hier* ruft, sobald sein Eigenname verlesen wird, darf erwarten, daß der Lautempfänger den Lautsender mit den Augen aufzufinden vermag nach der Herkunftsqualität dieses *hier*. Der Hörer blickt dahin, woher kommend er den Laut vernimmt, und erkennt dort den Sprecher optisch" (Bühler, 1934: 91f.). Dieses reine *hier* markiert den Ursprung des subjektiven Koordinatensystems oder - mit einem Begriff Bühlers - die "Origo des Zeigfeldes", von der aus das Zeigen des Sprechers zu interpretieren ist. Bei anderen Gelegenheiten können auch Situationselemente als Zeighilfen dienen, etwa dann, wenn außer den Gesprächspartnern weit und breit nur ein Mensch zu sehen ist und der eine zum anderen sagt: *Da geht Gerd.*

Kehren wir zurück zu der Szene im Etablissement. Die Fluchthelferin hatte *Da raus!* gerufen und hätte an anderer Stelle - an der Tür - ebensogut *Hier raus!* sagen können. Aber *Dort raus!*? Unmöglich - das schriftsprachliche *dort* sträubt sich gegen das umgangssprachliche *raus*. Glücklicher sind die Fügungen

Dort hinaus!
oder
Dort ist die Tür!

nur entstammen sie der gehobenen Stilschicht. Sie gehören auf die Bretter, die noch im letzten Jahrhundert die Welt bedeutet haben, doch in jenem Etablissement wären sie fehl am Platze.

Die nächste Frage, die auftaucht, ist die nach dem Verhältnis von betonten (56) zu unbetonten (57) Formen:

(56) $\left\{\begin{array}{l}\textit{Da}\\ \textit{Hier}\end{array}\right\}$ *raus!*

(57) *Raus* {*da* / *hier*} !

Worin liegt der Unterschied? Der Adressat von (56) kennt den Fluchtweg nicht und hat (nach Auffassung des Sprechers) auch keine reelle Chance, diesen Weg rasch in der *da*- bzw. *hier-Sphäre* des Sprechers zu finden. Er benötigt daher einen gezielten Hinweis auf einen ganz bestimmten Ort, eine Stelle. Auf einen solchen Hinweis kann der Adressat von (57) indes verzichten, weiß er doch sehr wohl, wo der Zimmermann das Loch gelassen hat. Die unbetonten Wörter *da*, *hier* markieren lediglich die Ab- oder Anwesenheit des Sprechers in dem Raum, in dem sich der Adressat aufhält: z.B. *Raus hier!* Sprecher und Adressat sitzen beide im Auto; *Raus da!* Der Adressat ist im Auto und der Sprecher nicht, oder der Sprecher ist gerade erst eingestiegen.

Trotz des Unterschiedes zwischen den betonten und unbetonten Formen dürfen die Gemeinsamkeiten nicht übersehen werden: Erstens verweisen auch die unbetonten Formen auf den Ort ihrer aktuellen Äußerung, wo sie ihre Bedeutungspräzisierung erfahren. In diesem Sinn sind auch sie Zeigwörter. Zweitens läßt sich sowohl die Opposition der betonten Formen (*da* : *hier*) wie die der unbetonten (*da* : *hier*) als Gegensatz zwischen Sprecher-Nähe und Sprecher-Ferne deuten. Dieser Gegensatz tritt klar zu Tage, wenn Sprecher und Hörer nicht über dasselbe Zeigfeld verfügen. Bei einer räumlichen Distanz der Kommunikationspartner, die durch das Telephon überbrückt wird, steht dem Sprecher-*hier* ein Hörer-*da* gegenüber: *Hier ist Franz. Wer ist denn da?* Aber auch bei gemeinsamem Zeigfeld sprechen kontrastive Wendungen wie *Von hier* (Ort des Sprechers und Hörers) *nach da* (Zeigort) *sind es fünf Minuten* oder *Nicht die Flasche hier* (Greifweite), *sondern die Flasche da* (Blickweite) eine deutliche Sprache. Daher kann z.B. die Konstruktion *Bring mir...*, die zu einem Transport von einem sprecherfernen zu einem sprechernahen Ort auffordert, nicht durch *die Flasche hier* ergänzt werden, wohl aber durch *die Flasche da*. Auf Sonne, Mond und Sterne zeigen wir mit *da*, nicht mit *hier* und wenn wir doch einmal sagen *Hier ist der Stern!*, dann ist er aus Stroh oder Goldpapier, und wir halten ihn in der Hand. Denkbar ist auch, daß jemand, der auf der Suche nach dem Abendstern von einem Fenster zum andern geeilt ist, plötzlich ausruft: *Hier ist der Stern!* und meint 'Von hier aus kann man ihn sehen'. Dann verweist *hier* auf dasjenige Fenster, an dem der Sprecher gerade steht, und nicht (oder nur mittelbar) auf den weit entfernten Himmelskörper.

Ein Kollege, der uns auf der Straße begegnet[7], erklärt

Da stehe ich.

und da wir nicht an seiner Sprachfähigkeit zweifeln wollen, versuchen wir seine Äußerung so zu deuten, daß sich der Widerspruch zwischen Sprecher-Präsenz (*ich stehe*) und Sprecher-Ferne (*da*) auflöst: entweder ist *da* eine dialektale Variante von *hier* (s.u.), oder *stehe* bezieht sich nicht auf die Gegenwart, oder *ich* bezeichnet nicht den Sprecher, sondern etwas anderes, womit er sich identifiziert - z.B. sein Auto - , oder es liegt eine Kombination dieser drei Möglichkeiten vor. Auf noch eine andere Interpretation bringen uns die geflügelten Worte von Goethes Faust:

Da steh' ich nun ich armer Tor,
Und bin so klug als wie zuvor!

Kein Zweifel: Faust verweist mit *da* auf seinen aktuellen Standort in einem hochgewölbten, engen gotischen Zimmer, obwohl das Wörtchen *hier* zu seinem aktiven Wortschatz zählt (vgl. z.B. die Verse 606,660,677 in derselben Szene). Warum sagt er *da*,wo doch *hier* näher liegen würde? Nun, Faust führt ein Selbstgespräch, aber nicht monologisch, sondern als Dialog, er tritt gleichsam aus sich heraus und sieht seinen Standort mit den Augen seines alter ego. Dieses spricht ihn denn auch ab Vers 409 in der zweiten Person an: *Das ist deine Welt!* usw. Was schon im Selbstgespräch denkbar ist, ist erst recht in einem lebendigen Dialog möglich: Meine Frau fragt mich nach einem bestimmten Buch. Ich reiche es ihr mit den Worten *hier* oder *da*,je nachdem, ob ich meine oder ihre Perspektive wähle. Wenn ich also wahlweise mit *hier* oder *da* auf ein- und denselben Ort in meiner Körpersphäre zeige, so kann ich das von verschiedenen Origines aus tun. Statt des sonst mit dem Kontrast von *hier* und *da* korrelierten Orts- oder Sprecherwechsels findet dann nur ein Perspektivenwechsel statt.

Der Perspektivenwechsel offenbart auch eine unterschiedliche Flexibilität der Bedeutungen von *hier* und *da*. Während der Sprecher auf Stellen seiner Umgebung (vor allem solche, die er berührt) nicht nur mit *hier*, sondern auch mit *da* verweisen kann (vgl. (58)), kann er sich auf Stellen in der Hörerumgebung (z.B. Stellen, die der Hörer berührt) nur mit *da* und nicht mit *hier* beziehen (vgl. (59)):

(58) $\left\{\begin{matrix}\textit{Bring}\\ \textit{Hol}\end{matrix}\right\}$ *ihm die Flasche* $\left\{\begin{matrix}\textit{da}\\ \textit{hier}\end{matrix}\right\}$!

(59) $\left\{\begin{matrix}\textit{Bring}\\ \textit{Hol}\end{matrix}\right\}$ *mir die Flasche* $\left\{\begin{matrix}\textit{da}\\ \textit{*hier}\end{matrix}\right\}$!

Mit *hier* artikuliert der Sprecher immer seine eigene Perspektive, mit *da* kann er unter bestimmten Bedingungen auch die Perspektive des Hörers übernehmen. Insofern ist *da* flexibler als *hier* und in seiner Distribution weniger eingeschränkt. Dazu paßt, daß *da* auch noch modal (z.B. *Es regnete. Da hätte uns ein Baum Schutz bieten können.*) und zeitlich (z.B. *Eben ertönte der Startschuß, da waren die Schwimmer schon im Wasser.*) verwendet werden kann, während *hier* strikt auf den räumlichen Gebrauch (in der Sprecherperspektive) beschränkt ist. Wenn wir nun nach Kontexten Ausschau halten, die die Opposition *hier : da* neutralisieren, so muß es sich um solche handeln, wo die Nähe oder Ferne des Sprechers sowie die Sprecher- oder Hörerperspektive keine Rolle spielen und wo *da* statt *hier* gesagt wird, und zwar auf relativ unbetonte Weise (Akzent, Wortstellung). Ein solcher Fall ist die Frage an eine Schwangere:

(60) *Wann ist das Baby da?*

Wir können diese Frage zwar auch auf *hier* statt auf *da* enden lassen, ohne gleich gegen die Regeln unserer Grammatik zu verstoßen, doch müssen wir dann auch den Adressaten wechseln. In Betracht käme etwa ein Kindsentführer, der verspricht, uns das Baby gegen ein Lösegeld zuzuschicken. Denn die Frage *Wann ist das Baby hier?* setzt die Existenz des Babys schon voraus, die durch das *da* in (60) erst eingeführt wird. Dieses *da* ist ein reines Existenz-*da*. Wir begegnen ihm auch in Feststellungen wie (61) oder in Fragen wie (62):

(61) *Gewisse Professoren gehen auf wissenschaftliche Kongresse, nur um zu zeigen, daß sie noch da sind.*

(62) *Wenn ein Unterschied da ist, worin besteht er?*

Beide Male kann *da* nicht durch *hier* ersetzt werden; die Opposition ist in diesen Sätzen aufgehoben. *Da* hat nun die Bedeutung von *es gibt*; sie ist so unspezifisch, daß sie bei jedem korrekten oppositiven Gebrauch von *hier : da* aus dem *hier* ebenso folgt wie aus dem *da*. Wir können also die Opposition durch den Begriff der semantischen Markiertheit erklären (siehe dazu auch Kap. IV.7): *hier* ist - wegen seiner distributionellen Beschränktheit und seiner spezifischen Bedeutung - das durch das Merkmal 'Sprechernähe' - technisch: [+ nah] - markierte Oppositionsglied. Demgegenüber ist *da* unmarkiert: es erhält in neutralisierenden Kontexten wie (60), (61), (62) den Nullwert des Merkmals [ø nah]. In anderen Kontexten indes, wenn *da* betont wird oder in Gesellschaft von *hier* verkehrt, weisen wir ihm den Minuswert [-nah] zu, weil es dann die Existenzbehauptung auf einen Raum einschränkt, der nicht in der Nähe des Sprechers liegt (vgl. Abb. 2.8).

Wer in Süddeutschland zu Hause ist, hört das Wörtchen *hier* nur noch von "reingeschmeckten" Norddeutschen oder von Fernsehmoderatoren. Schon Hermann Fischer vermerkt in seinem Schwäbischen Wörterbuch von 1911 *hie(r)* als Rarität, die nur auf den im Kontext gegebenen Wohnort, nicht aber allgemein auf den Sprechort verweise: *Send Sia au et vo hia?* [Sind Sie auch nicht von hier?] Den meisten Wortzusammensetzungen mit *hie(r)*, wie *hie-durch, hie-aus* usw., hat er ein Kreuz vorangestellt, um ihnen die letzte Ehre des Sprachforschers zu erweisen: im Dialekt sind sie nicht mehr lebendig. Bühler (1934: 100, Anm. 2) notiert, daß die Einheimischen in verschiedenen Gegenden Österreichs - von den Sommerfrischlern abgehoben - *dasige* statt *hiesige* heißen. In Merkles Bairischer Grammatik (1975) steht auf Seite 178 lapidar: "*Hier* heißt Bairisch *då*", und eine Seite vorher rühmt er die Neigung der Bayern zu *da*, die so stark sei, daß sie das schöne Wort gern verdoppelten: *Wo is n meĩ Bruin? - Dåda, newa da' Zeidung, sigsd as need?* [Wo ist denn meine Brille? - Da, hier, neben der Zeitung, siehst du sie nicht?] Die Übersetzung ins Hochdeutsche zeigt, daß im Nahbereich Sprecher- und Hörerposition sprachlich nicht mehr unterschieden werden. Darunter braucht die Kommunikation nicht zu leiden, da die Unterscheidung häufig redundant oder durch Zeighilfen kompensierbar ist. Verfügen aber Sprecher und Hörer nicht über ein gemeinsames Zeigfeld, so ist die Sprache gefordert. Bei einem telephonischen Austausch der Wetterlage zwischen Hannover und Stuttgart

Hannover: *Hier regnet's in Strömen, und da bei Euch?*
Stuttgart: *Was? Do scheint d'Sonne, ond do dronda soll's regna?*

wird die norddeutsche Opposition *hier : da* in die süddeutsche *da : da + d(r)*-Adverb (z.B. *da drunten, da droben*) übersetzt. Möglich, wenngleich viel seltener sind auch die Oppositionen *da : dort* oder *da + h(er)*-Adverb : *da + d(r)*-Adverb (z.B. *da h(er)annen : da d(r)unten*), jedoch keinesfalls *da + h(er)*-Adverb : *da*. Bei allen Oppositionen, an denen das einfache *da* beteiligt ist, ist *da* unmarkiert. Während es aber in Norddeutschland mit dem sprechernahen Adverb *hier* kontrastiert, bildet es in Süddeutschland einen Gegensatz zu den sprecherfernen *da + d(r)*-Adverbien oder zu *dort*. *Hier* und *dort* unterhalten im Volksmund ein exklusives Verhältnis: wo *hier* erklingt, ist *dort* verstummt,

Existenz wird eingeführt;
Nähe zum Sprecher ist irrelevant:

Wann ist das Baby da?

Manche gehen auf Kongresse, nur um zu zeigen, daß sie noch da sind.

Wenn ein Unterschied da ist, worin besteht er?

(unbetont)
[ø nah]
da

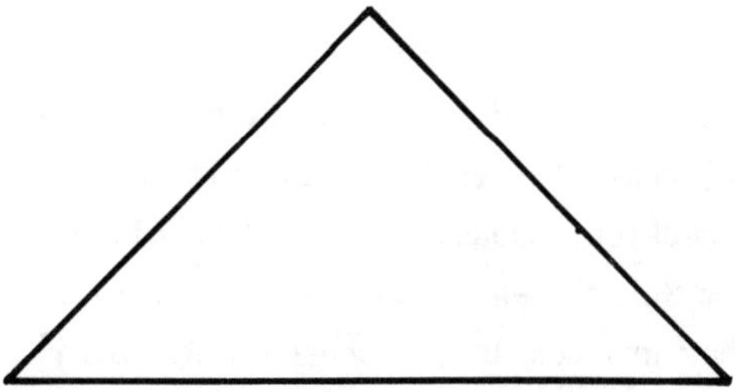

hier
[+ nah]
(betont oder unbetont)

Existenz wird vorausgesetzt;
Sprecher ist nah:

Raus hier! (Sprecher ist im Auto)

Hier ist der Stern! (Stern ist in Sprecherhand)

da
[- nah]
(betont oder unbetont)

Existenz wird vorausgesetzt;
Sprecher ist nicht nah:

Raus da! (Sprecher ist nicht im Auto)

Da ist der Stern! (Stern ist am Himmel)

Kontrastive Wendungen:
Nicht hier, sondern da!

Die einen hier, die andern da!

Von hier nach da!

Sprecherperspektive:

die Flasche hier
(Flasche ist in Sprecherhand)

Hörerperspektive:

die Flasche da
(Flasche ist in Sprecherhand)

Abb. 2.8: Markiertheitsverhältnisse bei der Opposition *hier : da* und umgekehrt. Unser ursprünglich dreigliedriges deiktisches System *hier* - *da* - *dort* ist nur noch in der gehobenen Sprache voll ausgeprägt. Friedrich Schiller hat es uns in "Wilhelm Tell" beispielhaft vor Augen geführt. Wie sagt doch Baumgarten in Vers 120-125?

> *"So muß ich fallen in des Feindes Hand,*
> *Das nahe Rettungsufer im Gesichte!*
> *-Dort liegt's! Ich kann's erreichen mit den Augen,*
> *Hinüberdringen kann der Stimme Schall,*
> *Da ist der Kahn, der mich hinübertrüge,*
> *Und muß hier liegen, hülflos und verzagen!"*

Baumgarten zeigt auf drei Orte in unterschiedlicher Entfernung: mit *hier* bezieht er sich unmittelbar auf den Sprechort, mit *da* auf eine Stelle am diesseitigen Ufer des Vierwaldstätter Sees, und mit *dort* zeigt er auf das Ufer gegenüber. Die Angeredeten, Ruodi, Kuoni und Werni, befinden sich in der *da*-Sphäre, zwischen dem Sprecher-*hier* und dem *dort*-Bereich. Letzterer ist weit entfernt vom Sprecher und den Angesprochenen. Die drei Bereiche sind nicht immer so klar abgegrenzt wie in diesem Fall, aber bei konsequentem und kontrastivem Gebrauch aller drei Adverbien schließen sich die Bereiche gegenseitig aus: *hier* ist weder da noch dort, *da* ist weder hier noch dort, *dort* ist weder hier noch da. Dieses dreigliedrige System, das weitgehend dem *hic-istic-illic* des klassischen Latein entspricht, wird, wie wir gesehen haben, von der Umgangssprache im Norden Deutschlands auf *hier* und *da* und im Süden auf *da* und *dort* bzw. auf *da* und *da* + *d(r)*- Adverbien reduziert. Das ergibt zwar eine gewisse Verschiebung vom Symbolfeld zum Zeigfeld der Sprache, aber es stehen uns stets zwei Zeigwörter zur Verfügung, um Nah- und Ferndeixis auseinanderzuhalten. Ob nun ein sprechernaher und ein nicht sprechernaher (*hier* : *da*) oder ein sprecherferner und ein nicht sprecherferner Bereich (*dort* : *da*) unterschieden wird, ob ein Zeigwort einfach (*dort*) oder zusammengesetzt (*da* + *d(r)*-Adverb) ist, ist letztlich unerheblich. Wichtig ist vielmehr, daß wir überhaupt mit dem symbolischen Gehalt der Zeigwörter Nähe und Ferne unterscheiden können.

Aus unserer Untersuchung folgt, daß die referentielle Bedeutung von *hier* in der gehobenen Sprache weitgehend dieselbe ist wie in der norddeutschen Umgangssprache. Hier ist sie:

L-HIER(a): a ist eine Einheit erster Ordnung,

und (i) a ist am Ort des Sprechers oder in dessen naher Umgebung,

und (ii) sofern eine Zeighilfe gegeben wird, ist a an der gezeigten Stelle.

Hingegen hängt die Bedeutung des Zeigwortes *da* von seinem Platz im jeweiligen deiktischen System ab. Die Explikation von *da* muß deswegen die verschiedenen Systeme und Varietäten auseinanderhalten:

L-DA(a): a ist eine Einheit erster Ordnung,

und (i) wenn *da* in Opposition zu *hier* und *dort* steht, dann ist a am Ort des Hörers oder in dessen naher Umgebung, aber nicht weit vom Ort des Sprechers entfernt,

und (ii) wenn *da* nur in Opposition zu *hier* steht, dann ist a an einem anderen Ort als dem des Sprechers, und wenn eine Zeighilfe gegeben wird, dann an der gezeigten Stelle,

und (iii) wenn *da* nur in Opposition zu *dort* bzw. zu *da* + *d(r)*-Adverb steht, dann ist a am Ort des Sprechers oder in dessen naher Umgebung,

und (iv) wenn *da* nicht mit *hier* oder *da* kontrastiert, dann ist a nur noch im gegebenen Kontext präsent.

Die Bedeutung von *dort* ergibt sich indirekt aus den Bedingungen (i) und (iii) von L-DA(a). Die Explikation zielt auf den konkreten Gebrauch der Adverbien *hier, da* und *dort* im dreidimensionalen Wahrnehmungsraum. Nun gibt es auch abstraktere Verwendungen, die sich auf einen zwei- (geschriebene Sprache) oder eindimensionalen (gesprochene Sprache) Textraum beziehen. Wir unterscheiden Textdeixis und Anapher. Bei jener haben die Zeigwörter, vom Außendienst entlastet, eine rein innendienstliche Aufgabe: wenn ich - wie so oft in diesem Buch - schreibe *hier ein Beispiel:* "...", dann soll das *hier* die Aufmerksamkeit des geneigten Lesers nur auf eine unmittelbar benachbarte Textstelle lenken. Beim anaphorischen Gebrauch indes weisen die Zeigwörter über die Kontextstelle hinaus auf einen Ort im Wahrnehmungs- oder Vorstellungsraum. Das *da* in der folgenden Antwort A zeigt z.B. zweifellos auf einen außersprachlichen Ort, nur eben mittelbar, indem es an die sprachliche Fassung der Frage F anknüpft. Linguistisch formuliert: *da* in A ist koreferent mit *unter dem Bild* in F.

F: *Was ist denn unter dem Bild?*
A: *Da ist eine Fliege.*

Daß wir in diesem Dialog das *da* nicht gegen *hier* austauschen können, führt uns die distributionelle Beschränktheit von *hier* erneut vor Augen. Ein Vergleich mit dem korrekten *hier*-Anschluß in dem Monolog: *Sieh mal unter das Bild! Hier ist eine Fliege* zeigt, daß *hier* bei einem Sprecherwechsel nicht als Anapher eingesetzt werden darf, weil nur die eigenen Worte eines Sprechers zu seiner Sphäre oder Umgebung gehören. Wenn wir jetzt das *da* in A durch ein *das* ersetzen, also die Antwort A' geben,

F : *Was ist denn unter dem Bild?*
A': *Das ist eine Fliege.*

wie wirkt sich das aus? Im lebendigen Gespräch wohl kaum, unser Partner, der Fragesteller, wird dem hinzugezischten *s* vermutlich keine Beachtung schenken. Nur der Linguist horcht auf. Er mag sich fragen, ob *das* in A' anaphorisch gebraucht wird, denn *was* in F bezieht sich zumindest ebenso stark auf *das* wie *das* auf *was*. Dieses Problem ist wohl nur definitorisch zu lösen. Wichtiger ist die Beobachtung, daß der *das*-Satz die *was*-Frage direkter beantwortet als der *da*-Satz. Dieser läßt sich durch P, jener durch P' ausführlicher paraphrasieren:

P : *Da, wo das ist, ist eine Fliege.*
P': *Das, was da ist, ist eine Fliege.*

Während *da* auf einen Ort (oder eine Stelle oder einen Bereich) verweist, referiert *das* auf ein Lebewesen (einen Gegenstand, einen Sachverhalt). Da aber in Kontexten wie F die eine Art des Referierens jeweils die andere voraussetzt - nämlich *da* die Identifikation und *das* die Lokalisation des Referenten -, dürfte der Unterschied zwischen Ortsadverb und Demonstrativpronomen oft unbemerkt bleiben. Wie dem auch sei, sicher ist dieser Unterschied zu Beginn des kindlichen Spracherwerbs noch nicht ausgeprägt. Nach Lyons (1975) ist die erste Erwerbsphase des Englischen gekennzeichnet durch einen unterschiedslosen Gebrauch von *there* für beide Arten des Referierens. Sie können erst dann unterschieden werden, wenn sich dem *there* ein *that* gegenüberstellt. Allerdings wird auf dieser zweiten Stufe die relative Nähe zum Sprecher noch nicht beachtet. Das geschieht erst auf der dritten Stufe, auf der *here* und *this* dieses deiktische System bereichern. Da diesmal die alten Funktionen nicht verlorengehen, haben *there* und *that* jeweils zwei verschiedene Aufgaben: neben den alten können sie jetzt in Opposition zu *here* und *this* die größere Entfernung vom Sprecher bedeuten. Daraus ergibt sich eine natürliche (semantische) Markierung der Lexeme (vgl. Abb. 2.9). Die neutrale Form von *that* ist zumeist funktionsidentisch mit dem Artikel *the*, woraus Lyons schließt, daß sich dieser aus jener neutralen Form entwickelt hat. Für Sprachen mit einem differenzierten deiktischen System sind weitere Erwerbs- oder Entwicklungsstufen anzusetzen. So benötigt man für das Deutsche, dessen Demonstrativpronomina und Artikel sich dem Genus nach unterscheiden und das in seiner schriftsprachlichen Ausprägung auch über die Wörter *dort* und *jener, jene, jenes* verfügt, wenigstens fünf Stufen (vgl. Abb. 2.10).

Lyons' Stufenmodell wird durch die Wortgeschichte weder widerlegt noch bestätigt, da alle Formen schon auf den ältesten Sprachstufen des Germanischen - Gotisch, Altenglisch, Althochdeutsch - vorkommen, ohne daß eine relative Chronologie für die einzelnen Formen nachweisbar wäre. Von der psychologischen Spracherwerbsforschung wird das Modell nur partiell bestätigt[8]. Lyons selbst räumt ein, daß nicht alle Kinder notwendig die drei bzw. fünf Stadien in der angegebenen Reihenfolge zu durchlaufen bräuchten, da der Spracherwerb dem Einfluß vieler, noch unbekannter Faktoren ausgesetzt sei. Im Normalfall aber muß die Funktion der Demonstrativpronomina und Artikel ebenso wie die der lokalen Zeigwörter in aktuellen Äußerungssituationen erlernt werden, und zwar mit Bezug auf dort wahrnehmbare Dinge. Erst danach wird der Bezug auf situationsferne Einheiten möglich. Kurzum, zuerst wird gezeigt und dann benannt, oder mit Lyons' (1975: 82) eigenen Worten: "deixis is (...) the source of reference".

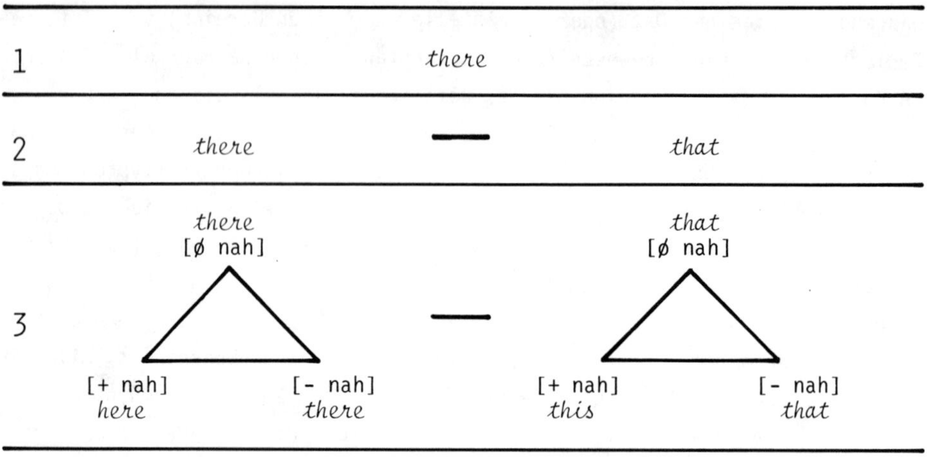

Abb. 2.9: Stufen des Erwerbs englischer Zeigwörter nach Lyons (1975)

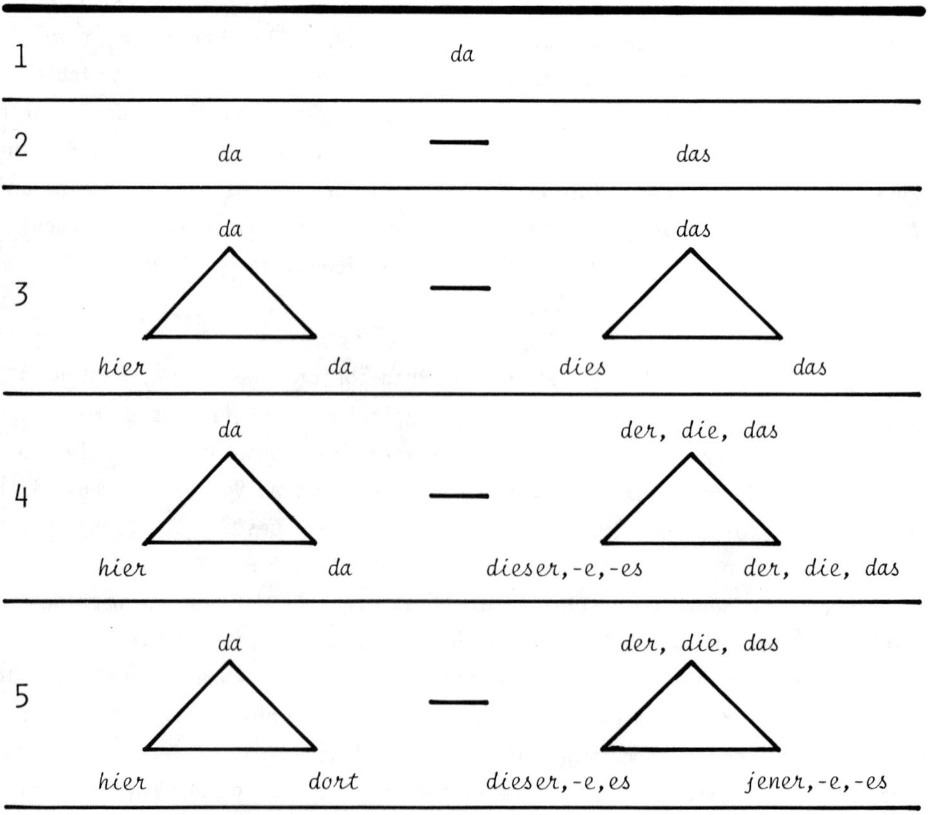

Abb. 2.10: Stufen des Erwerbs deutscher Zeigwörter in Analogie zu Abb. 2.9

10. PRO-ADVERBIALE UND RELATIONALE ADVERBIEN

Wenn ein Fahrradhändler zu seinen jugendlichen Kunden sagt:

(63) *Seht ihr das Tandem?*

(64) *Setzt euch darauf!*

dann ersetzt er das viersilbige Adverbial *auf das Tandem* durch den Zweisilber *darauf*. Der Gedanke, daß ein Wort wie *darauf* für ein Adverbial steht - so wie ein Pro-Nomen für ein Nomen - , hat schließlich zu der analogen Bezeichnung Pro-Adverbial geführt. Nun haben zwar die Pronomina eine Distribution, die weitgehend identisch ist mit der Distribution der Nominale, aber vertreten sie auch immer ein spezifisches Nominal? Wofür steht z.B. das Pronomen *ihr* in (63)? Etwa für *die Angesprochenen*? Da dieses Nominal eigentlich erst durch den Bezug auf die gemachte Äußerung definit wird, müßte der Sprachwissenschaftler die Paraphrase *die mit der (da und da, dann und dann) gemachten Äußerung: "Seht ihr das Tandem?" angesprochenen Personen* oder eine ähnlich umständliche Umschreibung vorziehen. In einem solchen Klartext ist das Pronomen *ihr* nicht zu tilgen. Wer hier noch eine Stellvertreter-Beziehung zwischen Pronomen und Nominal erkennen wollte, müßte einräumen, daß diese äußerst indirekt, ja zirkulär wäre. Das sogenannte Pronomen vertritt hier im Grunde kein Nomen, sondern bezeichnet etwas, was durch den Kommunikationsprozeß selbst fixiert und identifiziert ist. Hingegen greift das Pronomen *er* in dem Satz *Heinrich glaubt, daß er ausgesprochen schön ist* das Nomen *Heinrich* so wieder auf, daß die Referenzidentität gesichert ist und sich eine semantisch determinierte Vollform ergibt. Es wäre daher konsequent, den Begriff der Pronomina - allgemeiner den Begriff der Pro-Formen - auf Formen mit anaphorischer Funktion zu begrenzen. Echte Pronomina in diesem Sinn sind dann die Pronomina der dritten Person, während die sogenannten Pronomina der ersten und zweiten Person zu den Zeigwörtern gehören. Ganz analog ist *darauf* wegen seiner anaphorischen Verwendung in (64) ein Pro-Adverbial. Doch angenommen, der Fahrradhändler äußert den Satz (63) nicht und intoniert (64), indem er auf das Rad zeigt und die erste Silbe von *darauf* betont, dann kombiniert er ein Zeigwort mit einem Adverb: *da rauf*. Diese Kombination verlagert - gemessen an dem einfachen *da* - mehr Information vom Zeigfeld auf das Symbolfeld der Sprache: sie präzisiert die Zeighilfe, auf die *da* verweist, durch das Symbol *rauf*.

Aller guten Dinge sind drei, und so hat auch *darauf* eine bemerkenswerte Variante: *drauf*. Ein Zeigwort ist sie nicht, denn der demonstrative Gebrauch verlangt ein vorgeschaltetes <u>da</u> : <u>da</u> *drauf*! Ein Pro-Adverbial ist sie auch nicht, jedenfalls nicht in typischen Äußerungen wie *Es sitzt jemand auf dem Tandem drauf*. Welche PP sollte *drauf* denn in diesem Fall vertreten? Etwa *auf dem Tandem*? Das ergäbe: **Es sitzt jemand auf dem Tandem auf dem Tandem*. *Drauf* ersetzt nicht, sondern ergänzt eine PP. Es ist ein Anhängsel, das wegfallen kann, dessen syntaktische Rolle schillernd ist und dessen semantische Funktion die Wörterbücher in vornehm zurückhaltender Weise mit "intensivierend" oder "verstärkend" umschreiben. Wir können *drauf* als trennbaren Verbzusatz ("Präverb") auffassen, da es - getrennt vom Verb - an der letzten Stelle im Satz stehen (65), und auch ohne begleitende PP allein mit dem Verb vorkommen kann (66):

(65) *Setzt euch auf das Tandem drauf!*

(66) *Das Tandem ist zusammengebrochen,*
als wir uns draufsetzten.

In (66) ist das Wörtchen *drauf* wie die PP *auf das Tandem* zu deuten, ohne daß es seinen Charakter als Präverb verlöre. In (65) hat es sicher die berühmte "verstärkende" Wirkung, steht aber auch in Opposition zu *rauf*, das nur als Zusatz von Bewegungsverben in Frage kommt (vgl. *raufsetzen* mit **raufsitzen* und *draufsetzen* mit *draufsitzen*) und rein dynamisch zu verstehen ist, während *drauf* den Endzustand betont. Gegen die Auffassung, *drauf* und *rauf* seien trennbare Verbzusätze, spricht allerdings, daß sie uns in der Umgangssprache auch an Stellen begegnen, wo Präverbien gerade nicht erscheinen - vgl. (67) mit (68) -, und daß es Verwendungen gibt, die einen Verdacht auf eine Verbkomposition gar nicht erst aufkommen lassen (69):

(67) *Auf dem Konto drauf sind 100 Mark.*
(68) **Von dieser Maßnahme ab hängt das ganze Projekt.*
(69) *Auf den Berg rauf sind es 5 km.*

Die Stellung von *drauf* und *rauf* nach einer PP drängt uns einen Vergleich mit Adverbien wie *vorn* und *hinten* auf. Hier soll uns der Fahrradhändler Klarheit verschaffen. Wenn der brave Mann den Satz (63) durch (70) fortführt,

(63) *Seht ihr das Tandem?*
(70) *Vorn sitzt Renate, hinten Ewald.*

so verwendet er diese Adverbien eigentlich für ein Nomen in einer PP. Zu (70) synonyme, ausführliche Fassungen sind (71) und (72):

(71) *Auf dem Tandem vorn sitzt Renate,*
auf dem Tandem hinten sitzt Ewald.

(72) *Auf dem Vordersitz des Tandems*
sitzt Renate, auf dem Rücksitz des
Tandems sitzt Ewald.

Wie (72) zeigt, vertritt *vorn* das Nomen *Vorderteil* (hier: *Vordersitz*) des Tandems. In einer anderen Interpretation bezieht sich *vorn* auf das vordere Gesichtsfeld eines Beobachters. So läßt sich der Hinweis *An der Haltestelle vorn!* in dem Dialog (73) durch (74) umschreiben:

(73) A: *Wir rannten schneller. Doch Herr Schnelle*
stand schon an der Haltestelle.
B: *An welcher?*
A: *An der Haltestelle vorn!*

(74) *Herr Schnelle stand schon an der Haltestelle,*
die vor uns war.

Durch die Paraphrase wird der in (73) implizit vorhandene Beobachterbezug explizit gemacht. *Vorn* gibt eine einschränkende Erklärung zu Haltestelle. Da *vorn* und *hinten* unter beiden Interpretationen auf eine PP zurückführbar sind (*auf dem Tandem vorn* ≈ *auf des Tandems Vordersitz; an der Haltestelle vorn* ≈ *an der Haltestelle, die vor uns ist*) und sich dabei auf eine schon erfolgte räumliche Einordnung eines Dings (Tandem, Haltestelle) beziehen, nennen wir diese Adverbien mit Steinitz (1969: 156) "relational". Weitere relationale Adverbien sind *oben* und *unten, links* und *rechts, innen* und *außen, drüben* und *h(er)üben. Drauf* und *(he)rauf, drin(nen)* und *herin(nen), dran(nen)* und *h(er)-annen* verhielten sich wohl ursprünglich wie die relationalen Adverbien *drüben* und *h(er)üben*, die eine PP im Hinblick auf den Sprecherstandort spezifizieren. Mit dem Verschwinden fast aller *h(er)*-Formen aus der norddeutschen Umgangssprache haben auch die *dr*-Formen ihre inhaltliche Funktion verloren und sich eng ans Verb angeschlossen. Die Abhängigkeit vom Verb zeigt sich nun in einer unterschiedlichen Distribution: während z.B. *vorn* nicht nur nach, sondern auch vor einer PP stehen kann, steht *drauf* nur am Ende:

vorn auf dem Tandem
?drauf auf dem Tandem
vorn auf dem Tandem drauf
**drauf auf dem Tandem vorn*

Beiden Sorten von Adverbien gemeinsam ist, daß sie beim demonstrativen Gebrauch ein Zeigwort nötig haben. So wie unser Fahrradhändler *drauf* nicht ohne Zusatz demonstrativ verwenden kann, muß er auch (70) zu diesem Zweck eigens mit Zeigwörtern ausrüsten:

Hier vorn sitzt Renate, da hinten Ewald.

11. Syntax und Semantik

Die strikte Unterscheidung zwischen Deixis und Anapher hat Konsequenzen für die Syntax. Nur ein anaphorisches Pronomen darf durch transformative Veränderungen aus einem spezifizierten Nomen abgeleitet werden, und nur ein anaphorisches Adverbial aus einer spezifizierten PP. Zeigwörter werden dagegen direkt in der Basiskomponente erzeugt. Die folgende kleine Grammatik unterscheidet sich von Steinitz' Adverbialsyntax vor allem durch die Aufspaltung der Kategorie Adverbial in deiktische und nicht-deiktische Elemente. Während dort eine PP als Basis aller Adverbialbestimmungen angenommen wird, schränken wir diese Annahme auf die nicht-deiktischen Ortsadverbiale ein. Wir führen also das Zeigfeld nicht auf das Symbolfeld zurück. Alle übrigen Abweichungen sind marginal oder dadurch zu erklären, daß hier nur die Syntax von Sätzen behandelt wird, die räumliche Zustände beschreiben[9]. (Für eine Erweiterung der Grammatik um freie Adverbialergänzungen, Richtungsangaben, dynamische und transitive Verben siehe Kap. III.11 und Kap. IV.8.) Hier zunächst die Basisregeln und das Lexikon für Zustandssätze:

BASISREGELN

$$\text{(I)} \quad S \rightarrow NP \; VP$$

$$\text{(II)} \quad NP \rightarrow \left\{ \begin{array}{c} (Det) \; (Adj) \; N \; (S) \\ D_{pron} \end{array} \right\}$$

$$\text{(III)} \quad VP \rightarrow V \; Advb$$

$$\text{(IV)} \quad Advb \rightarrow \left\{ \begin{array}{l} (D_{adv}) \; PP \\ D_{adv} \end{array} \right\}$$

$$\text{(V)} \quad PP \rightarrow Präp \; NP \; (Advb)$$

$$\text{(VI)} \quad Det \rightarrow \left\{ \begin{array}{l} Art \\ NP_{gen} \end{array} \right\}$$

LEXIKON

(i) Adj : {*rot, ..., vorder, hinter, ober, unter, ...*}

(ii) Art : {*der, die, das; einer, eine, eines; ...*}

(iii) D_{adv} : {*hier, da, dort*}

(iv) D_{pron} : {*ich, du, Sie, ...*}

(v) N : {*Renate, ..., Bonn, ..., Bundestag, ..., Passagier, ..., Haltestelle, ..., Tandem, ...*}

(vi) Präp : {*in, an, auf, über, unter, ...*}

(vii) V : {*sein, sitzen, stehen, liegen, ...* }

Regel (I) gliedert einen Satz in Nominal- und Verbalphrase. Regel (II) unterteilt die Kategorie NP einerseits in die Pronominaldeiktika *ich, du, Sie* und andererseits in Nomina, die durch Artikel, Adjektive und Relativsätze näher bestimmt werden. Die unter dem S-Knoten erzeugten Relativsätze liegen den Adverbialen zugrunde, die sich an das Nomen anschließen. So leiten wir ein adverbiales Attribut wie *an der Haltestelle vorn* aus *an der Haltestelle, die vor einem* (durch den Kontext näher bestimmten) *Beobachter B ist* ab (vgl. Abb. 2.13). Regel (III) kommt mit einem Adverbial aus, da nebengeordnete Adverbiale wie *Jasmin wohnt in Wien und Berlin* in der Tiefenstruktur auf nebengeordnete Sätze zurückgeführt und untergeordnete Adverbiale durch die Regeln (II) und (V) eingeführt werden. Regel (IV) gestattet sowohl die isolierte (z.B. *Renate ist da* oder *Renate ist auf dem Tandem*) als auch die kombinierte (z.B. *Renate ist da auf dem Tandem*) Ableitung von Zeigwörtern und Präpositionalen. Regel (V) expandiert obligatorisch die PP und erzeugt fakultativ die adverbialen Appositionen (z.B. *auf dem Tandem vorn* oder *in Bonn im Bundestag*, vgl. Abb. 2.12 und 2.14). Regel (VI) zählt nicht nur Artikel, sondern auch Nominale im Genitiv zu den Determinanten einer NP. Das Genitivattribut benötigen wir, um die relationalen Adverbien zu analysieren (*auf dem Tandem vorn* ≈ *auf des Tandems Vordersitz*). Diese werden als Reduktionsresultat einer komplexen PP aufgefaßt und entweder auf ein entsprechendes Adjektiv z.B. *vorn* < *vorder* oder auf eine entsprechende Präposition z.B. *vorn* < *vor* bezogen (vgl. Kap. II.10). Ebenso werden Präpositionen, die eine subjektive und eine objektive Lesart besitzen, wie z.B. *vor* nur in ihrer subjektiven Lesart direkt in die Tiefenstruktur eingeführt. In der objektiven Lesart gehen sie wie *vorn* auf ein Nomen bzw. Adjektiv in einer PP zurück *vor dem Haus* ≈ *an/bei des Hauses Vorderseite* (vgl. Kap. II.7). Relationale Adverbien, die zu Verbzusätzen (Präverbien) geworden sind, werden schließlich durch eine Wortbildungsregel im Lexikon erzeugt: aus *sitzen, liegen* und *stehen* wird *draufsitzen, draufliegen, draufstehen* usw. (vgl. *Renate sitzt da drauf* in Abb. 2.11).

SUBKATEGORISIERUNG

Dem komplexen Symbol, das zur lexikalischen Kategorie der Zeigwörter D_{adv} gehört, werden die Merkmale [± nah] und [± fern] zugeordnet:

$$[\pm D_{adv}] \rightarrow [\pm \text{nah}]$$
$$[-\text{nah}] \rightarrow [\pm \text{fern}]$$

Mit ihrer Hilfe sollen Kombinationen wie **dort h(er)oben*, **dort hüben* ausgeschlossen werden. Die Kategorien der Ortspräpositionen und -adverbien enthalten inhärente Merkmale [+ in], [+ an], [+ auf], die sich inhaltlich durch die lokalen Relationen L-IN, L-AN, L-AUF usw. deuten lassen. Die Zuordnung geschieht durch Regeln wie

$$[+\ \text{Präp}] \rightarrow \left\{ \begin{matrix} [+\ \text{in}] \\ [+\ \text{an}] \\ [+\ \text{auf}] \\ \vdots \end{matrix} \right\}$$

Im Normalfall werden die Merkmale in die gleichnamigen Lexeme überführt, z.B.:

$$\begin{bmatrix} +\ \text{Präp} \\ +\ \text{an} \end{bmatrix} : \ \textit{an}\ /\ [+\ \_\_\_\ \text{NP}]$$

$$\begin{bmatrix} +\ \text{Präp} \\ +\ \text{auf} \end{bmatrix} : \ \textit{auf}\ /\ [+\ \_\_\_\ \text{NP}]$$

Mitunter sind jedoch Alternativen zu berücksichtigen. So kann z.B. das Merkmal [+ in] auch durch *auf* realisiert werden: *im Nebel*, aber *auf der Post*. Entsprechend lautet der Eintrag:

$$\begin{bmatrix} +\ \text{Präp} \\ +\ \text{in} \end{bmatrix} : \ \begin{matrix} \textit{in}\ /\ [+\ \_\_\_\ \text{NP}][\pm\ \text{abstrakt}] \\ \textit{auf}\ /\ [+\ \_\_\_\ \text{NP}][-\ \text{abstrakt}][+\ \text{öffentlich}] \end{matrix}$$

Die inhärenten Merkmale ambiger Präpositionen wie *vor* und *hinter* erhalten Indizes, die den alternativen Explikaten entsprechen. Dabei werden die Merkmale der objektiven Lesart auch den Adjektiven zugewiesen, während die der subjektiven Lesart den Präpositionen vorbehalten bleiben:

$$\begin{bmatrix} +\ \text{Adj} \\ +\ \text{vor}_1 \end{bmatrix} : \ \textit{vorder}\ /\ [+\ \_\_\_\ \text{N}]$$

$$\begin{bmatrix} +\ \text{Präp} \\ +\ \text{vor}_2 \end{bmatrix} : \ \textit{vor}\ /\ [+\ \_\_\_\ \text{NP}]$$

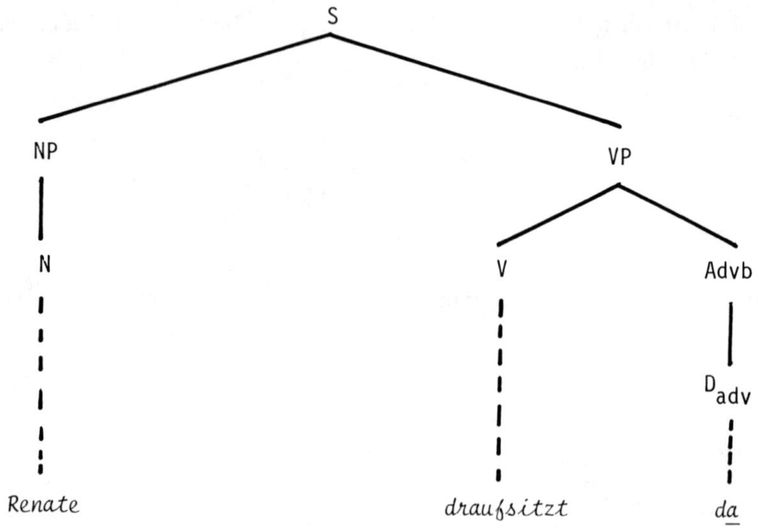

Abb. 2.11: Tiefenstruktur von *Renate sitzt <u>da</u> drauf.*

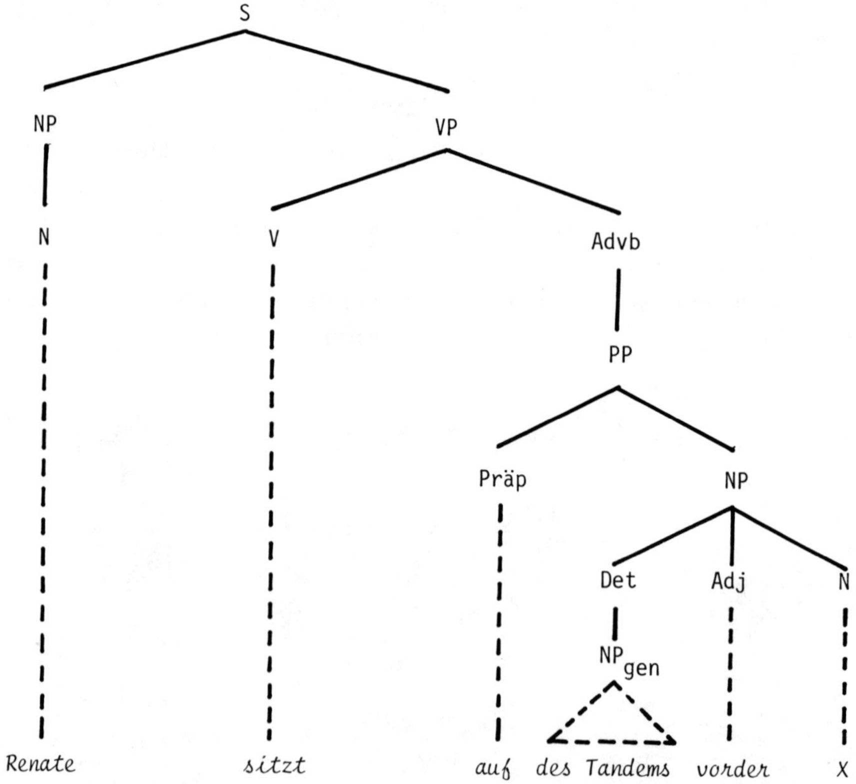

Abb. 2.12: Tiefenstruktur von *Renate sitzt auf dem Tandem vorn.*

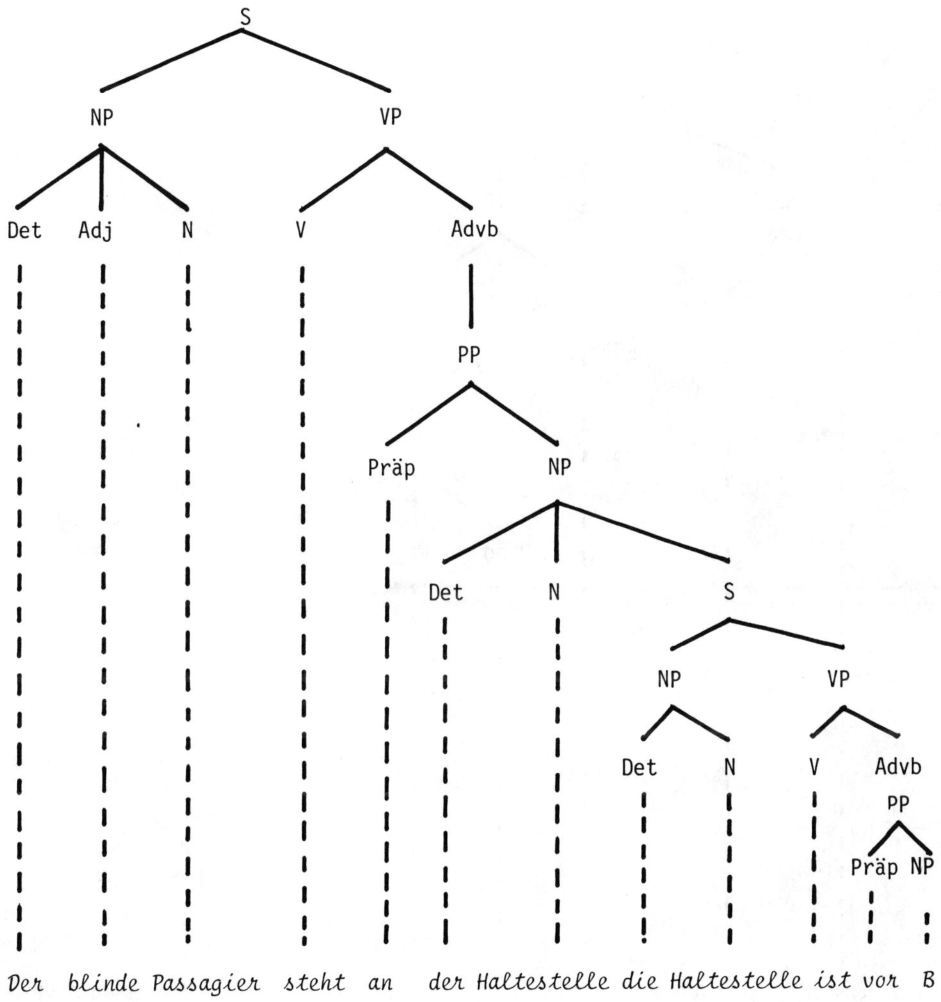

Abb. 2.13: Tiefenstruktur von *Der blinde Passagier steht an der Haltestelle vorn.*

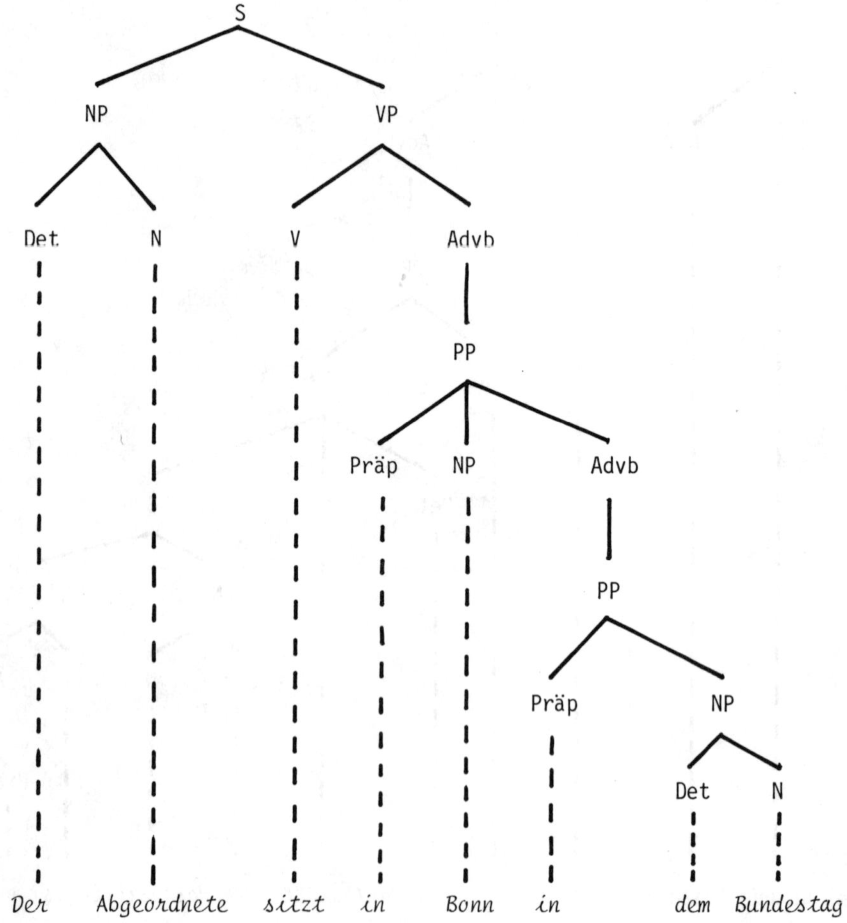

Abb. 2.14: Tiefenstruktur von *Der Abgeordnete sitzt in Bonn im Bundestag.*

ZUSAMMENHANG VON SYNTAX UND SEMANTIK

Sei L eine Variable für lokale Prädikate wie L-HIER(a), L-IN(a,b), L-ZWISCHEN(a,b,c) sowie für Konjunktionen oder Modifikationen derselben, dann ist (75) die allgemeine logische Darstellung eines räumlichen Zustandes:

(75) $L(\vec{a})$

Für den Zusammenhang von Syntax und Semantik gilt zu guter Letzt:

> Ein Zustandssatz mit einer von den Basisregeln (I) bis (VI) und dem Lexikon (i) bis (vii) erzeugten Tiefenstruktur ist dann und nur dann bezüglich des Referenzpunktes C wahr, wenn die Zustandsdarstellung (75) auf C zutrifft.

III. Vorgangssätze mit Richtungsangaben

1. Vorgang

Eine Tür schlägt zu. Dieser alltägliche Vorgang ist für den Logiker von Wright (1963: 28) nichts anderes als ein geordnetes Paar zweier Zustände: Tür auf - Tür zu. Der Begriff des Vorgangs wird also auf den des Zustandes zurückgeführt. Zustand ist ein Grundbegriff, der im Rahmen einer Veränderungs- und Handlungslogik durch Aussagenvariable dargestellt wird. So elegant diese Logik auch sein mag, dem Sprachwissenschaftler, der nicht den Vorgang an sich, sondern Vorgangssätze verschiedenster Art untersucht, genügt sie nicht. Warum? Zunächst scheint es nur dann sinnvoll, einen Vorgang in einzelne Zustände aufzulösen, wenn ein Folgerungszusammenhang zwischen entsprechenden Vorgangs- und Zustandssätzen besteht. Hier kommt es auf Nuancen an. Wenn ich berichte: *Ich bin ans andere Ufer geschwommen*, folgt daraus, daß ich erst im Wasser und dann am Ufer war. Sage ich aber: *Ich habe tüchtig geschwommen*, dann folgt allenfalls, daß ich im Wasser war. Im ersten Fall fasse ich den Schwimmvorgang als Ortsveränderung auf, sehe ihn unter dem Gesichtspunkt seines objektiven Ziels, so daß er in zwei Phasen zerfällt: nicht am Ufer, am Ufer. Im zweiten Fall sehe ich den Vorgang in seinem kontinuierlichen Verlauf, es kommt hier nur darauf an, daß und wie er ausgeführt wurde. Der Unterschied in der Sehweise drückt sich aus in der Wahl der sprachlichen Mittel: *sein*-Perfekt plus Richtungsangabe einerseits, *haben*-Perfekt plus Modaladverb andererseits. Diese Mittel sind nicht frei kombinierbar, ich darf z.B. nicht sagen **Ich habe ans Ufer geschwommen*. Wir können also Vorgangssätze erst dann angemessen logisch beschreiben, wenn wir sie zuvor linguistisch untersucht haben. Die linguistische Analyse sondert diejenigen Vorgangssätze aus, die eindeutig eine Zustandsveränderung bezeichnen. Sie zeigt ferner, daß ein Vorgangssatz mehr als zwei Zustände unterscheiden kann. Das trifft z.B. dann zu, wenn der Satz eine Richtungspräposition wie *durch* oder *über* (mit Akkusativ) enthält. *Ich bin über den Neckar geschwommen*, also war ich erst am einen, dann am anderen Neckarufer, aber vor allem war ich *im* Neckar.

Oder ich zähle die einzelnen Stationen einer Wanderung auf: *von A über B, C, D,... nach Z*. Solche Vorgänge sollten daher nicht wie bei von Wright als Paare, sondern als Mengen von Zuständen konzipiert werden. Schließlich ergeben nicht irgendwelche beliebigen Zustände einen Vorgang, sondern nur bestimmte, die zueinander passen. Es ist z.B. schwer vorstellbar, daß die beiden Zustände 'Der Durchmesser der genuteten Mutter beträgt (zur Zeit t_1) genau 3,33 cm' und 'Edgar ist (zur Zeit t_2) schwarzhaarig' einen Vorgang bilden. Die hier zu beobachtenden Beschränkungen lassen sich nur formulieren, wenn die besonderen Bedingungen der Zustände durch Prädikate dargestellt werden, so wie dies bei den räumlichen Zuständen durch die Prädikate L-IN(a,b), L-AN(a,b) etc. geschah.

Wir begreifen also einen Vorgang häufig, wenn auch nicht immer, als Zustandsveränderung. Diese besteht aus einer Menge zeitlich aufeinanderfolgender Zustände, die verschieden, aber vergleichbar sind. Zwei verschiedene Zustände können nur dann miteinander verglichen werden, wenn sie wenigstens eine identische elementare Einheit und eine Eigenschaft oder Beziehung desselben Typs aufweisen. Eine Ortsveränderung ist dann eine Menge von aufeinanderfolgenden, nicht nur zeitlich verschiedenen räumlichen Zuständen einer oder mehrerer elementarer Einheiten. Steht ein Vorgang unter der Kontrolle einer beteiligten Einheit, so sprechen wir von einer Handlung. Damit beschäftigt sich dann das fünfte Kapitel. Vorerst beschränken wir uns auf Vorgänge, die von selbst in natürlicher Weise auf eine Ortsveränderung hinauslaufen.

2. Ortsveränderung

Wir beschreiben Ortsveränderungen charakteristischerweise durch Sätze wie

(1) *Das Boot treibt vom Ufer weg.*
(2) *Der Ball rollt durch den Flur (hindurch).*
(3) *Die Flasche fliegt an die Wand.*

Im Zentrum solcher Sätze stehen intransitive Bewegungsverben, die eine Richtungsangabe verlangen. Sie haben die Form:

(4)	NP	V	Advb
		[+dyn]	[+dyn]

Da der eigentliche Ortswechsel durch die Richtungsangaben bezeichnet wird, während die Verben mehr die Art und Weise des Wechsels schildern, wollen wir die Richtungsangaben zunächst in reiner Form studieren, d.h. in Verbindung mit einem semantisch "leeren" Bewegungsverb. Ein solches Verb ist *gelangen*. Wir wählen daher einen *gelangen*-Satz (5) als Ausgangspunkt in der Annahme, daß dieser aus den Sätzen der Form (4) folgt[10]:

(5) NP *gelang* Advb [+dyn]

Der *gelangen*-Satz impliziert seinerseits eine Konjunktion von wenigstens zwei Zustandssätzen mit Ortsangaben:

(6) NP Kop (Neg) Advb [-dyn] <zur Zeit t_1>

und NP Kop (Neg) Advb [-dyn] <zur Zeit t_2>

(und NP Kop (Neg) Advb [-dyn] <zur Zeit t_i>

Die Folgerung

(4) ⇒ (5) ⇒ (6)

wird durch die Wahl des Tempus beeinflußt. Sie gilt uneingeschränkt, wenn das ursprüngliche Bewegungsverb im Perfekt steht, z.B.

Die Flasche ist an die Wand geflogen.
⇒ *Die Flasche ist an die Wand gelangt.*
⇒ *Die Flasche ist erst nicht an der Wand und dann an der Wand gewesen.*

Beim Präsens ist darauf zu achten, ob der Vorgang sein Ziel noch in der Gegenwart des Sprechers erreicht. Wenn ja, ergeben sich keine Probleme:

Die Flasche fliegt an die Wand.
⇒ *Die Flasche gelangt an die Wand.*
⇒ *Die Flasche ist erst nicht an der Wand und dann an der Wand.*

Was ist aber von der folgenden Begebenheit zu halten? Zwei Spaziergänger beobachten ein Flugzeug am Himmel. *Wohin fliegt denn die Maschine?* fragt der erste. *Nach Hongkong!* antwortet der zweite. Als das Flugzeug kurz darauf explodiert, schimpft der erste: *Lüge!* - Nein, die Angabe des Flugziels war keine Lüge, nicht einmal eine falsche Antwort. Denn wäre die Maschine nicht explodiert, dann wäre sie auch eines schönen Tages nach Hongkong gelangt. Die Behauptung, daß die Maschine nach Hongkong fliegt, läßt sich nur hypothetisch auf den konkreten Vorgang beziehen: die Maschine wird nur dann dorthin gelangen, nur dann dort sein, wenn höhere Gewalt dies nicht verhindert. Wie das Präsens macht auch das Futur hypothetische Aussagen, nur daß dieses weniger den natürlichen Lauf der Dinge betont als die Einstellung des Sprechers dazu. Die Logik der Folgerung (4) ⇒ (5) ⇒ (6) wird also durch das Präsens oder Futur komplizierter, weil diese Tempora Vorbehalte geltend machen. Um ihnen voll Rechnung zu tragen, ist eine Wahrscheinlichkeitslogik (vgl. Rescher, 1969) oder eine Logik des Gegenfaktischen (vgl. Lewis, 1973) erforderlich. Technische Ausführungen würden uns an dieser Stelle jedoch ablenken, denn das Tempus ändert - trotz aller Vorbehalte - nichts daran, daß ein Vorgangssatz der Form (4) einen Ortswechsel fixiert.

Wie die Beispiele (1) bis (3) zeigen, kann die Beschreibung den Anfangs-, den Übergangs- oder den Endzustand der Ortsveränderung hervorheben, kürzer: den Start, den Weg oder das Ziel.

(7) Start: Etwas gelangt von einem Ort weg.
(8) Weg : Etwas gelangt durch einen Ort.
(9) Ziel : Etwas gelangt an einen Ort.

Jede derartige Beschreibung läßt sich logisch durch eine dynamische Relation darstellen. Diese ist eine Konjunktion von meist zwei oder drei, in jedem Fall aber endlich vielen lokalen Relationen, die mit einem Zeitindex versehen sind. Eine dynamische Relation wird nach derjenigen räumlichen Beziehung benannt, die sie konkret angibt. Dabei zeigt ein hochgestelltes "s", "w" oder "z" an, ob der Start, der Weg oder das Ziel bestimmt wird. Im folgenden expliziere ich die allgemeinen Start-, Weg- und Zielbeschreibungen (7), (8), (9) durch die dynamischen Relationen $\text{D-AN}^s(a,b)$, $\text{D-AN}^w(a,b)$, $\text{D-AN}^z(a,b)$:

Es gibt Zeitpunkte t_1, t_2, t_3 aus T derart, daß t_1 vor t_2 und t_2 vor t_3 kommt und gilt:

$$\text{D-AN}^s(a,b) \quad \text{g.d.w.} \quad \text{L-AN}^{t_1}(a,b) \;\&\; \sim \text{L-AN}^{t_2}(a,b)$$

$$D\text{-}AN^{W}(a,b) \quad g.d.w. \quad \sim L\text{-}AN^{t_1}(a,b) \;\&\; L\text{-}AN^{t_2}(a,b) \;\&\; \sim L\text{-}AN^{t_3}(a,b)$$

$$D\text{-}AN^{Z}(a,b) \quad g.d.w. \quad \sim L\text{-}AN^{t_1}(a,b) \;\&\; L\text{-}AN^{t_2}(a,b).$$

Nimmt man die konkreten Sätze (1), (2) und (3) als Anwendungsbeispiele, wobei die Verben *treiben, rollen* und *fliegen* durch *gelangen* zu ersetzen und die vorkommenden Nomina durch die Argumente a und b darzustellen sind, so beobachten wir eine Unstimmigkeit zwischen der anschaulichen Wegbeschreibung (2) und der logischen Form $D\text{-}AN^{W}(a,b)$. Es muß im konkreten Fall $D\text{-}IN^{W}(a,b)$ heißen, da ein Ball *im* und nicht *am* Flur ist, während er hindurchrollt[11]. An dem allgemeinen Erklärungsschema ändert sich freilich nichts: eine Startbeschreibung benennt den Anfangszustand, der einen komplementären Zustand zur Folge hat, eine Wegbeschreibung gibt mindestens einen Zwischenzustand an und impliziert, daß davor und danach komplementäre Zustände herrschen, eine Zielbeschreibung bezeichnet den Endzustand, dem wiederum ein komplementärer Zustand vorausgeht. Dieses Erklärungsschema läßt sich dadurch begründen, daß wir das Gegenteil ad absurdum führen. Wandeln wir etwa die Sätze (1), (2), (3) so ab, daß sie gegen das Erklärungsschema verstoßen, dabei aber grammatisch korrekt bleiben, dann erscheinen sie dem kompetenten Sprecher unsinnig:

? *Das Boot treibt von dem Ufer weg, an dem es nicht gewesen ist.*
? *Während der Ball durch den Flur rollt, ist er nicht im Flur.*
? *Die Flasche, die an die Wand fliegt, kommt nicht an (der Wand an).*
? *Nachdem das Boot vom Ufer weggetrieben ist, ist es noch immer am Ufer.*
? *Der Ball blieb im Flur, durch den er hindurchrollte.*
? *Die Flasche an der Wand fliegt an die Wand.*

Wird ein einziger Vorgang durch mehrere Richtungsangaben beschrieben, dann fällt eine lokale Relation, die von einem Adverbial behauptet wird, meist zeitlich zusammen mit einer anderen Beziehung, die von einem zweiten Adverbial ausgeschlossen wird. So gibt es in (1o)

(10) *Der Ball rollt aus dem Zimmer durch den Flur in die Küche.*

nicht sieben, sondern nur drei sprachlich relevante Zeitpunkte: zum ersten Zeitpunkt ist der Ball im Zimmer und nicht im Flur, zum zweiten Zeitpunkt ist er im Flur, aber nicht mehr im Zimmer und noch nicht in der Küche und zum dritten Zeitpunkt ist er endlich in der Küche, also nicht mehr im Flur. Wir identifizieren folglich eine Konjunktion von drei dynamischen Relationen

$$\text{D-IN}^{S}(a,b) \;\&\; \text{D-IN}^{W}(a,c) \;\&\; \text{D-IN}^{Z}(a,d)$$

mit einer Konjunktion von sieben lokalen Beziehungen, die sich auf drei verschiedene Zeitpunkte beziehen:

$$\text{L-IN}^{t_1}(a,b) \;\&\; \sim \text{L-IN}^{t_1}(a,c)$$
$$\&\; \sim \text{L-IN}^{t_2}(a,b) \;\&\; \text{L-IN}^{t_2}(a,c) \;\&\; \sim \text{L-IN}^{t_2}(a,d)$$
$$\&\; \sim \text{L-IN}^{t_3}(a,c) \;\&\; \text{L-IN}^{t_3}(a,d).$$

3. Richtungsangaben

Im Gegensatz zu Ortsangaben dürfen Richtungsangaben nur zusammen mit Bewegungs- (*rollen, laufen*) und Richtungsverben (*zeigen, ragen*) verwendet werden, also nur mit dynamischen, nicht mit statischen Verben (*sitzen, stehen, liegen*). So ist (11) kein grammatisch korrekter Satz, wohl aber (12), (13) und (14):

(11) **Fräulein Alt sitzt in den Wald.*
(12) *Fräulein Alt läuft in den Wald.*
(13) *Fräulein Alt sitzt im Wald.*
(14) *Fräulein Alt läuft im Wald.*

Die Beispiele zeigen die unterschiedliche Verteilung von Richtungs- und Ortsangaben. Während Richtungsangaben nur als enge (obligatorische oder fakultative) Ergänzung dynamischer Verben auftreten, können Ortsangaben in der Umgebung so verschiedener Verben vorkommen wie *sitzen* und *laufen, jodeln* und *kegeln, nachdenken* und *sich verrenken*. Daher sind die Ortsangaben - sieht man einmal von *sitzen, stehen* und ähnlichen Fällen ab - nicht an das Verb gebunden. Meist können sie beliebig hinzugefügt oder weggelassen werden. Sie modifizieren dann nicht das Verb, sondern den Satz ("Satzadverbiale"). Entsprechend unterscheiden sich die logischen Deutungen von (12) und (14). Während die Richtungsangabe in (12) bewirkt, daß der vom Verb bezeichnete Laufvorgang diskontinuierlich gesehen wird,

Erst ist Fräulein Alt nicht im Wald, dann ist sie im Wald.

lokalisiert die Ortsangabe in (14) den Laufvorgang:

Fräulein Alt läuft. Das Laufen geschieht im Wald.

Diese Deutung ist unabhängig von der Art des Vorgangs. Es kann sich ebensogut um einen Denkvorgang handeln:

Fräulein Alt denkt nach. Das Nachdenken geschieht im Wald.

Betrachten wir die raumbezogenen Präpositionen, so erkennen wir meist schon am Kasus des folgenden Nominals, ob Richtung oder Ort gemeint sind. Der Akkusativ zeigt die Richtung an (*wohin?*), Dativ oder Genitiv den Ort (*wo?*):

in den Wald	:	*in dem Wald*
auf den Boden	:	*auf dem Boden*
den Fluß entlang	:	*entlang dem Fluß*
		oder
		entlang des Flusses

Wo das nicht so ist, sind die Lexeme verschieden. Als spezifische Richtungspräpositionen gelten: *ab, aus, bis, durch, gegen, nach, von, zu*. Das Deutsche unterscheidet also - anders als z.B. das Französische oder Englische (vgl. Kap. VI) - konsequent zwischen Ort und Richtung. Nur die Präposition *um* macht eine Ausnahme, da sie ohne Kasuswechsel mit dynamischen wie mit statischen Verben kombinierbar ist.

Schließlich kommen die Richtungspräpositionen auch in Zusammensetzungen vor. Diese fungieren teils als Zeigwörter (*von hier, hieraus*), teils als Pro-Adverbiale (*davon, dadurch*), teils als relationale Adverbien (*herüber, hinüber*), teils als Präpositions- oder Verbzusätze (*herum*). Ob zusammengesetzt oder nicht - die Richtungsangaben lassen sich inhaltlich danach gliedern, welchen Aspekt der Ortsveränderung sie hervorheben: den Start, den Weg, oder das Ziel (vgl. Tab. 3.1).

	Richtungspräpositionen	zusammengesetzte Richtungsangaben
START	*(ab), aus, von*	*von* { *(dr)oben / (dr)unten / vorn / hinten / links / rechts / (dr)innen / (dr)außen / (dr)üben / da / dort* } *(her)* { *da / hier-* } { *von / (r)aus* } { *her- / hin-* } *aus* { *her- / hin-* } *ab* *hinweg*
WEG	*durch, entlang, längs, um, über*	{ *oben / unten / : / da / hier* } { *durch / entlang / längs / (he)rum* } { *her- / hin-* } *über* *herum* *hindurch*
ZIEL	*an, auf, bis, (durch), (entlang), gegen, hinter, in, (längs), nach, neben, über, (um), unter, vor, zu, zwischen*	*nach* { *oben / : / dort* } { *her- / hin-* } { *auf / ein / unter* }

Tab. 3.1: Gliederung der Richtungsangaben im Deutschen

4. Start

Im Grunde gibt es nur zwei Startpräpositionen: *aus* und *von*. *Ab* ist eher ein Verbzusatz, der nur in Verbindung mit unflektierten Ortsbestimmungen (*ab Berlin, ab Lager*) oder regional - so in der Schweiz - als Präposition verwendet wird (*ab dem Berg*). *Aus* bestimmt einen Bereich, der verlassen wird: jemand steigt *aus dem Bett*, geht *aus dem Haus* und fährt *aus der Stadt (heraus)*. Um all dies tun zu können, muß man erst *im Bett, im Haus* und *in der Stadt* gewesen sein, d.h. die Beziehung zwischen *aus* und *in* ist sprachlich gegeben, nicht aus der Luft gegriffen. Die Redewendung - *etwas aus der Luft greifen* - zeigt übrigens, daß der Herkunftsbereich keinen erkennbaren Rand zu haben braucht, genau wie ein durch *in* charakterisierter Ort. Wenn ein Kontakt verlorengeht, sagen wir *von*: die Äpfel fallen *vom Baum*, das Plakat löst sich *von der Wand*, das Wasser tropft *vom Dach*, der Reiter steigt *vom Pferd*. Vorher waren die Äpfel *am Baum*, das Plakat war *an der Wand*, das Wasser *auf dem Dach* und der Reiter *auf dem Pferd*. Daß *von* zu *an* und *auf* in einer charakteristischen Beziehung steht, macht die inhaltliche Verwandtschaft dieser zwei Präpositionen erneut deutlich: 'auf' ist ein Spezialfall von 'an', in dem der Kontakt auf den oberen Rand der Lokalisationsbasis beschränkt ist. Wir unterscheiden *aus* und *von* wie folgt (Zur Bestimmung der Startbeziehung vgl. Kap. III.2):

Explikandum:	Explikat:
a gelangt aus b (hinaus)	$D\text{-}IN^S(a,b)$
a gelangt von b (weg)	$D\text{-}AN^S(a,b) \vee D\text{-}AUF^S(a,b)$

Dieser Unterschied ist auch in den speziellen Verbindungen mit Städte- oder Ländernamen greifbar. Wenn Frank *aus Berlin* kommt, dann folgt daraus, daß Frank *in Berlin* geboren ist oder sich zumindest lange Zeit dort aufgehalten hat. Kommt er jedoch *von Berlin*, dann hatte er nur vorübergehend Kontakt mit der Stadt. Wird eine Ortschaft als Randpunkt einer Strecke aufgefaßt, sagt man *von* - *Die Straße führt von A-Dorf nach B-Dorf* -, andernfalls *aus*: *Die Straße führt aus A-Dorf heraus nach B-Dorf*.

Wir beobachten häufig, daß die Startpräpositionen mit anderen Adverbien zusammenwirken: *aus ... heraus, aus ... hinaus, aus ... weg, von ... ab, von ... weg*. Diese Adverbien sind i.a. als Attribute des Präpositionals aufzufassen. So wird in dem Satz

Er fährt aus der Garage $\left\{\begin{array}{c}\textit{hinaus}\\ \textit{heraus}\end{array}\right\}$.

der Startraum Garage durch die Information näher bestimmt, ob sich der Sprecher real bzw. attentional darin aufhält (*hinaus*) oder nicht (*heraus*). Wird diese nähere Bestimmung bereits durch das Verb übermittelt, dann entfällt die Opposition *her* : *hin* und das Adverb liefert keine neue Information:

Er geht aus der Garage $\left\{\begin{array}{c}\textit{hinaus}\\ *\textit{heraus}\end{array}\right\}$.

Er kommt aus der Garage $\left\{\begin{array}{c}*\textit{hinaus}\\ \textit{heraus}\end{array}\right\}$.

In solchen Fällen ist das Adverb bei gegebenem Präpositional vorhersagbar, im Kontext sprecherneutraler Verben jedoch nicht:

(15) *Er fährt das Auto aus der Garage.*

(16) *Er fährt das Auto* $\left\{\begin{array}{c}\textit{hinaus}\\ \textit{heraus}\end{array}\right\}$.

(17) *Er fährt das Auto aus der Garage* $\left\{\begin{array}{c}\textit{hinaus}\\ \textit{heraus}\end{array}\right\}$.

(17) kann weder aus (15) noch aus (16) eindeutig rekonstruiert werden. Präpositional und Adverb ergänzen sich in (17) gegenseitig. Da sie nebeneinander verwendet werden, können wir nicht sagen, daß ein Ausdruck den anderen vertritt oder ersetzt.

Bis zu einem gewissen Grade verhalten sich die Partikel *ab* und *weg* ähnlich wie *hinaus* und *heraus*. So kann eine zu (15) bis (17) parallele Satzfolge gebildet werden,

(18) *Er nimmt das Tuch vom Tisch.*

(19) *Er nimmt das Tuch* $\left\{\begin{array}{c}\textit{ab}\\ \textit{weg}\end{array}\right\}$.

(20) *Er nimmt das Tuch vom Tisch* $\left\{\begin{array}{c}\textit{ab}\\ \textit{weg}\end{array}\right\}$.

wo der letzte Satz sich ebenfalls nicht aus einem der vorhergehenden erschließen läßt. Abgesehen vom Inhalt - *ab* bezeichnet eine vertikale, *weg* eine horizontale Bewegungsrichtung - unterscheiden sich jedoch *ab* und *weg* kategorial von *hinaus* und *heraus*: Erstens sind *ab* und *weg* keine Zeigwörter. Sie können jedenfalls nicht äußerungsreflexiv definiert werden wie *hinaus* oder *heraus*. Z.B. kann man sagen, daß *hinaus* eine Bewegung aus dem Raum bezeichnet, in dem das Wort *hinaus* geäußert wird (vgl. Latzel, 1979: 12). Eine vergleichbare Definition ist für *ab* oder *weg* nicht möglich. Zweitens gehen *ab* und *weg* eine engere Verbindung mit dem Verb ein als *hinaus* und *heraus*. Sie verschmelzen mit dem Verb zu vielfältigen neuen semantischen Einheiten: *abdrehen, abmahen, abfallen, abhaken, abfressen,...,wegdrehen, wegmachen, wegfallen, wegharken, wegfressen* ... Wie erwähnt kann *ab* auch als Präposition gebraucht werden. *Ab* ist in dieser Verwendung semantisch äquivalent zu der Konstruktion *von* ... *ab* (+ Verb) und kann als Reduktionsresultat erklärt werden:

Der Bus fährt ab Rathaus. ⇔ *Der Bus fährt vom Rathaus ab.*

5. Weg

Als Wegpräpositionen bezeichnen wir *durch, entlang, längs, um* und *über*. Diese Gruppe ist klar von den Startpräpositionen abgegrenzt, doch zu den Zielpräpositionen hin ist die Grenze offen. Zumindest im Kontext resultativer transitiver Verben können die genannten Verhältniswörter das Ziel einer Handlung angeben:

(21) *Sie hat den Faden durch das Nadelöhr gefädelt.*
(22) *Sie haben den Fluß entlang Pappeln gepflanzt.*
(23) *Er hat die Binde um das kranke Bein gewickelt.*
(24) *Er hat die Lampe über den Tisch gehängt.*

Im intransitiven Fall indes überwiegt die Wegangabe:

(25) *Die Bahn ist durch den Tunnel gefahren.*
(26) *Der Knabe ist den Fluß entlang ins Dorf gegangen.*
(27) *Das Mädchen ist um das Haus herum in den Wald gegangen.*
(28) *Der Hund ist über den Zaun gesprungen.*

Durch und *um* (... *herum*) können auch zur globalen Lokalisierung einer Bewegung verwendet werden, ohne daß man Weg und Ziel der Bewegung unterscheidet:

Die Bahn fuhr weiter durch die Stadt.
Das Mädchen lief immer um das Haus herum.

Wenn *über* oder *entlang* diese Funktion übernehmen sollen, ist ein Kasuswechsel erforderlich (*über*) oder zumindest möglich (*entlang*):

Der Adler kreiste über dem Feld.
Sie gingen immer {*entlang dem Fluß* / *entlang des Flusses*} .

Die potentielle Mehrdeutigkeit der Wegpräpositionen kann durch vielerlei Kontexthilfen ausgeschlossen werden - z.B. durch das Verb (intransitives oder transitives Verb), durch das Nomen im Skopus der Präposition (spezifisches Weg-Nomen *durch den Tunnel*, *durch das Tor*, *durch das Fenster* im Gegensatz zu einem unspezifischen Orts-Nomen *durch die Stadt*, *durch das Land*, *durch die Luft*) oder durch zusätzliche Richtungsadverbien wie *hindurch*, *hinüber*, *herüber* oder *hinweg*. So schließt *hindurch* eine unspezifische Ortsbeschreibung aus und erzielt eine perfektive Wirkung:

Die Bahn fuhr durch die Stadt hindurch.

Kaum vorstellbar, daß diese Bahn mitten in der Stadt von einem Lastzug zu Schrott gefahren wurde! Nur wenn *über* den Weg hervorhebt, kann es durch weitere Richtungsadverbien ergänzt werden: der Hund kann zwar *über den Zaun hinüber*, *herüber* oder *hinweg* springen, man kann aber die Lampe nicht *über den Tisch hinüber*, *herüber* oder *hinweg* hängen. *Ich bin über den Neckar (hinüber)geschwommen* ist kognitiv synonym mit *Ich bin durch den Neckar (hindurch)geschwommen*, denn beidesmal bin ich *im Neckar* gewesen. Es gibt jedoch einen Unterschied in der Perspektive oder Vorstellung: das erste Mal ist der Neckar eine überquerte Fläche, das zweite Mal ein durchquerter Raum. *Entlang*, *längs* und *um* schließen im Fall, daß sie ein Ziel hervorheben, eine weitere Zielangabe aus. Als Wegangaben sind diese Präpositionen wie in (26) und (27) erweiterbar, sie haben aber kein direktes statisches Äquivalent. Während aus den Zielbeschreibungen (22) und (23) ein entsprechender Zustandssatz mit gleichlautender Präposition gefolgert werden kann, folgt aus den Wegbeschreibungen (26) und (27) lediglich ein Zustandssatz mit den Präpositionen *an*, *auf* oder *bei*:

(22) *Sie haben den Fluß entlang Pappeln gepflanzt.*
⇒ (22a) *Die Pappeln stehen entlang dem Fluß.*

(23) *Er hat die Binde um das kranke Bein (herum)gewickelt.*

⇒ (23a) *Die Binde ist um das kranke Bein herum.*

(26) *Der Knabe ist* { *den Fluß* / *die Straße* } *entlang ins Dorf gegangen.*

⇒ (26a) *Der Knabe ist* { *am Fluß* / *auf der Straße* } *gewesen.*

(27) *Das Mädchen ist um das Haus herum in den Wald gelaufen.*

⇒ (27a) *Das Mädchen ist beim Haus gewesen.*

Versucht man in (26a) *an* und *auf* durch *entlang* und in (27a) *bei* durch *um ... herum* zu ersetzen, so ergeben sich unakzeptable Sätze:

**Der Knabe ist entlang* { *dem Fluß* / *des Flusses* / *der Straße* } *gewesen.*

**Das Mädchen ist um das Haus herum gewesen.*

Da das Verhältniswort *durch* ohnehin nicht mit Zustandsverben zusammengeht, können wir *durch* nur auf eine anderslautende Ortspräposition - im Normalfall auf *in* - beziehen. Die gesammelten sprachlichen Fakten legen die folgende Explikation nahe:

Explikandum:	Explikat:
a gelangt durch b hindurch	D-IN^{W}(a,b)
a gelangt { *entlang* / *längs* } *b an ein Ziel*	D-AN^{W}(a,b) v D-AUF^{W}(a,b)
a gelangt um b herum an ein Ziel	D-BEI^{W}(a,b)
a gelangt über b hinüber oder herüber oder hinweg	D-ÜBER^{W}(a,b) v D-IN^{W}(a,b)

Zweifellos setzen *entlang* und *längs* sowie *um ... herum* charakteristische ideale Formen des Weges voraus: Gerade und Kreis. Damit diese mit den "formlosen" Relationen D-AN^{W}(a,b), D-AUF^{W}(a,b) und D-BEI^{W}(a,b) nachgezeichnet werden können, müssen die zugrundeliegenden lokalen Beziehungen L-AN(a,b), L-AUF(a,b) und L-BEI(a,b) wenigstens zu drei verschiedenen Zeitpunkten an drei verschiedenen Orten gelten. Die drei Orte liegen in hinreichender Entfernung voneinander auf einem Weg, der parallel zu b verläuft (*entlang, längs*) oder b einkreist (*um ... herum*):

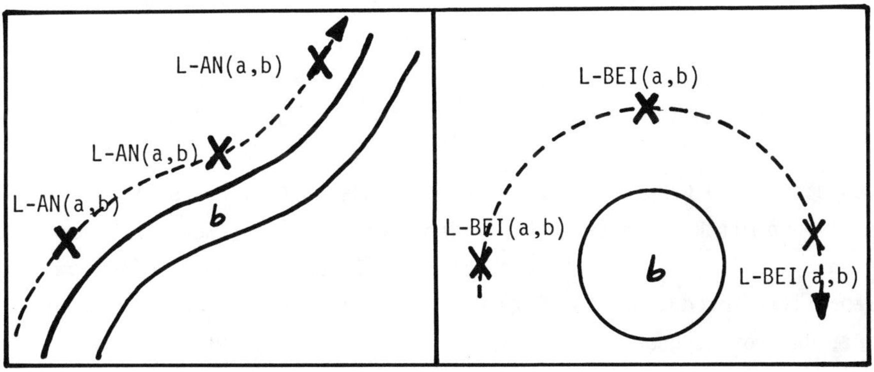

Allerdings können auch die so erweiterten Explikate die Bedeutung der Wegpräpositionen nur unvollständig rekonstruieren, weil das Konzept des Weges letztlich einem Kontinuum von Zuständen entspricht. Jeder Versuch, das Kontinuum durch wenige momentane Zustände zu erfassen, kann bestenfalls eine Annäherung sein.

6. Ziel

Die deutsche Sprache lenkt unser Augenmerk vor allem auf das Ziel einer Bewegung, hält sie doch dafür weit mehr Lexeme bereit als für den Start oder den Weg. So stehen den 3 Start- und den 5 Wegpräpositionen nicht weniger als 17 Zielpräpositionen gegenüber! Die größte Gruppe bilden diejenigen Präpositionen, die die Wahl zwischen Dativ und Akkusativ erlauben: *an, auf, hinter, in, neben, unter, vor, zwischen*. Als obligatorische oder fakultative Ergänzungen von Bewegungsverben regieren sie den Akkusativ und bezeichnen ein Ziel, das in einer statischen Beschreibung durch dieselben Präpositionen plus Dativ wiedergegeben wird. Entsprechend lautet dann die Explikation:

Explikandum:	Explikat:
a gelangt an b	D-AN^{Z}(a,b)
a gelangt auf b	D-AUF^{Z}(a,b)
a gelangt hinter b	D-HINTER^{Z}(a,b)

Explikandum:	Explikat:
a gelangt in b	$D\text{-}IN^Z(a,b)$
a gelangt neben b	$D\text{-}NEBEN^Z(a,b)$
a gelangt unter b	$D\text{-}UNTER^Z(a,b)$
a gelangt vor b	$D\text{-}VOR^Z(a,b)$
a gelangt zwischen b und c	$D\text{-}ZWISCHEN^Z(a,b,c)$

Auch die zweite Gruppe ist schon bekannt. Sie enthält Präpositionen, die in Verbindung mit Richtungsadverbien oder Zielangaben den Weg hervorheben: *durch, entlang, längs, um, über*. Erscheinen diese Präpositionen in einem Kontext transitiver Verben, der keine zusätzlichen Richtungs- oder Zielangaben zuläßt, dann bezeichnen sie ein Ziel (vgl. Kap. III.5). Also:

Explikandum:	Explikat:
a gelangt durch b (und nicht nach c)	$D\text{-}IN^Z(a,b)$
a gelangt {*entlang* / *längs*} *b (und nicht nach c)*	$D\text{-}ENTLANG^Z(a,b)$
a gelangt um b herum (und nicht nach c)	$D\text{-}UM^Z(a,b)$
a gelangt über b (und nicht nach c)	$D\text{-}ÜBER^Z(a,b)$

Übrig bleibt eine Gruppe rein dynamischer Präpositionen: *bis, gegen, nach, zu*. Diese lassen sich in ähnlicher Weise auf entsprechende Ortspräpositionen beziehen, wenn gewisse Einschränkungen und Bedingungen beachtet werden. *Zu* ist die dynamische Variante von *bei*: wer *zu den Eltern, zu Onkel und Tante, zum Arzt, zum Bäcker, zu Schulzes* oder *zu Meiers* gegangen ist, war *bei* diesen Personen. Auch wer sich *zum Haus, zum Wald* oder *zum See* begeben hat, war zunächst einmal *bei* und nicht notwendig *in* den genannten Örtlichkeiten. Nur wenn der Ort den Charakter einer öffentlichen Einrichtung besitzt, in welcher der Besucher eine bestimmte Rolle spielt, folgt aus *zu* auch *in*: *zur Schule, zur Kirche, zur Post gehen* heißt i.a. *hineingehen* und nicht *außen vor* bleiben. *Gegen* ist mit *an* zu vergleichen: der Regen, der *gegen* eine Mauer klatscht, läuft als Wasser *an* der Mauer herunter, wer sich *gegen* eine Tür wirft, ist auch *an* der Tür, und ein Auto, das *gegen* einen Baum gefahren ist, hatte gewiß innigen Kontakt mit demselben. Im Unterschied zu *an* betont *gegen*, daß das Ziel dem bewegten oder sich bewegenden Objekt Widerstand entgegensetzt.

Explikandum:	Explikat:
a gelangt zu b Bedingung: *b* bezeichnet keine öffentliche Einrichtung	$D\text{-}BEI^{Z}(a,b)$
a gelangt gegen b Bedingung: *gegen* impliziert *an*	$D\text{-}AN^{Z}(a,b)$ $\& \ \exists y(KRAFT(y) \ \& \ HAT(b,y)$ $\& \ WIRK\text{-}AUF(y,a))$

Bis und *nach* stehen vor Orts- und Ländernamen, sofern diese ohne Artikel gebraucht werden. In Kontexten wie

Wir sind { *nach England* / *nach Dänemark* / *in die Schweiz* } *geflogen.*

fassen wir *bis* und *nach* als Varianten von *in* auf. *Bis* sagt aber noch mehr als *nach* oder *in*. Wenn wir *nach Dänemark* geflogen sind, dann war Dänemark das Ziel unserer Flugreise, aber nicht notwendig die Endstation, die es wäre, wenn wir sagten: *Wir fliegen bis (nach) Dänemark*. So können wir zwar behaupten: *Diese Reise führte uns nach Dänemark und nach Schweden*, aber nicht: **Diese Reise führte uns bis (nach) Dänemark und (bis) nach Schweden. a gelangt bis b* besagt: a gelangt nach b, und die Umstände lassen es nicht zu, daß a auf derselben Reise b durchquert.

Explikandum:	Explikat:
a gelangt nach b	$D\text{-}IN^{Z}(a,b)$
a gelangt bis b	$D\text{-}IN^{Z}(a,b)$ $\& \ \exists X(\sim ZULASS(D\text{-}IN^{W})(X,a,b))$
Bedingung: *b* ist ein Orts- oder Ländername, der ohne Artikel gebraucht wird.	

Bis kann mit *nach* und fast allen Zielpräpositionen verbunden werden (Ausnahmen: *?bis gegen die Wand, ?bis durch den Tunnel, *bis entlang der Straße, *bis längs der Kante*), um das jeweilige Ziel als Endziel zu charakterisieren. *Bis* und *nach* gehen auch mit verschiedenen Ortsadverbien zusammen - z.B. *bis dort drüben, nach links, nach rechts* - und schließen auf diese Weise manche lexikalische Lücke. Denn so differenziert das Ziel einer Bewegung durch dynamische Präpositionen auch erfaßt werden mag, so bleiben doch alle Ortspräpositionen, die obligatorisch den Genitiv regieren - *außerhalb, diesseits, innerhalb, jenseits, links, oberhalb, rechts, unterhalb* -, ohne ein dynamisches Pendant.

7. Präverbien

Wenn ein braver Ehemann hinter seine Gattin geht, heißt das nicht, daß er seine Gattin hintergeht. Bei *gehen hinter* wird das Verhältniswort *hinter* in seiner konkreten räumlichen Bedeutung verstanden, während es in *hintergehen* eine abstraktere Bedeutung ausdrückt. Dies zeigt sich strukturell darin, daß *hinter* im letzteren Falle ein fester untrennbarer Bestandteil des Verbs ist, wobei das Verb den Akzent trägt. Im ersten Fall ist *hinter* eine Richtungspräposition, die unbedingt eine nominale Ergänzung verlangt. Ein anderes Beispiel ergibt sich aus der Verbindung von *gehen* mit *über*. Hier haben wir sogar alle drei Möglichkeiten, die überhaupt vorkommen können:

	Verb + Präposition	Verb + trennbares Präverb	Verb + untrennbares Präverb
Satzrahmen im Präsens	x *geht über* y	x *geht zu* y *über*	x *übergeht* y
Infinitiv mit Akzent	*g<u>e</u>hen <u>ü</u>ber*	*<u>ü</u>bergehen*	*überg<u>e</u>hen*
Infinitiv mit *zu*	*über...zu gehen*	*überzugehen*	*übergehen*
Partizip Perfekt	*über...gegangen*	*übergegangen*	*übergangen*

Bei den folgenden Verbindungen gibt es drei Gruppen:

	unabhängig	trennbar	untrennbar
I *gehen-über*	*g<u>e</u>hen <u>ü</u>ber*	*<u>ü</u>bergehen*	*überg<u>e</u>hen*
II *gehen-unter*	*g<u>e</u>hen <u>u</u>nter*	*<u>u</u>ntergehen*	———
III *gehen-hinter*	*g<u>e</u>hen h<u>i</u>nter*	———	*hinterg<u>e</u>hen*

Der vom Verb unabhängige Gebrauch der Richtungspräpositionen läßt sich anhand unserer Explikation beschreiben. Auch die Bedeutung der trennbaren Präverbien können wir noch auf der Basis unserer Explikate nachvollziehen, wenn lediglich die NP des ursprünglichen Präpositionals getilgt wurde: *das Schiff geht unter* < *das Schiff geht unter die Wasseroberfläche*. Im Falle von *übergehen* handelt es sich zwar um ein relationales Adverb, das zum Präverb wurde - *hinüber* -, aber die konkrete Bedeutung wird auch hier offensichtlich, wenn man nur die Silbe *hin* ergänzt: *die Soldaten gingen zum Feind über* < *die Soldaten gingen zum Feind hinüber*.

Ungleich mehr Phantasie ist erforderlich, um die Bedeutungen der untrennbaren Verbzusammensetzungen zu rekonstruieren: *die Gattin hintergehen* < *hinter die Gattin gehen, um sie unbemerkt zu betrügen*? (Vgl. engl. *to go behind somebody's back*.) Hier wird das gesamte Verbgefüge übertragen verwendet, Verb und Präposition verschmelzen zu einem Ganzen, dessen semantische Funktion nicht einfach eine Funktion der Bedeutungen seiner Teile ist. Die Bedeutungsentwicklung vom Konkreten hin zum Abstrakten läßt sich, ungeachtet diverser Ausnahmen und historischer Zufälligkeiten, durch das nachstehende Diagramm veranschaulichen:

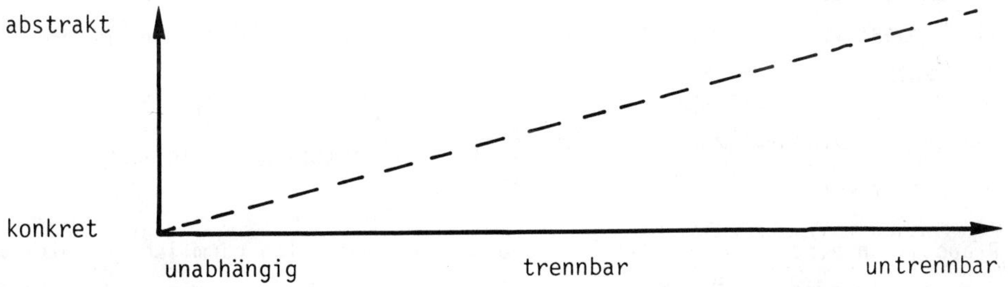

Während sich hier der semantische Wandel an einer Veränderung der Morphosyntax ablesen läßt, wollen wir auf den folgenden Seiten den semantischen Wandel von Verhältniswörtern nachzeichnen, die ihre syntaktische Rolle als Präposition beibehalten.

8. Nominale zweiter Ordnung

Wir machen häufig von der Möglichkeit Gebrauch, einen Vorgang durch ein Nominal zweiter Ordnung zu bezeichnen. Kraft der Wortbildung unserer Sprache sind wir imstande, Vorgangssätze oder Teile von ihnen in der Form abgeleiteter Nominale in neue Sätze einzubringen. Eine semantische Interpretation sollte diesen sprachlichen Zusammenhang nachvollziehen. So ist die Phrase (29) auf den tempuslosen Vorgangssatz (30) zurückzuführen, der seinerseits durch die dynamische Relation (31) interpretiert werden kann:

(29) *Vaters Fahrt ins Kattegat*
(30) *Vater fahr- ins Kattegat*
(31) $\text{D-IN}^{z}(a,b)$

Statt das Nominal zweiter Ordnung direkt zu deuten, interpretiere man den zugrundeliegenden Satz und die darin zum Vorschein kommenden einfachen Nominale. Wo eine solche Reduktion nur schwer oder gar nicht möglich ist wie z.B. bei Zeitbegriffen, kann man die Einheiten zweiter Ordnung mitunter als räumliche Bereiche begreifen. *In Südamerika (nicht in Nordeuropa) ist Sommer* heißt dann, daß der Sommer im Kernbereich Südamerikas angesiedelt ist.

Im Gegensatz zu den einfachen Nominalen treten die der zweiten Ordnung als Subjekt von Verben wie *stattfinden, geschehen, zustandekommen, passieren* etc. auf:

{ *Vaters Fahrt ins Kattegat* / **Vater* } *fand am Jahresanfang statt.*

Präpositionen, die in Verbindung mit einfachen Nominalen räumlich gedeutet werden, erhalten in der Umgebung von Nominalen zweiter Ordnung eine zeitliche Bedeutung:

Vor { *(dem) Vater* / *Vaters Fahrt ins Kattegat* }

Es stellt sich nun die Frage, ob die zeitliche Bedeutung dieser Präpositionen mit der räumlichen strukturell verwandt ist oder ob gar die zeitliche auf die räumliche Bedeutung zurückgeführt werden kann, und wenn ja, wie.

9. Verräumlichte Zeit

Nach einer häufig vertretenen Auffassung haben sich die Zeitadverbiale historisch aus den Orts- und Richtungsadverbialen entwickelt. Betrachtet man etwa die in der Duden-Grammatik (1973: § 810) aufgeführten Zeitpräpositionen - *ab, an, auf, aus, außerhalb, bei, binnen, bis, für, gegen, in, innerhalb, mit, nach, pro, seit, über, um, unter, von, vor, während, zeit, zu, zwischen* -, dann stellt man fest, daß die meisten mit den vorher untersuchten Orts- und Richtungspräpositionen identisch sind. In all diesen Fällen hält die etymologische Forschung (vgl. Grimm, DWB; Kluge, 1975; Pokorny, IEW) die räumliche Bedeutung für die ursprüngliche. Nur sechs Präpositionen haben keine aktuelle räumliche Bedeutung, nämlich *binnen, für, pro, seit, während, zeit*; dennoch kann in den ersten drei Fällen ein räumlicher Ursprung nachgewiesen werden (vgl. Tab. 3.2). Übrigbleiben *seit, während* und *zeit*. *Während* ging erst im 18. Jahrhundert aus dem Partizip Präsens von *währen* hervor (z.B. *während des Krieges* aus *währendes Krieges*, vgl. auch frz. *durant la guerre*), ist also eine relativ späte Bildung auf einer Sprachstufe, die das Zeitkonzept schon weitgehend in seiner heutigen Form realisiert hat. *Seit* läßt sich über die Adverbien ahd. *sīd*, aisl. *sīd*, got. *seiþus* an die indogermanische Wurzel **sēi-* anschließen, deren Bedeutungen mit 'entsenden, werfen, fallen lassen, säen; nachlassen, vorlassen, säumen' angegeben werden (vgl. Pokorny, IEW: 889 ff.). *Zeit* ist ein nur in wenigen Wendungen (z.B. *zeit meines Lebens*) als Präposition gebrauchtes Nomen, das letztlich auf die indogermanische Wurzel **dā(i)* mit der Bedeutung 'teilen, zerschneiden, zerreißen' zurückgeführt werden kann (vgl. Pokorny, IEW: 175). Mithin ist selbst bei *seit* und *zeit* eine Entwicklung von einer konkreten zu einer abstrakten Bedeutung festzustellen. Auch die reinen Zeitadverbien *dann, früh* und *spät* besaßen ursprünglich eine räumliche, mindestens aber eine konkrete Bedeutung. Die Wortgeschichte von *jetzt* ist umstritten: Pokorny (IEW) führt das Adverb auf einen ich-deiktischen Pronominalstamm zurück, Kluge (1975) und der Duden (1963) sehen darin eine Kasusform zu got. *aiws* 'Zeit' (vgl. Tab. 3.2). Hingegen ist das Zeitadverb *lange* offensichtlich räumlichen Ursprungs (*lang*), und das Kompositum *Zeitraum* macht den Raum gar zum Grundwort. Ähnliche Raum-Zeit-Metaphern finden sich im Englischen (vgl. Traugott, 1975) und den anderen uns bekannten Sprachen. Eine Ausnahme glaubte Whorf (1956: 145f.) im Hopi, einem Pueblo-Idiom im Nordosten Arizonas, entdeckt zu haben, wo es keinen Gebrauch von Raumausdrücken für Zeitliches geben soll. Whorfs Behauptung ist jedoch widerlegt worden. Gipper (1972: 270ff.) und Malotki (1979) konnten eine umfangreiche Liste von

Tab. 3.2: Etymologie der Zeitadverbiale, die im Neuhochdeutschen keine räumliche Bedeutung besitzen

Zeitpräpositionen

binnen	< mhd. *be/bī* + *innen*, Präposition mit Genitiv oder Dativ: 'inwendig'; ursprüngliche Bedeutung im Nhd. noch erhalten in den Komposita: *Binnen-land,-see,-staat*
für	< ahd. *furi*, Präposition mit ursprünglich räumlich-direktionaler Bedeutung: 'vor'
pro	< lat. *pro*, Präposition mit Ablativ, räumliche Grundbedeutung: 'vor'
seit	< ahd. *sīd*, Adverb 'seitdem, später'; Konjunktion 'da, weil'; Präposition 'seit'. < idg. **sē(i)-/sī-* 'entsenden, werfen, fallen lassen, säen, nachlassen, vorlassen, säumen'
während	< 18. Jh. Partizip Präsens von *währen*; < mhd. *wërn*, Durativ zu mhd. *wësen*, Verb: 'sein'
zeit	< mhd., ahd. *zīt*, Nomen: 'Zeit'; < idg. **dā(i)/dī* 'teilen, zerschneiden, zerreißen'

Reine Zeitadverbien

dann	< ahd. *thanne, denne* gleichen Ursprungs mit ahd. *dana*, räumliches Adverb: 'von dannen'
früh	< ahd. *fruoji*, abgel. aus *fruo*; - idg. **prō(i)-* 'frühmorgens', gehört zu idg. **per-* mit räumlicher Grundbedeutung
jetzt	Etymologie umstritten: entweder < idg. **ke, *ko, *ki, *k(i)io*, ich-deiktischer Pronominalstamm (Pokorny, IEW), oder *je* zu ahd. *io, eo* < **ew* < **aiw*, Kasusform der Entsprechung von got. *aiws* 'Zeit'; vgl. ai. *ayu-* 'Leben(szeit)', gr. α(ιϝ)εί u.ä. 'immer' (Kluge, 1975; Duden, 1963); + *ze, zuo* 'zu'
spät	< ahd. *spāto*, eigentlich 'sich hinziehend'; < idg. **spē(i)-/spī* 'gedeihen, sich ausdehnen'

Ausdrücken und Wortbildungselementen des Hopi vorlegen, die primär Raumangaben sind und im übertragenen Sinn als Zeitangaben fungieren.

Die in der Sprachgeschichte belegte Raum-Zeit-Metaphorik hat eine Parallele im Spracherwerb: im allgemeinen entwickeln Kinder ein Verständnis zeitlicher Ausdrücke erst nach und aus dem Verständnis räumlicher Ausdrücke (vgl. aber Kap.III.11). Strukturell ist der Zeitbegriff einfacher als der Raumbegriff, insofern dieser in seiner höchstentwickelten Form die Struktur eines affinen dreidimensionalen Vektorraums voraussetzt, die höchstentwickelte Form des Zeitbegriffs hingegen nur die Struktur eines affinen eindimensionalen Vektorraums. Daher ist zu erwarten, daß sich die Struktur des Zeitbegriffs aus der des Raumbegriffs ergibt, wenn man verschiedene Uminterpretationen und Beschränkungen vornimmt. Man muß aber bedenken, daß eine Referenzsemantik von Zeitausdrücken weniger leicht durch äußere Beobachtung kontrolliert werden kann, da die Zeit abstrakter ist als der Raum. Ferner darf man die Mannigfaltigkeit und Vielschichtigkeit der Zeitausdrücke nicht vergessen: wie die Raumausdrücke umfassen die Zeitausdrücke Adverbiale, Adjektive, Nomina und Verben; darüber hinaus aber auch noch Konjunktionen, das Tempus-, Modus- und Aspektsystem. In dem folgenden Exkurs werde ich mich auf eine kurze Untersuchung der wichtigsten Zeitpräpositionen beschränken. Die Zeitpräpositionen gehen historisch den z.T. gleichlautenden Zeitkonjunktionen voraus - so ist z.B. *nachdem* historisch eine Zusammenrückung der Präposition *nach* und des Demonstrativums *dem, (daß)* ... mit konjunktionslosem Satz - und sind im Gegensatz zu den Zeitkonjunktionen in ihrer Bedeutung relativ unabhängig vom Tempus-, Modus- und Aspektsystem. Insofern läßt sich eine isolierte Untersuchung der Zeitpräpositionen methodisch rechtfertigen. Der Zeitbegriff soll analog zum Aufbau des Raumbegriffs entwickelt werden. Dabei werden auch die kritischen Punkte berührt, in bezug auf die sich die Analogie nicht durchhalten läßt.

10. Zeitbegriff

Wann ist Sommer? Nur wer von Berufs wegen damit befaßt ist, wird die exakten Daten parat haben: vom 22. Juni bis zum 23. September auf der nördlichen Halbkugel der Erde. Laien fällt die Antwort schwer. Immerhin können wir uns in guten Jahren auf einen Kernbereich einigen, sagen wir die Monate Juli und August. Ebenso wissen wir, wann sicher kein Sommer ist: von Januar bis April und von Oktober bis Dezember. Diese beiden Zeiträume bilden den "Außenbereich" des Sommers. Der Sommer ist vom Winter nicht durch einen Donnerschlag geschieden, dazwischen gibt es noch den Frühling und den Herbst. Wir verstehen unter dem Sommeranfang meist eine Reihe warmer Tage, also eher ein Kontinuum als einen Zeitpunkt. Bei gewissen Tagen mögen wir unschlüssig sein, ob wir sie noch zum Frühjahrsende oder schon zum Sommeranfang rechnen sollen. Nicht nur der Kernbereich, auch der "Rand" des Sommers ist daher ein Intervall, doch können beide in speziellen Kontexten (z.B. Märchen, Wissenschaft) zu einem Punkt entarten. Nun nehmen wir es hin, wenn uns jemand verkündet, er heirate im Sommer, und meint Anfang Juni, und zwar auch dann, wenn wir selbst die Zeitangabe anders formulieren würden. Das heißt: wir gestehen dem Sommer einen über den Kernbereich hinausgehenden Zeitbereich zu, der noch den Rand enthält. Mit Angaben wie *vor dem Sommer* oder *nach dem Sommer* beziehen wir uns zunächst auf einen Teil des Außenbereichs, jedoch rechnen wir bei einem kontinuierlichen Übergang einen Teil des Randes hinzu. Diese Vor- und Nachzeit des Sommers nennen wir seine (zeitliche) Umgebung. Der Rand überlappt dann mit der Umgebung wie mit dem Kernbereich, nicht aber der Kernbereich mit der Umgebung:

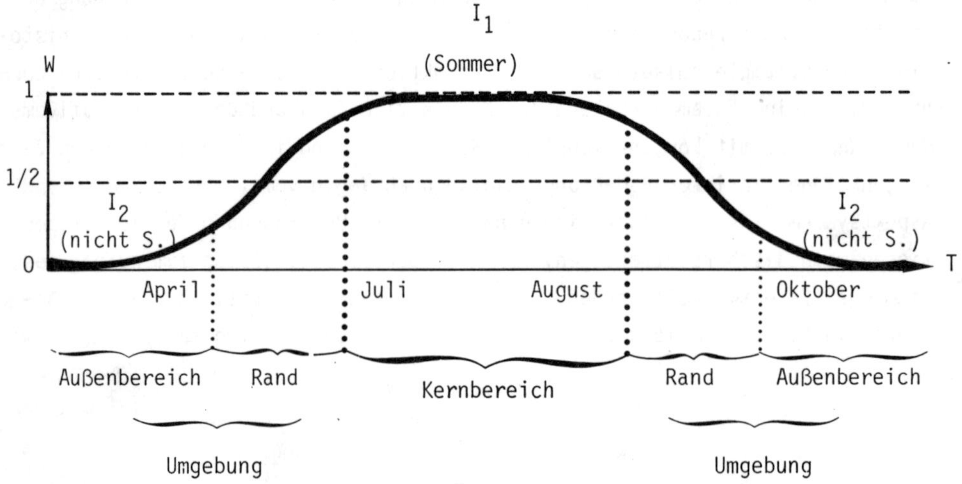

Bei wissenschaftlich exaktem Sprachgebrauch schrumpft jeder der beiden Ränder zu einem Punkt, der noch zum Kernbereich gehört. Genaugenommen ist am 22. Juni um 3^{17} Uhr schon Sommer. Der Kernbereich ist dann mit dem Zeitbereich des Sommers identisch und grenzt unmittelbar an den Außenbereich:

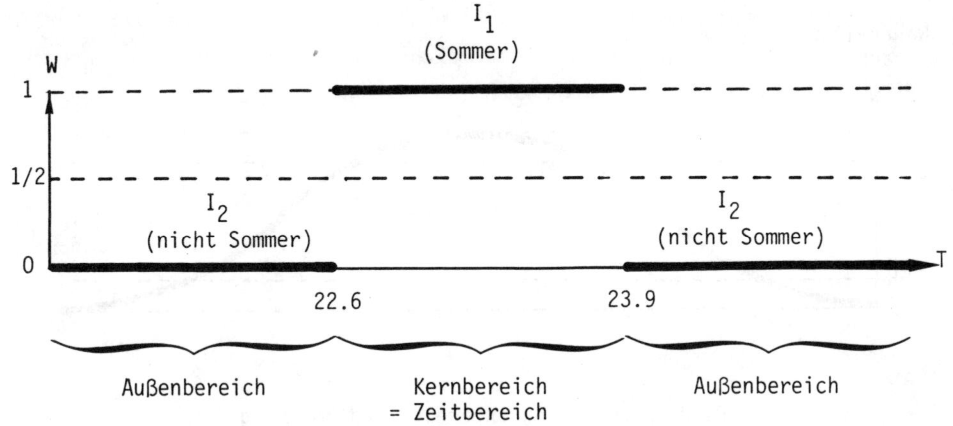

Unsere Überlegungen führen zu einer Revision der in Kap. II.1 eingeführten Zeitzuordnung χ. χ (von gr. χρόνος 'Zeit') weist einer Referenzeinheit a aus **E** - z.B. 'Sommer' - in einem gegebenen Kontext zwei Mengen von Zeitpunkten I_1 und I_2 zu, an denen a sicher existiert bzw. sicher nicht existiert - z.B. ein Intervall I_1, in dem Sommer ist, und die Menge der Zeitpunkte I_2, an denen nicht Sommer ist.

<u>Revidierte Fassung der Zeitzuordnung χ:</u>

$$\chi : \text{ aus } \mathbf{E} \times \mathbf{C} \rightarrow \mathscr{P}(T) \times \mathscr{P}(T)$$
$$\text{mit } \chi(a,C) = \langle I_1, I_2 \rangle$$

I_1 und I_2 sind Teilmengen der Menge aller denkbaren Zeitpunkte T. T ist durch die Relation *früher als* halbgeordnet: $(T,\leq)$. Bei exaktem Bezug auf die öffentliche Zeit kann T als die Menge der reellen Zahlen $\mathbb{R}$ interpretiert werden und $\leq$ als die natürliche Ordnung auf $\mathbb{R}$. Der Durchschnitt von I_1 und I_2 kann höchstens aus zwei Punkten bestehen - z.B. bei exakten Zeitangaben -, sonst ist er leer. Die Vereinigung von I_1 und I_2 ist in T enthalten und im physikalischen Fall mit T identisch. Die Funktion f, die zu jedem Zeitpunkt sagt, wie sicher eine Einheit existiert, z.B., in welchem Ausmaß Sommer ist, nimmt kleine Toleranzwerte an, innerhalb derer ein Zeitpunkt zu I_1 bzw. zu I_2 gehört. Sei α eine Größe dicht über 0 (falsch) und 1 - α eine Größe dicht unter 1 (wahr), dann gilt:

$$t \in I_1, \text{ falls } f(t) \geq 1 - \alpha$$
$$t \in I_2, \text{ falls } f(t) \leq 1 - \alpha$$

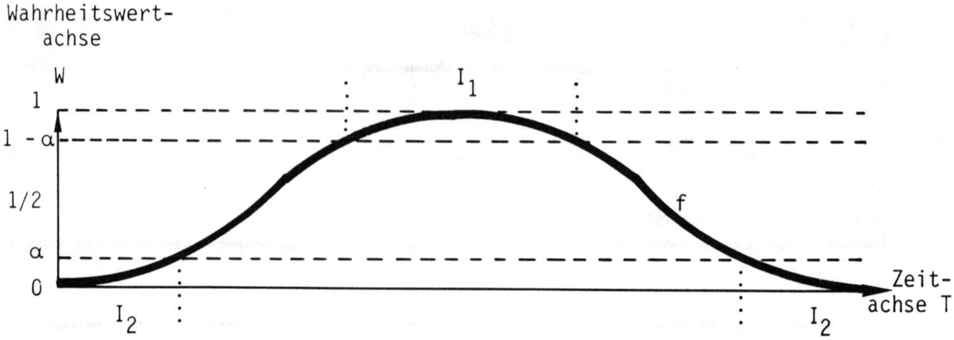

Kernbereich, Rand, Bereich, Außenbereich und Umgebung der a zugeordneten Zeit definieren wir durch verschiedene Abbildungen wie folgt:

Kernbereich:	$x_{KB}(a,c) := I_1$
Rand:	$x_R(a,c) := T \setminus (I_1^o \cup I_2^o)$ wobei I_1^o den offenen Kern von I_1 und I_2^o den offenen Kern von I_2 bezeichnet[12].
Bereich:	$x_B(a,c) := x_{KB}(a,c) \cup x_R(a,c)$
Außenbereich:	$x_{AB}(a,c) := I_2$
Umgebung:	$x_u(a,c) := I_3 \cup I_4$ wobei $I_3 \subset I_2$ und $I_4 \subset x_R(a,c)$

Wenden wir uns den elementaren Präpositionen *in* und *an* zu. Was sie im Raum unterscheidet, trennt sie auch in der Zeit: *in* zielt auf einen möglicherweise unbegrenzten Bereich, *an* auf einen Rand, eine Grenze. *An der Schwelle unseres Ehelebens* haben wir noch Zukunftsträume, die Krise kommt erst *in der Lebensmitte. In der Woche* wird hart gearbeitet, aber *am Wochenende* steigt eine Orgie. *An deren Beginn* sind wir vielleicht neugierig, doch legt sich die Neugierde rasch *im Laufe der Feier*. Mancher, der sich *in der Nacht* getummelt hat, schläft erst *am Morgen* ein. Kein Problem, *am Abend* wird der Schläfer wieder munter! Doch unterscheiden wir die Nacht nicht nur von ihren Rändern, dem Morgen und dem Abend. Wir sagen *am Tage* und meinen *nicht in der Nacht*. Der Tag wird also selbst als Rand, als Oberfläche aufgefaßt, was besonders in der Bergmannssprache deutlich wird: wer unter der Erdoberfläche Kohle abbaut, ma-

Explikandum:	Explikat:
a {*findet statt* / *ist* / *existiert* / *lebt*} *in B.*	T-IN(a,B):
a ist ein Nominal erster oder zweiter Ordnung, *B* ist ein Nominal zweiter Ordnung (Zeitname). <u>Beschränkung</u>: B kommt in der hier explizierten Verwendung nicht nach Kardinalia (*eins*, *zwei*, *drei*,...) oder unbestimmten Zahlwörtern (*einige*, *ein paar*,...) vor.	a ist eine Einheit erster oder zweiter Ordnung, B ist eine Einheit zweiter Ordnung, und (i) der zeitliche Kernbereich von B ist nicht leer, und (ii) enthält - vereinigt mit dem Zeitrand von B - den zeitlichen Kernbereich von a.

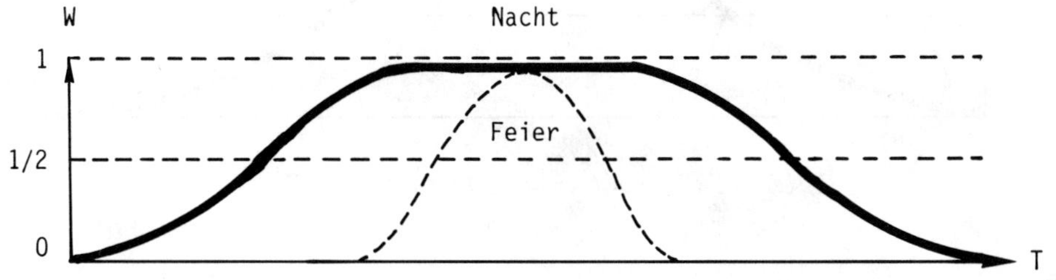

Die Feier findet in der Nacht statt.

Tab. 3.3. Explikation der zeitlichen Bedeutung von *in*

Explikandum:	Explikat:
a { *findet statt* / *ist* / *existiert* / *lebt* } *an B*	T-AN(a,B):
a ist ein Nominal erster oder zweiter Ordnung, *B* ist ein Nominal zweiter Ordnung (Zeitname).	a ist eine Einheit erster oder zweiter Ordnung, B ist eine Einheit zweiter Ordnung, und (i) B ist ein Zeitrand, und (ii) B enthält den zeitlichen Kernbereich von a.

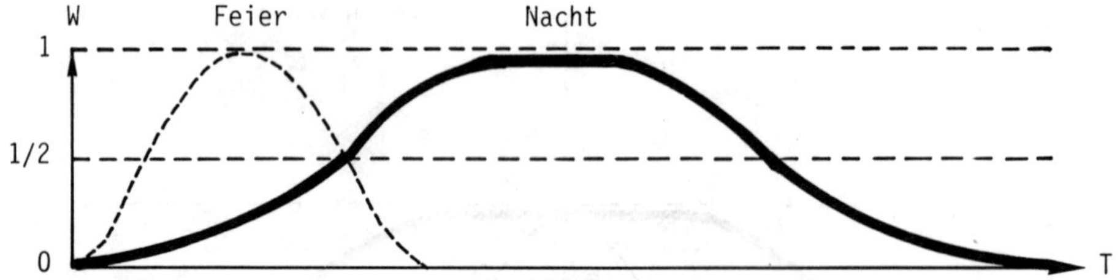

Die Feier findet am Abend statt.

Tab. 3.4. Explikation der zeitlichen Bedeutung von *an*

locht *unter Tage; über Tage* geht der Abbau leichter vonstatten. Diese "Randbedeutung" von *Tag* ist allerdings im normalen Gebrauch höchstens als Konnotation lebendig, d.h., wir interpretieren Datumsangaben wie *am 11.11.1111* denotativ so, als hieße es *im 11.11.1111*. Die Explikation der zeitlichen Bedeutung von *in* und *an* berücksichtigt, daß Einheiten erster und zweiter Ordnung zeitlich eingeordnet werden können, daß aber nur solche zweiter Ordnung als Bezugsbasis in Frage kommen:

(32) *Die Feier findet* $\left\{\begin{array}{l}\textit{in der Nacht}\\ \textit{*in Herrn Schmidt}\end{array}\right\}$ *statt.*

Wir greifen die wesentlichen Bedingungen der räumlichen Explikate auf, indem wir einfach die Raumzuordnung $\tau(a,C,t)$ durch die Zeitzuordnung $\chi(a,C)$ ersetzen. Die übrigen Bedingungen, die vor allem die Schwerkraft und andere physikalische Kräfte betreffen, entfallen aus naheliegenden Gründen (vgl. Tab. 3.3f.).

Bekanntlich ist Pfingsten nicht unter Ostern und Weihnachten nicht links von Neujahr. Daß von den drei Paar Präpositionen, die je eine Dimension des Raumes charakterisieren - *über* - *unter*, *links* - *rechts*, *vor* - *hinter* - ausgerechnet das dritte Paar auf die Zeitachse angewendet wird, ist logisch nicht zwingend, daß aber überhaupt eine Auswahl getroffen wird, liegt nahe. Wir rekonstruieren die Zeitachse zunächst als objektive (absolute, physikalische) Achse T mit Christi Geburt als Beginn unserer Zeitrechnung. Durch den Bezug auf diese Achse können wir objektive Zeitangaben wie *Weihnachten ist vor Neujahr, Pfingsten ist nach Ostern, Sokrates lebte vor Goethe* angemessen erklären. Bezogen auf T verläuft eine subjektive (relative, linguistische) Zeitachse Δ, deren Richtung einmal durch die Vorstellung eines in Bewegung begriffenen Beobachters, ein andermal durch die Vorstellung eines Zeitflusses bestimmt wird. Die beiden Vorstellungen lassen sich durch die Beispiele (33) und (34) veranschaulichen:

(33) *Wir bewegen uns auf das Semester zu.*

(34) *Das Semester kommt auf uns zu.*

Im ersten Fall ist der Beobachter/Sprecher Δ-intern und das Semester ist Δ-extern, aber immer noch T-intern, und der Beobachter/Sprecher bewegt sich auf das Semester zu und durch das Semester hindurch. Im zweiten Fall ist es genau umgekehrt: das Semester, allgemeiner die Zeit, bewegt sich auf den unbeweglichen Δ-externen Beobachter/Sprecher zu und an ihm vorbei:

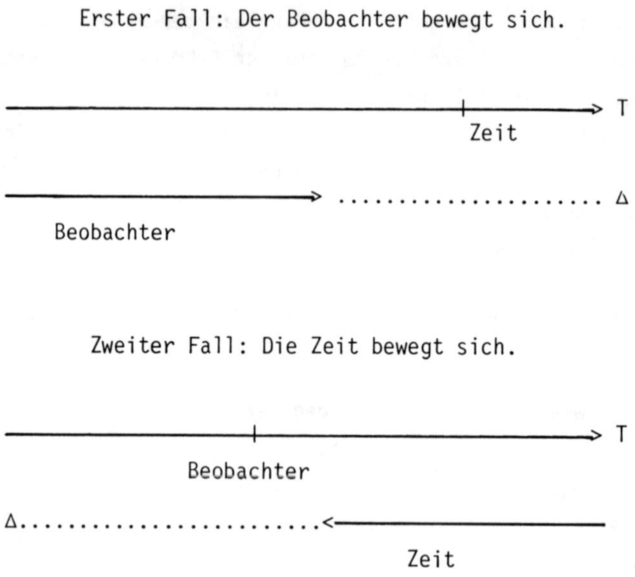

Abb. 3.1: Objektive und subjektive Zeitachse.

Daß diese Vorstellungen die Interpretation von *vor* bestimmen, zeigen die aus (33) bzw. (34) folgenden Sätze:

(33a) *Das Semester liegt vor uns.*

(34a) *Wir stehen vor dem Semesteranfang.*

Welche Zeit ist vorn? Vorne ist derjenige Zeitabschnitt, der in der Bewegungsrichtung des Beobachters oder des Zeitflusses vor einem andern Zeitabschnitt liegt bzw. sich davor bewegt: bei (33) und (33a) ist die - auf T bezogen - spätere Zeit vorn und die frühere Zeit hinten oder danach, bei (34) und (34a) ist umgekehrt die - auf T bezogen - spätere Zeit hinten oder danach und die frühere Zeit vorn. Im ersten Fall sind T und Δ gleichgerichtet[13], im zweiten Fall entgegengesetzt gerichtet. Die objektive bzw. subjektive vordere Umgebung eines Zeitintervalls kann nun relativ zur Richtung von T bzw. Δ bestimmt werden (vgl. Kap. II.6). Die subjektive Interpretation bezieht - schon wegen der direkten Analogie zum Raum - das Umgebungskonzept ein: wenn wir vor dem Semesteranfang stehen, dann läßt der nicht lange auf sich warten. Bei der abstrakten objektiven Zeitreferenz ist das nicht immer so. Wer feststellt: *So-*

krates lebte vor Goethe, der siedelt den Philosophen nicht in der zeitlichen Umgebung des Dichters an; er behauptet nur eine chronologische Reihenfolge. Verspricht aber ein Vater seinem Kind, daß er ihm vor dem Schlafengehen eine Geschichte erzählen wird, dann schließt er aus, daß einige Stunden dazwischen liegen, d.h., hier ist die zeitliche Umgebung wichtig. Tab. 3.5 faßt die Explikation der zeitlichen Bedeutung von *vor*, getrennt nach objektiver und subjektiver Lesart, zusammen.

Schon die Sätze (33) und (34) beschrieben zeitliche Abläufe so, als handelte es sich um räumliche Vorgänge. Die Vorstellung von Bewegungen im Raum wurde - durch den Gebrauch von Bewegungsverben und Richtungspräpositionen - direkt auf die Zeit übertragen. Nehmen wir ein anderes Beispiel: *Helmut geht ins fünfzigste Lebensjahr*. Es läßt sich in Analogie zu *Helmut geht in den Wald* explizieren. Statt zweier aufeinanderfolgender räumlicher Beziehungen

$$\sim \text{L-IN}^{t_1}(a,b) \quad \& \quad \text{L-IN}^{t_2}(a,b)$$

setzen wir zwei Zeitbeziehungen an, deren Numerierung die zeitliche Ordnung kennzeichnet:

$$\sim \text{T-IN}^1(a,B) \quad \& \quad \text{T-IN}^2(a,B).$$

Die zweite Beziehung markiert den relativen Endzustand von Helmuts Marsch durch die Zeit (*Helmut ist im fünfzigsten Lebensjahr*), die erste gibt den komplementären relativen Anfangszustand an (*Helmut ist nicht im fünfzigsten Lebensjahr*). Nun werden dynamische Zeitangaben auch und vor allem in Sätzen verwendet, deren grammatisches Subjekt ein Nominal zweiter Ordnung ist und deren Verb durch *dauern* ersetzt werden kann, z.B.

(35) *Die Ferien* { *gehen* / *dauern* } *vom 15. Juli bis 15. Oktober.*

Was besagt dieser Satz? Zunächst besagt er, daß die Semesterferien am 15. Juli beginnen und am 15. Oktober enden, nominal ausgedrückt:

(36) *Der Ferienbeginn ist am 15. Juli.*
(37) *Das Ferienende ist am 15. Oktober.*

Explikandum:	Explikat:
a {*findet statt* / *ist* / *existiert* / *lebt*} *vor b*	T_1-VOR(a,b):
a und *b* sind Nominale vom selben Typ: entweder sind beide erster Ordnung oder es sind beide zweiter Ordnung.	a unb b sind Einheiten vom selben Typ: entweder sind beide erster Ordnung oder es sind beide zweiter Ordnung,
Beispiele:	und (i) b hat einen objektiven "vorderen" Zeitrand,
Die Geschichte gibt es vor dem Schlafengehen.	und (ii) a liegt in der Umgebung dieses Zeitrandes,
Sokrates lebte vor Goethe.	oder (iii) a ist zumindest früher als dieser Zeitrand.
a {*findet statt* / *ist* / *existiert* / *lebt*} *vor b*	T_2-VOR(a,b):
a und *b* sind Nominale von verschiedenem Typ: entweder ist *a* erster Ordnung und *B* zweiter Ordnung oder es ist *a* zweiter Ordnung und *B* erster Ordnung.	a und B sind Einheiten von verschiedenem Typ: entweder ist a erster Ordnung und B zweiter Ordnung oder es ist a zweiter Ordnung und B erster Ordnung,
Beispiele:	und (i) es gibt eine subjektive Zeitachse Δ, die entweder die entgegengesetzte oder die gleiche Richtung wie die objektive Zeitachse t hat,
Das Semester liegt vor uns.	und (ii) B hat bezüglich Δ einen subjektiven, "vorderen" Zeitrand,
Wir stehen vor dem Semesteranfang.	und (iii) a liegt in der Umgebung dieses Zeitrandes.

Tab. 3.5: Explikation der zeitlichen Bedeutung von *vor*.

Wir können (35) durch zwei aufeinanderfolgende Zeitbeziehungen darstellen, wobei die erste den Satz (36) und die zweite den Satz (37) expliziert:

$$T\text{-}AN^{1}(A',B) \quad \& \quad T\text{-}AN(A'',B)$$

Hier bezeichnen A' und A" den Zeitrand der Einheit A. Die formale Darstellung fixiert also nur die Begrenzung eines Zeitintervalls (Ferien). Wer nach parallelen räumlichen Beschreibungen sucht, vergleiche (35) am besten mit einem Satz wie:

Die Bahnlinie geht von A-Stadt nach B-Stadt.

So wie daraus die Länge der Bahnlinie erschlossen werden kann, ergibt sich aus (35) die Dauer der Ferien:

Die Ferien dauern drei Monate.

Im Unterschied zu räumlichen sind aber bei zeitlichen Maßsätzen die Nominale der Präpositionalphrasen grundsätzlich nicht vertauschbar: die Bahnlinie, die von A-Stadt nach B-Stadt geht, geht im Normalfall auch von B-Stadt nach A-Stadt; nie aber gehen die Ferien vom 15. Oktober bis zum 15. Juli desselben Jahres. In dieser Nicht-Vertauschbarkeit der Nominale äußert sich die Vorstellung der Bewegung oder des Flusses der Zeit.

11. STRUKTURBEGRIFF

Ist das sprachliche Raumkonzept die Basis des Zeitbegriffs? Etymologisch gesehen ja, denn die räumliche Bedeutung der Zeig- und Verhältniswörter ist älter als die zeitliche; sie griff im Laufe der Sprachgeschichte von den elementaren Einheiten, von den Lebewesen, Dingen, Orten, Stoffen über auf die Einheiten höherer Ordnung, auf Zustände, Vorgänge, Handlungen und auf Zeiteinheiten und erfaßte die abstrakten Beziehungen nach dem Muster der konkreten. Diese historische Entwicklung wiederholt sich im Spracherwerb des Kindes, insofern das Kind räumliche Begriffe früher erlernt als zeitliche. Adverbiale mit rein zeitlicher Bedeutung werden nur selten vor Abschluß des zweiten Lebensjahres geäußert, und ihre allmähliche Bedeutungsschärfung dauert Jahre hindurch. Einstweilen wird ihre Funktion behelfsmäßig von Raumadverbialen mitübernommen. Mein fünfjähriger Sohn hat am Fenster auf mich gewartet. Als er mich erblickt, ruft er: *Da kommt Papa!* statt: *Jetzt kommt Papa!*, und seine erste Frage an den Ankömmling lautet: *Was machen wir hinter dem Essen?*, nicht etwa: *nach dem Essen*. Die beiden authentischen Äußerungen sind unterschiedlich zu bewerten. Während die erste noch korrekt war - *da* hat ja eine räumliche und eine zeitliche Bedeutung -, war der Gebrauch von *hinter* in der zweiten Äußerung unkorrekt, denn *hinter* verweist nur auf den Raum. Trotzdem schien mein Sohn keinerlei räumliche Vorstellung mit seiner Äußerung zu verbinden. Er befand sich in einem Sprachlernprozeß, der mit dem Erwerb der räumlichen Bedeutung des unmarkierten *vor* begonnen hatte. Nach dem Erwerb der räumlichen Opposition *vor : hinter* lernte er auch die zeitliche Bedeutung des unmarkierten *vor*. Das Adverbial *hinter dem Essen* war schließlich das Resultat einer schematischen Übertragung: so wie *hinter* im Raum *nicht vor* impliziert, sollte dies auch in der Zeit gelten. Es ist übrigens nicht einmal sicher, daß Kinder eine Analogie zwischen dem räumlichen und dem zeitlichen *vor* entdecken, denn sie können *vor* ja als doppeldeutiges Lexem auffassen mit voneinander unabhängigen referentiellen Bedeutungen, denen lediglich gewisse Sinnrelationen gemeinsam sind. Die Übertragung räumlicher Begriffe auf zeitliche kann also schematisch verlaufen, und sie braucht jedenfalls dem Kinde nicht bewußt zu werden.

Auch wir Erwachsenen bemerken den räumlichen Ursprung der Worte meist nicht mehr. Wir deuten Zeitangaben wie *in der Nacht, am Tage, vor dem Essen* direkt, ohne entsprechende Raumangaben - *im Wald, an der Oberfläche, vor dem Haus* - zum Vergleich heranzuziehen. Nur wenn uns der Sprachhistoriker mit der Nase darauf stößt oder wenn uns ein Sonntagsredner mehr aus dem Füllhorn seiner Wendungen spendiert, indem er auch Bewegungsverben anschaulich verwendet (*Wir gehen auf den Sommer zu*) oder gar die Zeit als Täter auftreten läßt (*Der Sommer zieht ins Land*), erinnern wir uns. Wollten wir aber die Raum-Zeit-Metaphorik bei jedem Adverbial nachvollziehen, so würde das einigen geistigen Aufwand erfordern. Die Zeit läßt sich ja nicht so in eine räumliche Form gießen, daß diese völlig ausgefüllt ist; stets bleiben leere Formteile übrig. Von diesen nicht verwendbaren Spezifika des Raumbegriffs - Dreidimensionalität, physikalische Kräfte - müssen wir eigens absehen. Ähnliche Abstraktionsleistungen sind nötig, um den Raumbegriff auf andere nichträumliche Konzepte zu übertragen. Daher lassen sich alle Übertragungen objektiv am besten von einem Strukturbegriff aus beschreiben, der nicht mehr enthält als dem ursprünglichen Raumbegriff und sämtlichen nicht-räumlichen Konzepten gemeinsam ist. Dieser Strukturbegriff wird in reiner Form meist nur in der Fachsprache artikuliert. So begegnen wir dem der Präposition *in* zugrundeliegenden Strukturbegriff in der Mengenlehre, wo es heißt, daß ein Element oder eine Menge X in der Menge Y enthalten ist. Von da aus führt ein kurzer Weg zum Kategorisierungsbegriff, der in Wendungen wie *Otto ist in der Oberprima* zum Ausdruck kommt. Auch zeitliche Einordnungen wie *Die Feier findet in der Nacht statt* sind leicht zu rekonstruieren, wenn man die Nacht als eine Menge von Zeitpunkten auffaßt, in der die Zeitpunkte der Feier enthalten sind. Der durch den Satz *Der Pilot ist in Not* angesprochene Eigenschaftsbegriff gliedert eine Person (zur Zeit t) in ein Eigenschaftssystem ein. In einigen Fällen macht unsere Sprache die Übergänge zwischen den Konzepten sichtbar: der Satz *Otto ist in der Pubertät* ist zwischen dem Zeit- und dem Eigenschaftsbegriff angesiedelt, der Satz *Otto ist in der Klasse* fällt zwischen den Kategorisierungs- und den Raumbegriff. Wir sehen also, daß die Präposition *in* mit verschiedenen Begriffen verbunden ist, die den Strukturbegriff einkreisen.

Der Strukturbegriff nimmt insofern eine Sonderstellung ein, als er in der natürlichen Sprache selten direkt zum Ausdruck kommt. Für seine Existenz spricht in sprachhistorischer Sicht lediglich, daß zwar alle nicht-räumlichen Konzepte, die durch Präpositionen erfaßt werden, auf räumliche zurückgehen, daß aber eine systematische relative Chronologie der abstrakten Begriffe nicht nachweisbar ist. Nach Experimenten von Jean Piaget (vgl. Petter, 1966: Kap.6) entwickeln Kinder einen Strukturbegriff dann, wenn ihr Denken Merkmale der Beweglichkeit annimmt, also etwa dann, wenn sie eine Präposition von ihrem ursprünglichen Raumbezug entbinden und in vielfältiger Weise abstrakt gebrauchen. Aufschluß über die Rolle des Strukturbegriffs gewinnen wir auch aus der Einsicht in den eigenen Verstehensprozeß. Wir deuten die nicht-räumlichen Verwendungen der Präpositionen ebenso spontan wie die räumlichen, und nur im Ausnahmefall so, daß wir die ersteren auf die letzteren zurückführen und dann noch von störenden Einzelheiten des Raumbegriffs abschirmen. Gewöhnlich scheint der Verstehensprozeß so abzulaufen, daß eine Präposition eine allgemeine Beziehung bezeichnet - z.B. *in* die Enthaltenseinsbeziehung - und daß die kontextuelle und insbesondere die nominale Umgebung der Präposition das spezifische Konzept bereitstellt, in bezug auf das sich die allgemeine Beziehung genauer bestimmen läßt - z.B. als zeitliche oder kategorielle oder räumliche Enthaltenseinsbeziehung zwischen diesen und jenen Einheiten. Selbst das Verstehen auffälliger Metaphern kann noch als Spezifikation und Uminterpretation einer allgemeinen Beziehung gedeutet werden. Nur Präpositionalobjekte verstehen wir anders. Wenn ich mich nicht in Ihnen, geneigter Leser, getäuscht habe, dann dürften Sie diesen Gebrauch von *in* kaum als eine Art Enthaltenseinsbeziehung begreifen. Als versierter Philologe können Sie sicher die Entstehungsgeschichte von *sich in jemandem oder in etwas täuschen* nachträglich erläutern, aber zuerst müssen Sie eine solche Wendung als Ganzes gelernt haben, sonst verstehen Sie sie nicht.

Nach diesen Überlegungen bildet der Strukturbegriff die aktuelle Verstehensbasis für alle regulären Bedeutungen einer Präposition, einschließlich der räumlichen. Es fragt sich nun, ob die dynamische Bedeutung eine eigene Variante neben der räumlichen, zeitlichen, adjektivischen und kategoriellen Bedeutung darstellt oder nicht. Wie wir gesehen haben, gibt es nicht allein bei der räumlichen Verwendung der Präpositionen einen Rektionsunterschied, sondern auch bei der zeitlichen:

Die Feier findet (mitten) in der Nacht statt.
Die Feier dauert bis weit in die Nacht hinein.

Dasselbe Phänomen beobachten wir bei der adjektivischen

Der Pilot ist in großer Not.
Der Pilot gerät in große Not.

und der kategoriellen Verwendung:

Otto ist in der Oberprima.
Otto kommt in die Oberprima.

Je nachdem, welcher Kasus (bzw. welches Verb) gewählt wird, interpretieren wir die Präposition in all ihren Bedeutungen statisch oder dynamisch. Dieser Aspektunterschied gilt aber nicht nur ganz allgemein, er ist auch uralt. Die wichtigsten Präpositionen, die sowohl als Orts- wie als Richtungsangaben dienen können, werden seit indogermanischer Zeit mit verschiedenen Kasus verwendet oder direkt auf verschiedene Kasus zurückgeführt (einzige Ausnahme: *um*). Als Gegenstück zum Lokativ erscheint der Akkusativ der Richtung oder des Ziels. Während dieser meist rein erhalten blieb, floß der Lokativ mit diversen Kasus zusammen, z.B. im Germanischen mit dem Dativ, dem Ablativ, später auch dem Instrumental, im Lateinischen mit dem Ablativ und Instrumental[14]. Der Lokativ ist also nicht älter als der Akkusativ und nachweislich größeren Veränderungen unterworfen. Spezifische Richtungsadverbiale können wortgeschichtlich nicht wie Zeitadverbiale auf Ortsadverbiale zurückgeführt werden, da sie eigene indogermanische Wurzeln haben: z.B. *aus* < asächs., anfränk., afries., ags., anord., got. *ūt* < idg. **ūd*. 'empor, hinaus' oder *durch* < ahd. *durah, dur(u)h, thuruh ..., thuruh* < idg. **tr-k*^{u}*e*, ahd. *durh-*, got. *þairh* < **ter-k*^{u}*e* mit idg. **ter-/tr-* 'hindurch' als erstem Bestandteil.

Werfen wir einen Blick auf die geistige Entwicklung des Kindes. Schon die Entstehung des Dingbegriffs beruht auf der Erfahrung von Ortsveränderungen, denn das Kind muß erst lernen, daß einem Ding auch dann eine eigene substantielle Fortdauer zukommt, wenn es zeitweilig aus dem Gesichtsfeld entschwindet. Unter den Interjektionen der allerersten Sprachstufe sind einzelne Wörter, die sich bald zu Orts- und Richtungsadverbien entwickeln: *da, ada, weg-weg*. Dabei überlappen statische und dynamische Verwendungen einander längere Zeit: z.B. wird *da* ebenso auf Dinge in Bewegung wie auf Dinge in Ruhe angewendet. Dies Nebeneinander zeigt sich auch in einer unsicheren Kasusbildung bei Präpositionen: bis ins Schulalter hinein werden Dativ und Akkusativ bei *in, an, auf* etc. verwechselt (vgl. C. und W. Stern, 1928: 261ff. und 279f.).

Nun haben wir in unserer logischen Analyse den Begriff des Vorgangs auf den des Zustands zurückgeführt: ein Vorgang wurde als zeitliche Folge von Zuständen rekonstruiert. Die Logik gehorcht eben ihren eigenen Gesetzen und erfordert den Aufbau gewisser Begriffe aus anderen. Aus der logischen Priorität des Zustandsbegriffs folgt jedoch nicht notwendig eine Hierarchie kognitiver Fähigkeiten. Die Rekonstruktion des Vorgangssatzes *Herr Nasser fällt ins Wasser* unterscheidet sich von der des Zustandssatzes *Herr Nasser ist im Wasser* nur dadurch, daß auch der komplementäre Fall *Herr Nasser ist nicht im Wasser* in Betracht gezogen wird. Wenn ich aber einem Zustandssatz den Wahrheitswert 'wahr' zuordnen kann, dann muß ich ihm auch den Wahrheitswert 'falsch' zuordnen können, denn die Kriterien sind für beide Zuordnungen dieselben. Gewiß läßt sich ein Vorgang auch in mehr als zwei Phasen zerlegen. Das ist zwar bei Nassers Fall ins Wasser uninteressant, geht aber Fräulein Alt in den Wald, so können wir in Sprache und Wahrnehmung eine schrittweise Annäherung an das Zielgebiet feststellen. Was heißt das? Nicht mehr,als daß

Eigenschaftsbegriff

stat. *Der Pilot ist in Not.*

dyn. *Der Pilot gerät in Not.*

Zeitbegriff

stat. *Die Feier findet (mitten) in der Nacht statt.*

dyn. *Die Feier dauert (weit) in die Nacht hinein.*

Kategorisierungsbegriff

stat. *Otto ist in der Oberprima.*

dyn. *Otto kommt in die Oberprima.*

Strukturbegriff

stat. *X ist in der Menge Y enthalten.*

dyn. *X wird in die Menge Y abgebildet.*

Raumbegriff

stat. *Herr Nasser steht im Wasser.*

dyn. *Herr Nasser fällt ins Wasser.*

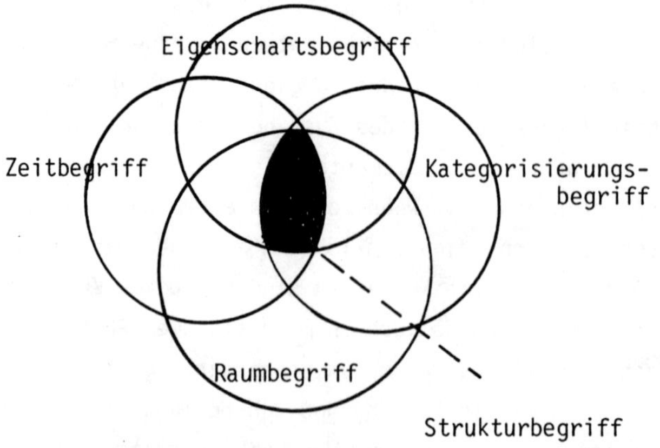

Abb. 3.2: Aufbau und Durchschnitt des Begriffsystems der Präposition *in*

wir dem Zustandssatz *Fräulein Alt ist im Wald* außer den harten Wahrheitswerten 0 und 1 sukzessive eine Reihe weicher Wahrheitswerte zwischen 0 und 1 zuordnen können. Zustands- und Vorgangssatz unterscheiden sich dann nur insofern, als wir die durch *in* bezeichnete Enthaltenseinsbeziehung das eine Mal binär bewerten und das andere Mal nicht-binär. Es handelt sich also nur um unterschiedliche Bewertungen ein und derselben Struktur, salopp gesagt, um zwei Seiten einer Medaille (vgl. Abb. 3.2).

12. Syntax und Semantik

Die Grammatik für Zustandssätze aus Kapitel II.10 soll nun zu einer Grammatik für Vorgangssätze ausgebaut werden. Dazu müssen die Basisregeln (I), (III) und (IV) sowie die Lexikoneinträge (iii), (vi) und (vii) so verändert werden, daß sie die Regularitäten der Bewegungsverben und Richtungsangaben erfassen können.

BASISREGELN

$$\text{(I)}\qquad \text{S} \rightarrow \text{NP}\ \ \text{VP}\ \begin{pmatrix}\text{Advb}\\ [-\text{dyn}]\end{pmatrix}$$

$$\text{(II)}\qquad \text{NP} \rightarrow \left\{\begin{matrix}(\text{Det})\ \ (\text{Adj})\ \ \text{N}\ \ (\text{S})\\ \text{D}_{\text{pron}}\end{matrix}\right\}$$

$$\text{(III)}\qquad \text{VP} \rightarrow \left\{\begin{matrix}\begin{matrix}\text{V}\\ [-\text{dyn}]\end{matrix}\ \begin{matrix}\text{Advb}\\ [-\text{dyn}]\end{matrix}\\ \begin{matrix}\text{V}\\ [+\text{dyn}]\end{matrix}\ \begin{pmatrix}\text{Advb}\\ [+\text{start}]\end{pmatrix}\begin{pmatrix}\text{Advb}\\ [+\text{ziel}]\end{pmatrix}\end{matrix}\right\}$$

$$\text{(IV)}\qquad \begin{matrix}\text{Advb}\\ [+\text{ziel}]\end{matrix} \rightarrow \begin{pmatrix}\text{Advb}\\ [+\text{weg}]\end{pmatrix}\ \begin{matrix}\text{Advb}\\ [+\text{ziel}]\end{matrix}$$

$$\text{(V)}\qquad \text{Advb} \rightarrow \left\{\begin{matrix}(\text{D}_{\text{adv}})\ \ \text{PP}\\ \text{D}_{\text{adv}}\end{matrix}\right\}$$

(VI) PP → Präp NP (Advb)

(VII) Det → $\left\{\begin{array}{l} \text{Art} \\ \text{NP}_{gen} \end{array}\right\}$

LEXIKON

Übrige Einträge siehe Kap. II.10.

(iii) D_{adv} : {*hier, da, dort; von hier, von da, von dort;* (*nach hier*), *nach da, nach dort; ...*}

(vi) Präp : {*in, an, auf, über, unter,...; ab, aus, von; durch, entlang, längs, um; bis, gegen, nach, zu, ...*}

(vii) V : {*sein, stehen, sitzen, liegen, wohnen, ..., gelangen, fallen, fliegen, rennen, sausen, ...*}

Regel (I) führt fakultativ ein statisches Satzadverbial ein, weil viele Vorgangssätze eine freie Angabe enthalten, die man auch weglassen kann, ohne die Akzeptabilität des Satzes zu beeinträchtigen (vgl. die PP *im Mondenschein* in (38) sowie Abb. 3.3).

(38) *Das Warzenschwein rennt im Mondenschein*
über Stock und Stein in den Hain hinein.

Regel (III) trennt die Zustandsverben mit Ortsergänzungen von den Bewegungsverben mit Richtungsergänzungen. Bewegungsverben können durch eine Start- (*vom Ufer ablegen*) oder Zielangabe (*in den Zug einsteigen*) oder durch beides (*von Bochum nach Berlin fahren*) ergänzt werden. Eine Wegangabe läßt sich nur in Verbindung mit einer Zielangabe oder einem entsprechenden Adverb als solche interpretieren und kann im Prinzip aus beliebig vielen Adverbialen bestehen. Im Beispiel (39) sind es zwei: *links um die Ecke, rechts um die Ecke.*

(39) *Die Maus saust aus dem Haus,*
links um die Ecke,
rechts um die Ecke,
nach dort an einen stillen Ort.

Die in Abb. 3.4 erkennbare "Kammstruktur" der Wegangaben wird durch Regel (IV) beschrieben. Koordinierte Start- oder Zielangaben gehen hingegen auf koordinierte Vorgangssätze zurück. So liegen dem Satz *Er reiste nach Wien und Berlin* in der Tiefenstruktur zwei nebengeordnete Sätze zugrunde: *Er reiste nach Wien und (anschließend) reiste er nach Berlin.*[15]

SUBKATEGORISIERUNG

Das zentrale Merkmal, das die Vorgangssätze von den oft strukturgleichen Zustandssätzen unterscheidet, ist [± dyn(amisch)]. Es wird sowohl beim Verb[16] als auch beim Adverbial - genauer: bei den lexikalischen Kategorien des Adverbials, D_{adv} und Präp, - eingeführt. Da die Gliederung der Richtungsangaben in Start-, Weg- und Zielangaben für die natürliche Wortstellung und die rekursive Erzeugung (vgl. die Regeln (III) und (IV)) der Adverbiale wichtig ist, spalten wir das Merkmal [+ dyn] in drei weitere Merkmale auf:

$$[+\text{ dyn}] \rightarrow \begin{Bmatrix} [+\text{ start}] \\ [+\text{ weg}] \\ [+\text{ ziel}] \end{Bmatrix}$$

Charakterisiert man das obige Lexikon durch Merkmale, dann zeigt sich, wie die durch die Ortspräpositionen ausgedrückten Raum- bzw. Strukturbegriffe in ihren dynamischen Varianten realisiert werden. So können wir dem Merkmal [+ in], je nach Merkmalsumgebung, folgende Richtungspräpositionen zuordnen:

$$\begin{bmatrix} +\text{ Präp} \\ +\text{ start} \\ +\text{ in} \end{bmatrix} : \quad \textit{aus}\ /\ [+\text{ NP }\_\_\_]$$

$$\begin{bmatrix} +\text{ Präp} \\ +\text{ weg} \\ +\text{ in} \end{bmatrix} : \quad \textit{durch}\ /\ [+\text{ NP }\_\_\_]$$

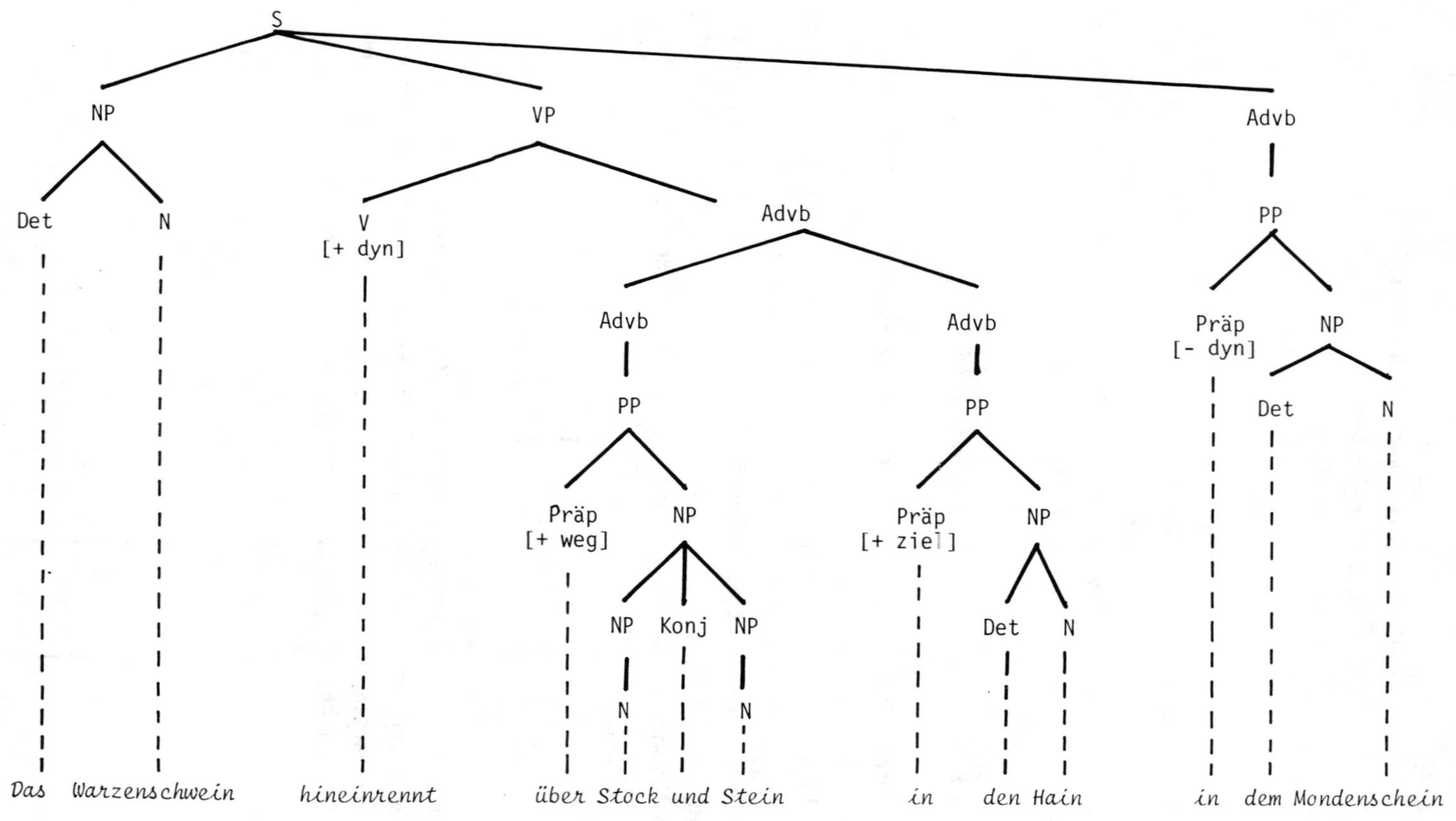

Abb. 3.3: Tiefenstruktur von *Das Warzenschwein rennt im Mondenschein über Stock und Stein in den Hain hinein.*

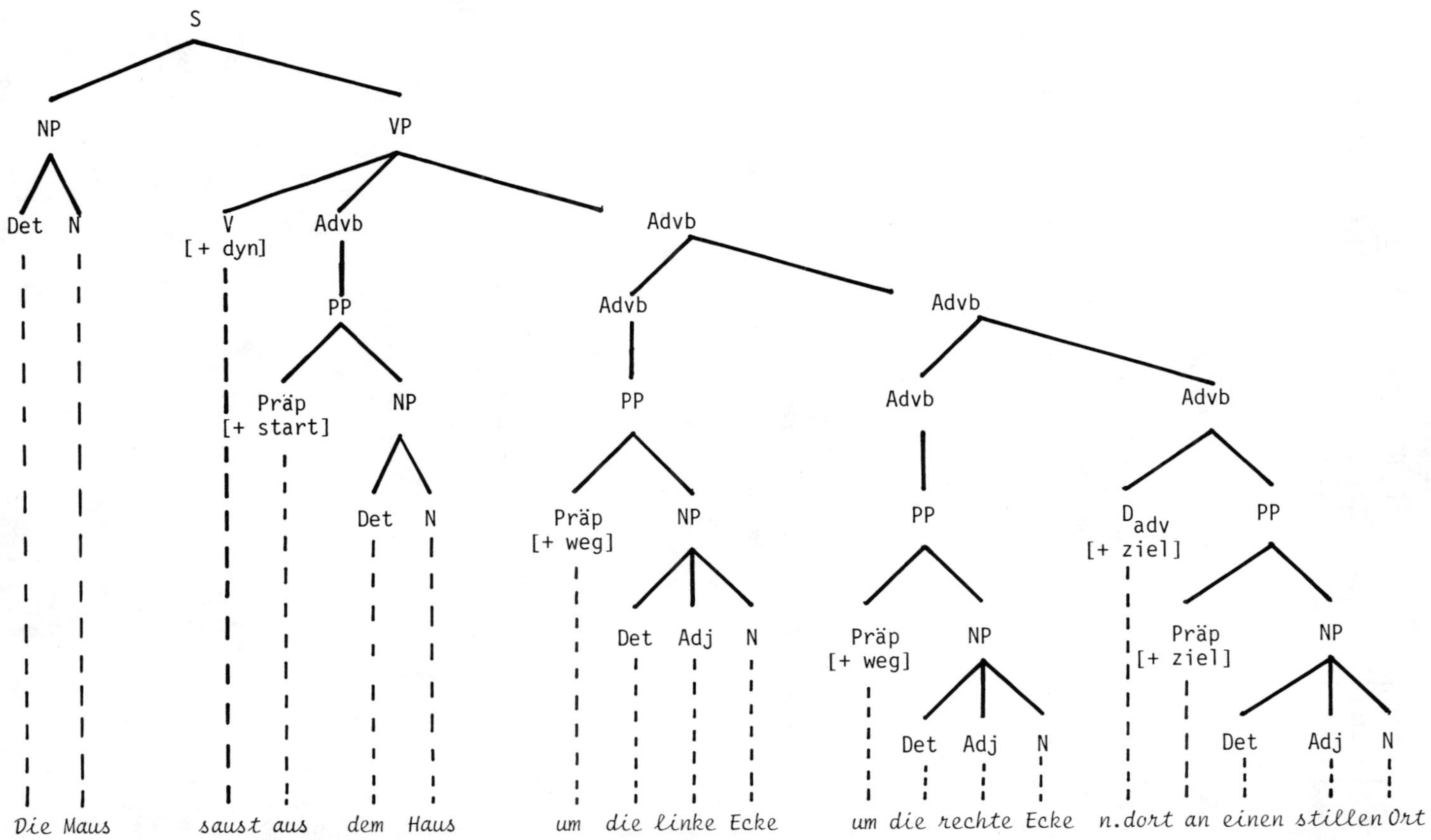

Abb. 3.4: Tiefenstruktur von *Die Maus saust aus dem Haus links um die Ecke, rechts um die Ecke nach dort, an einen stillen Ort.*

$$\begin{bmatrix} +\ \text{Präp} \\ +\ \text{ziel} \\ +\ \text{in} \end{bmatrix} : \begin{Bmatrix} \textit{in}\ /\ [+\ \text{NP}\ \_\_]\,[\pm\ \text{abstrakt}] \\ \textit{auf}\ /\ [+\ \text{NP}\ \_\_]\,[-\ \text{abstrakt}]\,[+\ \text{öffentlich}] \\ \textit{nach}\ /\ [+\ \text{NP}\ \_\_]\,[-\ \text{abstrakt}]\,[+\ \text{Ortsname}] \end{Bmatrix}$$

ZUSAMMENHANG VON SYNTAX UND SEMANTIK

Sei D eine Variable für dynamische Prädikate wie D-HIER^S(a), D-IN^W(a,b), D-ZWISCHEN^Z(a,b,c) sowie für Konjunktionen oder Modifikationen derselben, dann ist (40) die allgemeine logische Darstellung einer Ortsveränderung:

(40) $D(\vec{a})$

Schließlich gilt für den Zusammenhang von Syntax und Semantik:

> Ein Vorgangssatz mit einer von den Basisregeln (I) bis (VII) und dem Lexikon (i) bis (vii) erzeugten Tiefenstruktur ist dann und nur dann bezüglich des Referenzpunktes C wahr, wenn die logische Darstellung (40) auf C zutrifft.

IV. Handlungssätze mit Handhabe-Verben

1. Handlung und Täter

Handlung haben wir denjenigen Vorgang genannt, der von einer beteiligten Einheit kontrolliert wird; Täter nennen wir die kontrollierende Einheit, die einen Vorgang zustande bringen oder verhindern oder abbrechen kann. Um einen Täter zu ermitteln, braucht man nur den am Vorgang beteiligten Einheiten in kompetenter Weise entsprechende Befehle zu geben. Führen dann die Befehle regelmäßig zu den verlangten Resultaten, d.h., findet der Vorgang regelmäßig statt bzw. regelmäßig nicht statt - ohne daß eine Fremdeinwirkung zu erkennen wäre -, so ist die Einheit, der die Befehle erteilt wurden, ein Täter. Die sprachliche Grundlage des Täterbegriffes ist daher das meist implizite grammatische Subjekt der Befehlsform eines Verbs: gibt es zu einem Verb in einem gegebenen Satzrahmen keine Befehlsform, dann liefert das Verb in diesem Satzrahmen auch keine Handlungsbeschreibung, da es das, was es beschreibt, keinem Täter zuschreiben kann. Typische Beispiele bieten unpersönliche Verben wie *regnen*: das grammatische Subjekt *es* in *es regnet* kann schon deshalb nicht grammatisches Subjekt der Befehlsform **regne!* und damit in diesem Satzrahmen nicht Täter sein, weil eine solche Befehlsform nicht gebildet wird. Unüblich sind ferner die bejahten Befehlsformen von Zustandsverben wie *sitzen*, *stehen* und *liegen* (1) im Gegensatz zu Befehlsformen, in denen durch Verneinung (2) oder durch Zusammensetzung mit einem anderen Verb (3) der Aspekt verändert wird und im Gegensatz zu Befehlsformen entsprechender Handlungsverben (4):

(1) { **Sitz* / **Steh* / **Lieg* } *(herum)!*

(2) { *Sitz* / *Steh* / *Lieg* } *nicht herum!*

(3) *Bleib* { *sitzen* / *stehen* / *liegen* } !

(4) { *Setz dich hin!* / *Steh auf!* / *Leg dich hin!* }

Auch hier sind die grammatischen Subjekte der zu (1) bildbaren Aussagesätze keine Täterkandidaten, wohl aber die (impliziten) grammatischen Subjekte der Befehlsformen (2) bis (4). Freilich ist die Verwendbarkeit einer Befehlsform nur ein notwendiges, keineswegs aber ein hinreichendes Kriterium für eine Handlungsbeschreibung. Man wird Fälle ausschließen wollen, in denen eine Befehlsform einen irrealen Wunsch ausdrückt, wenn z.B. zu einem Toten gesagt wird: *Steh (doch) auf!* Aber auch das bloße Zutreffen des propositionalen Gehaltes eines Befehls reicht als Kriterium noch nicht aus, da der Befehlsempfänger vielleicht gar keine Chance hat, diesen propositionalen Gehalt zu falsifizieren: was kann denn ein Toter, dem man befiehlt liegenzubleiben, in unserer Welt schon anderes tun als liegenzubleiben? Erst die regelmäßige Ausführung des bejahten und des verneinten Befehls unter gewissen beobachtbaren Umständen scheint ein hinreichendes Kriterium zu sein. Zu diesen Umständen gehört, daß der Befehl weder offensichtlich gegenstandslos ist, noch offensichtlich von jemandem anderen als dem Befehlsempfänger ausgeführt wird. Nicht dazu gehören irgendwelche Absichten oder irgendein Bewußtsein des Befehlsempfängers: ein Computer kann sehr wohl einen Rechenbefehl ausführen und in diesem Sinne als Täter gelten[17]. Das Kriterium der Befehlsausführung ist klar kontextrelativ: während in realistischen Kontexten die Verwendung der Befehlsform *Setz dich hin!* keinen Einfluß auf die Bewegung einer Birke haben dürfte, mag dies in Märchen und Mythen regelmäßig der Fall sein. In entsprechenden Kinderbilderbüchern wird eben auch eine Birke als Täter dargestellt.

Verben, die von ihrem Subjekt verlangen, daß es etwas tut, nennt man auf der Grundschule "Tu-Wörter", und das Subjekt heißt dann "Täter". Diese grammatische Charakterisierung steckt wohl auch hinter dem Agensbegriff der lateinischen Grammatik: die Frage, ob ein Element eines Satzes einen *agens* bezeichnet, läßt sich häufig durch die Frage beantworten, ob es grammatisches Subjekt von *agere* sein kann. Zwar ist dies von den alten lateinischen Grammatikern meines Wissens so nicht ausdrücklich formuliert worden, doch läuft die

Verwendung des semantisch weitgehend leeren Proverbs *agere* praktisch darauf hinaus. Eine vergleichbare Agensbedingung wurde von Lyons (1968: § 8.1.5) in bezug auf das englische Übersetzungsäquivalent von *agere*, also *do* vorgeschlagen: das Subjekt transitiver und intransitiver Sätze, welche die implizite Frage *What does x do?* beantworten könnten, sei ein Agens ("actor", "agent"). So gut die Bedingung in vielen Fällen funktionieren mag, hieb- und stichfest ist sie leider nicht. Beispielsweise kann *She blushes* (*Sie errötet*) auch dann als Antwort auf die Frage *What does the girl do?* (*Was tut das Mädchen?*) stehen, wenn das Mädchen keinerlei Kontrolle über seine Gesichtsfarbe hat. Ebenso kann *It breaks* (*Es zerbricht*) in einem realistischen Kontext die Frage *What does the plank do?* (*Was tut das Brett?*) beantworten. Wenn man hier das Mädchen und das Brett als Agenten oder Täter bezeichnet, kann keine sinnvolle Unterscheidung zwischen einer bloßen Zustandsänderung und dem Zustandebringen einer Zustandsänderung, zwischen einem Vorgang und einer Handlung getroffen werden. Auf eine solche Unterscheidung zielte aber gerade die traditionelle inhaltliche Bestimmung des Agens als einer Person, von der eine Handlung ausgeht.

Wie beim Agensbegriff stimmen auch bei den verwandten Begriffen der Transitivität und der Intransitivität die traditionellen formalgrammatischen und die traditionellen inhaltsbezogenen Definitionen nicht immer überein. Formalgrammatisch wurden diese Begriffe im Hinblick auf Verben definiert, die einen Casus obliquus regieren (Transitivität) bzw. nicht regieren (Intransitivität). Nach der inhaltsbezogenen Definition kann man bei transitiven Verben von einer Wirkung der Handlung sprechen, die auf einen Patiens, ein leidendes Objekt oder Zielobjekt, übergeht, wohingegen bei intransitiven Verben kein solcher Wirkungsübergang festzustellen ist. Entsprechend ist das Nomen im Casus rectus, d.h. das grammatische Subjekt, beim aktiven Gebrauch transitiver Verben meist agentiv (Ausnahme: z.B. *kennen*), bei intransitiven Verben teils agentiv (z.B. *springen*), teils nicht-agentiv (z.B. *sitzen*) zu verstehen. Nun gibt es Sätze, deren (Pro-)Nomina im Casus rectus und im Casus obliquus ganz oder teilweise referenzidentisch sind, wie z.B. *Der Jäger bewegt sich* oder *Der Jäger bewegt die Hand nach oben*. Im Sinne der formalgrammatischen Definition sind solche reflexiven oder quasi-reflexiven Konstruktionen wegen des vorkommenden Casus obliquus transitiv, im Sinne der inhaltsbezogenen Definition sind sie aber intransitiv, weil hier ein äußeres, vom Agens räumlich getrenntes Zielobjekt fehlt, auf das eine Wirkung der Handlung übergehen könnte. Eine Möglichkeit, solche Sätze noch als transitiv im inhaltlichen Sinne aufzufassen, wäre die Annahme, daß die Handlung ganz analog auf ein Zielobjekt einwirken würde, nur eben auf eines, das räumlich ganz oder teilweise mit dem Agens zusammenfällt, d.h. auf ein inneres Zielobjekt statt auf ein äußeres. Durch diese Hilfskonstruktion wird aber der inhaltliche Unterschied zwischen transitiven und intransitiven Sätzen verwischt. Bei echt transitiven Sätzen wie *Der Jäger wirft die Flinte ins Korn* ist die Handlung objektiv ein Mittel bzw. eine allgemein gebräuchliche Technik, um eine Wirkung auf ein äußeres Zielobjekt auszuüben: mittels Handbewegungen wird die Flinte ins Korn befördert. Unterstellt man aber bei dem Satz *Der Jäger bewegt die Hand nach oben* eine auf ein inneres Zielobjekt gerichtete Handlung, so könnte diese Handlung nicht analog als Mittel aufgefaßt werden, um auf das innere Objekt einzuwirken: der Jäger bewegt die eigene Hand nicht mittels eigener Handbewegungen nach oben - er bewegt die Hand nach oben, weiter nichts. Zwar kann man im echt transitiven wie im formal transitiven Fall einen End- oder Nachzustand beschreiben: *Die Flinte ist (anschließend) im Korn* bzw. *Die Hand ist (anschließend) oben* doch ist der erstgenannte Zustand eine (kausale, äußere) Auswirkung der Handbewegung, während der letztgenannte Zustand deren (logisches, inneres) Ergebnis ist.

Von Wright (1971: 64ff.), auf den die Unterscheidung zwischen Auswirkung ("effect", "consequence") und Ergebnis ("result") zurückgeht, unterscheidet ferner zwischen Handlungen ("actions") und Basishandlungen ("basic actions"). Basishandlungen sind "actions of which it would not be true to say that they are performed by doing something else" (von Wright, 1971: 68), also Handlungen, die sich nicht auf einfachere Handlungen desselben Täters zurückführen lassen. Nach von Wright hängt diese Unterscheidung vom Kontext ab, da man auch komplexe Handlungen, die in einem bestimmten Kontext nicht weiter zerlegt werden, als Basishandlungen begreifen kann: wenn jemand einen Käfig öffnet, indem er einen Griff dreht, so ist das Öffnen des Käfigs eine Handlung. Wenn er aber einen Vogel fliegen läßt, indem er den Käfig öffnet, so ist das Öffnen des Käfigs eine Basishandlung. Allerdings können Basishandlungen nicht beliebig und ad infinitum zurückverlagert werden. Die Grenze verläuft für umgangssprachliche Handlungsbeschreibungen da, wo ein Übergang zur Fachsprache notwendig wird: wer die Hand bewegt, indem er den *musculus flexor carpi radialis* kontrahiert, vollzieht mit der Muskelkontraktion keine Basishandlung. Es scheint daher so zu sein, daß Basishandlungen letztlich immer durch reflexive, quasi-reflexive oder intransitive Sätze ausgedrückt und Handlungen vorzugsweise in die Form transitiver Sätze mit räumlich getrenntem Objekt[18] oder in die Form komplexer Sätze oder Texte gekleidet werden.

Schließlich kann man Handlung und Basishandlung jeweils in einem weiteren wie in einem engeren Sinne verstehen. Für die erneute Aufspaltung des althergebrachten sprachwissenschaftlichen Handlungsbegriffs zeichnen vor allem Psychologen - z.B. Rubinstein (1946), Miller/Johnson-Laird (1976) - verantwortlich, die die Absicht und das Bewußtsein des Täters als Kriterium ins Spiel bringen. Nun spielen diese nennenswerten menschlichen Eigenschaften gewiß beim Gebrauch von Verben wie *(er-)morden, brandstiften, zuhören, zusehen* und *beobachten* eine Rolle, nicht aber beim Gebrauch von Verben wie *töten, in Brand setzen, hören* und *sehen*. Wie letztere sind die meisten Bewegungsverben und nahezu alle Handhabe-Verben absichtsunbestimmt; nur in gerichtsverwertbaren Fällen, in denen es um strafbare Handlungen geht, werden absichtsbestimmte Bewegungs- bzw. Handhabe-Verben verwendet: vgl. *etwas aus dem Regal nehmen* mit *etwas aus dem Regal stehlen, etwas über die Grenze befördern* mit *etwas über die Grenze schmuggeln* usw. Der Gegensatz der beiden Verbgruppen besteht nicht in der objektiven Zielgerichtetheit der zugrundeliegenden Handlung - z.B. setzen *töten* und *nehmen* ebenso wie *ermorden* und *stehlen* eine objektive Mittel-Ziel-Beziehung voraus, vgl.

Sie {tötete / ermordete} ihren Mann, indem sie ihn mit dem Auto überfuhr.

mit

Das Kind {nahm / stahl} den Folianten aus dem Regal, indem es ihn mit beiden Händen ergriff.

-, sondern in der subjektiven Absicht des Ausführenden. Dies läßt sich durch Kombination mit den Adverbien *absichtlich* bzw. *unabsichtlich* überprüfen (vgl. Thalberg, 1972: 52ff. und Brennenstuhl, 1975: 183ff.). Fügt man in einen Handlungssatz mit absichtsbestimmtem Verb das Adverb *unabsichtlich* ein, so ergibt sich eine widersprüchliche Beschreibung: **Sie ermordete ihren Mann unabsichtlich*, fügt man *absichtlich* ein, ergibt sich ein Pleonasmus: **Sie ermordete ihren Mann absichtlich*. Beide Kombinationen sind daher unter Standardbedingungen nicht akzeptabel. Auf der anderen Seite können absichtsunbestimmte Verben mit beiden Adverbien frei kombiniert werden: *Sie tötete ihren Mann absichtlich* bzw. *unabsichtlich*. Bezugnehmend auf den eben skizzierten sprachlichen Test gebrauche ich die theoretischen Begriffe *Handlung, Basishandlung, Täter* oder *Agens* in einem engen Sinne, wenn die Täterabsicht als notwendige Voraussetzung in die Handlungsbeschreibung eingeht, andernfalls in einem weiten Sinne. Was hier durch ungleich große Sinnesumfänge derselben Termini erklärt wird, hat sonst verschiedene Namen: z.B. "Handlung" vs "Operation" (Rubinstein, 1946), "act" vs "action", "agent" vs "actor" (Miller/Johnson-Laird, 1976). Wie auch immer man sich terminologisch entscheiden mag, es sollte jedenfalls klar sein, daß die weiteren absichtsunbestimmten Begriffe für die Sprachwissenschaft in systematischer Hinsicht grundlegender und in historischer Hinsicht viel älter sind als die engeren absichtsbestimmten Begriffe. Abschließend in Tabelle 4.1 ein Überblick über die erläuterten Handlungsarten und ihre sprachliche Beschreibung. Jede spezielle Ausprägung des Handlungsbegriffs wird so weit gefaßt, daß sie auch das faktische Nicht-Tun bei objektiv gegebener Handlungsmöglichkeit einschließt.

2. Räumliche Handlungen

Wenden wir uns den Handlungssätzen der Form (5) zu. Die Instanzen von NP_1 und NP_2 bezeichnen elementare Einheiten, die weder identisch noch Teile voneinander sind. *V* vertritt hier eine zentrale Klasse transitiver Bewegungsverben - die sogenannten *Handhabe-Verben* oder *verba manupellendi* -, deren Oberbegriff *etwas mit der Hand (und ggf. einem Werkzeug) irgendwohin tun (können)* ist. Die Handhabe-Verben werden zumindest fakultativ durch ein Richtungs- oder Ortsadverbial ergänzt:

(5) NP_1 V NP_2 Advb

Sätze dieser Form beschreiben räumliche Handlungen, die im allgemeinen nicht basishaft sind und eine Absicht des Täters nicht voraussetzen. Als Beispiele dienen die Sätze

(6) *Frank stellt die Tasche in die Ecke.*
(7) *Frank wirft die Tasche in die Ecke.*
(8) *Frank läßt die Tasche in der Ecke stehen.*

deren Inhalt wir im folgenden genauer untersuchen wollen. Wir lassen uns dabei von dem Gedanken leiten, daß jeder Täter eine objektive Möglichkeit hat, in den Naturverlauf ("course of nature"; von Wright, 1971: Kap. II) einzugreifen. Jeder Täter kann also einen bereits bestehenden Zustand oder eine

Tab. 4.1: Handlungsarten und ihre Beschreibung

Handlungsart	Satzart	Beispiele
<u>Basishandlung im weiteren Sinne:</u> Täter tut etwas. (Oder: Täter tut etwas nicht, was er tun könnte.)	Reflexive, quasi-reflexive und intransitive Sätze mit absichtsunbestimmten Verbausdrücken, die im imperativen Modus stehen können	*Frank streckt sich. Sie dreht den Kopf nach links. Das Mädchen schreit.*
<u>Basishandlung im engeren Sinne:</u> Täter tut etwas absichtlich. (Oder: Täter tut etwas absichtlich nicht, was er tun könnte.)	wie oben, nur mit absichtsbestimmten Verbausdrücken	*Frank läßt sich fallen. Sie dreht bewußt den Kopf nach links. Das Mädchen schreit absichtlich.*
<u>Handlung im weiteren Sinne:</u> Täter wirkt - dadurch, daß er etwas tut (oder nicht tut, was er tun könnte) - auf ein äußeres Zielobjekt ein. (Oder: er wirkt nicht darauf ein, obwohl er es könnte.)	Transitive Sätze (mit räumlich getrenntem Objekt und) mit absichtsunbestimmten Verbausdücken, die im imperativen Modus stehen können sowie entsprechende komplexe Sätze und Satzfolgen	*Das Kind nimmt den Folianten aus dem Regal. Sie tötet ihren Mann.*
<u>Handlung im engeren Sinne:</u> Täter wirkt mit Absicht auf ein äußeres Zielobjekt ein. (Oder: er wirkt nicht darauf ein, obwohl er es könnte.)	wie oben, nur mit absichtsbestimmten Verbausdrücken	*Das Kind stiehlt den Folianten aus dem Regal. Sie ermordet ihren Mann.*

von selbst ablaufende Zustandsfolge verändern. Die Minimaländerung besteht darin, das Fortbestehen eines Zustandes oder den Ablauf einer Zustandsfolge zu verhindern. Zur Inhaltsanalyse der Sätze (6) bis (8) werden Diagramme (Abbildungen 4.1 bis 4.3) verwendet, die den topologischen Figuren ähneln, mit denen von Wright (1971: Kap. II) Kausalzusammenhänge dargestellt und illustriert hat. Anders als bei von Wright bezeichnen hier die waagerechten Linien von selbst ablaufende Zustandsfolgen und die schrägen Linien solche, die von einem Täter beeinflußt sind. Faktische Zustandsfolgen werden durch ausgezogene Linien, kontrafaktische (mögliche, aber nicht tatsächliche) werden durch getüpfelte Linien dargestellt.

Die Inhaltsanalyse des Satzes

(6) *Frank stellt die Tasche in die Ecke.*

durch Abbildung 4.1 zeigt, daß ein Täter namens Frank kraft seines Einwirkens das Fortbestehen des Anfangszustandes - die Tasche ist irgendwo, aber nicht in der Ecke - verhindert. Mit anderen Worten: wenn Frank nicht auf die Tasche einwirkte, stünde sie nicht in der Ecke. Ferner macht die Abbildung deutlich, daß der Satz (6) zugrundeliegende Vorgang nie der Kontrolle des Täters entgleitet, er wird vom Täter nicht nur zustande, sondern auch zu Ende gebracht. Während des gesamten Vorgangs ist die Tasche in Franks Hand. Wie

(7) *Frank wirft die Tasche in die Ecke.*

dem Inhalt nach zu analysieren ist, veranschaulicht Abbildung 4.2. Auch hier wird das Fortbestehen des Anfangszustandes - die Tasche ist irgendwo, aber nicht in der Ecke - vom Täter verhindert. Im Unterschied zum Stellen der Tasche veranlaßt hier der Täter durch seine Wurfbewegung einen Vorgang, der eine Eigendynamik entwickelt und von ihm aktiv nicht mehr beendet werden kann. Der sprachliche Ausdruck dieses Vorgangs ist der aus (7) zu folgernde Satz *Die Tasche fliegt in die Ecke.* Komplementär zu (6) und (7) ist die Beschreibung einer Handlung, durch die das Fortbestehen des Ausgangszustandes gerade nicht verhindert wird:

(8) *Frank läßt die Tasche in der Ecke stehen.*

Obwohl der Täter von (8) den Standort der Tasche nicht verändert, kann er dies während eines relevanten Zeitintervalls tun: wenn Frank auf die Tasche

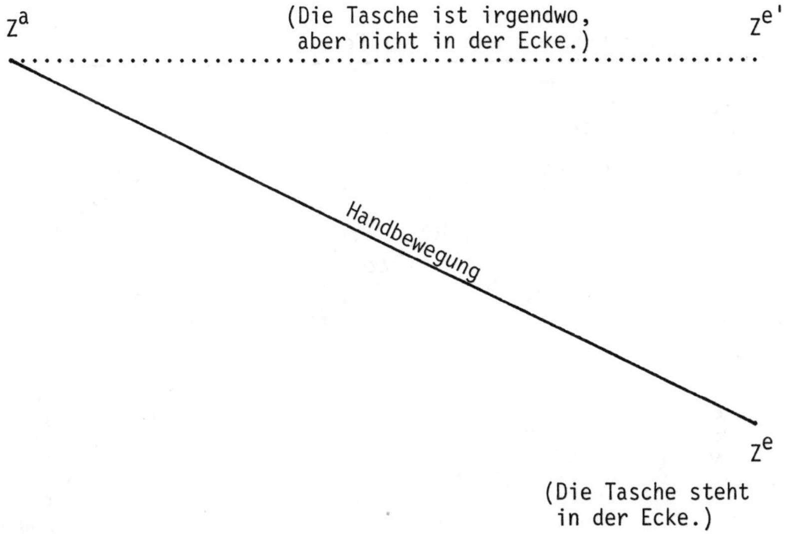

Abb. 4.1: Zustandsfolgen bei Satz (6) *Frank stellt die Tasche in die Ecke.*

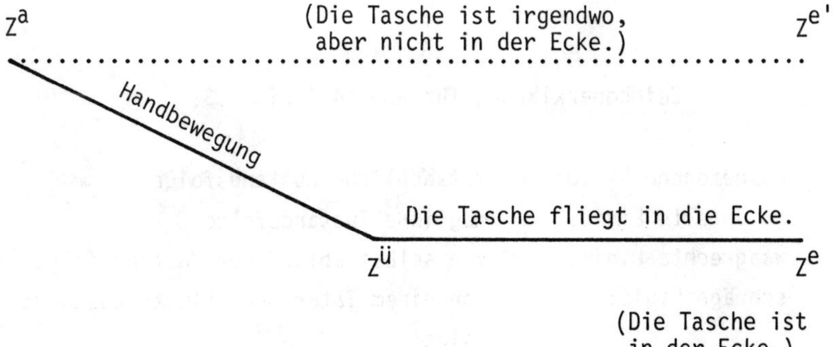

Abb. 4.2: Zustandsfolgen bei Satz (7) *Frank wirft die Tasche in die Ecke.*

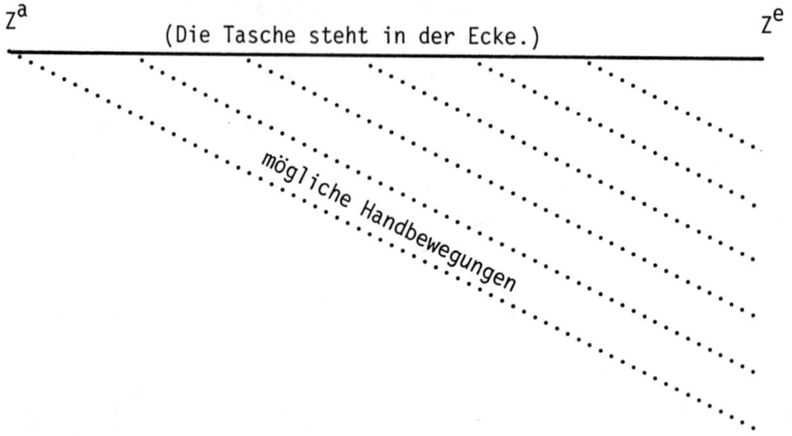

Abb. 4.3: Zustandsfolgen bei
Satz (8) *Frank läßt die Tasche in der Ecke stehen.*

Zeichenerklärung für Abb. 4.1 bis 4.3:

ausgezogene Linie:	tatsächliche Zustandsfolge
getüpfelte Linie:	mögliche Zustandsfolge
waagrechte Linie:	von selbst ablaufende Zustandsfolge
schräge Linie:	von einem Täter beeinflußte Zustandsfolge
Z^a, $Z^ü$, Z^e:	Anfangs-, Übergangs-, Endzustand

einwirkte - etwa durch ein Hochheben der Tasche -, bliebe sie nicht in der Ecke stehen (vgl. Abbildung 4.3). Da Satz (8) ein ergänzendes Gegenstück zu den Handlungssätzen (6) und (7) bildet, sollen sie alle zusammen betrachtet werden.

3. Semantische Informationssysteme

Es gilt nun, die Inhaltsanalyse der Sätze

(6) *Frank stellt die Tasche in die Ecke.*
(7) *Frank wirft die Tasche in die Ecke.*
(8) *Frank läßt die Tasche in der Ecke stehen.*

soweit zu vertiefen, daß ihre Resultate in eine logische Darstellung einmünden können. Diesem Zweck dienen semantische Informationssysteme, bestehend aus einem Basisteil und einem speziellen Teil. Der Basisteil enthält die Schlüsselinformationen für das grobe Verständnis eines Satzes, während im speziellen Teil die besonderen inhaltlichen Aspekte bestimmter Lexeme zusammengefaßt sind. Um den Blick auf die Hauptsache nicht zu verstellen, wurde der Satzrahmen der Beispielsätze konstant gehalten und nur die Verben, auf die es hier ankommt, variiert. Aus diesem Grunde stimmen auch die folgenden Informationssysteme in einer Reihe von Punkten überein.

SEMANTISCHES INFORMATIONSSYSTEM FÜR SATZ (6)

BASISTEIL

(i) Satz (6) enthält die Beschreibung einer Handlung mit den Einheiten erster Ordnung f, t, e und den Einheiten zweiter Ordnung B, L als Komponenten.
f und t sind Dinge.
e ist ein Ort.
B ist die (6) zugrundeliegende Basishandlung.
L ist ein durch B "gemachter" Zustand.

(ii) B ist eine Bewegung.
L ist eine Lage.

f und e sind an B beteiligt.
t und e stehen in L in räumlicher Beziehung.

(iii) f ist der Täter (Agens i.w.S.) von B.
t ist das äußere Zielobjekt (Patiens), auf das durch B eingewirkt wird.
t befindet sich in e (Charakterisierung von L).

Eine Handlung, mit der ein Zustand "gemacht" wird, impliziert, daß dieser Zustand bei Handlungsbeginn noch nicht bestand. Daraus folgt:

Bei Beginn von B: Negation von L, d.h., B ist zeitlich vor L.

SPEZIELLER TEIL

(iv) B und L sind Komponenten einer Handlung des Stellens.

Aufgrund der Sinnrelationen für *stellen* folgt daraus:

B ist eine Bewegung der Hand bzw. des Greiforgans von f.
t *steht in* e (Spezifikation von L.)

SEMANTISCHES INFORMATIONSSYSTEM FÜR SATZ (7)

BASISTEIL

(i) Satz (7) enthält die Beschreibung einer Handlung mit den Einheiten erster Ordnung f, t, e und den Einheiten zweiter Ordnung B_1, B_2, L als Komponenten.
f und t sind Dinge.
e ist ein Ort.
B_1 ist die (7) zugrundeliegende Basishandlung.
B_2 ist ein durch B_1 veranlaßter Vorgang mit L als sich ergebendem Zustand.

(ii) B_1 ist eine Bewegung.

B_2 ist eine Bewegung.
L ist eine Lage.
f ist auf B_1 und B_2 bezogen.
f ist an B_1 beteiligt.
t und e sind an B_2 beteiligt.
t und e stehen in L in räumlicher Beziehung.

(iii) f ist der Täter (Agens i.w.S.) von B_1.
t ist das äußere Zielobjekt (Patiens), auf das durch B_1 eingewirkt wird.
t befindet sich in e (Charakterisierung von L).

Eine Handlung, mit der ein Vorgang veranlaßt wird, impliziert, daß dieser Vorgang bei Handlungsbeginn noch nicht bestand. Daraus folgt:

Bei Beginn von B_1: Negation von B_2; d.h., B_1 ist zeitlich vor B_2.

Ein Vorgang mit impliziertem Vorgangsresultat impliziert weiterhin, daß dieses Resultat bei Beginn des Vorgangs noch nicht bestand. Daraus folgt:

Bei Beginn von B_2: Negation von L; d.h., B_2 ist zeitlich vor L.

SPEZIELLER TEIL

(iv) B_1, B_2, L sind Komponenten einer Handlung des Werfens.

Aufgrund der Sinnrelationen für *werfen* folgt daraus:

B_1 ist eine Bewegung der Hand bzw. des Greiforgans von f.
B_2 ist eine Flugbewegung, d.h., t *fliegt in* e.

SEMANTISCHES INFORMATIONSSYSTEM FÜR SATZ (8)

BASISTEIL

(i) Satz (8) enthält die Beschreibung einer Handlung mit den Einheiten erster Ordnung f, t, e und den Einheiten zweiter Ordnung B, L als Komponenten.
f und t sind Dinge.
e ist ein Ort.
B ist die (8) zugrundeliegende Basishandlung.
L ist ein durch B zugelassener Zustand.

(ii) B ist eine Bewegung oder eine Nicht-Bewegung.
L ist eine Lage.
f ist auf B und L bezogen.
f ist an B beteiligt.
t und e stehen in L in räumlicher Beziehung.

(iii) f ist der Täter (Agens i.w.S.) von B.
t ist das äußere Zielobjekt (Patiens), auf das durch B eingewirkt werden kann.
t befindet sich in e (Charakterisierung von L).

Eine Handlung, mit der ein Zustand zugelassen wird, impliziert, daß dieser Zustand bei Handlungsbeginn bereits bestand und bei Handlungsende noch besteht. Deswegen:

L ist zeitlich vor B und L ist zeitlich nach B.

SPEZIELLER TEIL

(iv) B und L sind Komponenten einer Handlung des Stehenlassens.

Aufgrund der Sinnrelation für *stehen lassen* folgt daraus:

B ist - in den meisten Kontexten - eine Bewegung oder Nicht-Bewegung der Hand bzw. des Greiforgans von f.
t *steht in* e (Spezifizierung von L).

Der kleinste gemeinsame Nenner der Informationssysteme: es dreht sich um räumliche Handlungen mit immer denselben Mitspielern. Worin sich die Handlungen grundlegend unterscheiden, steht in den Informationen der Basisteile, vor allem in der ersten Information, wo die Stichworte *machen*, *veranlassen* und *zulassen* gebraucht werden. Diese Verben nennen wir *Kontroll-Verben*, da sie beschreiben, in welcher Weise ein Geschehen von einem Täter kontrolliert wird. Sie spielen eine ähnlich entscheidende Rolle bei der Analyse der Handhabe-Verben und des sprachlichen Handlungskonzepts wie die Ortspräpositionen bei der Analyse komplexer Orts- und Richtungsangaben und des sprachlichen Raumbegriffs. Wie zuvor die Ortspräpositionen durch lokale Relationen expliziert wurden, so sollen nun die Kontroll-Verben durch entsprechende logische Prädikate geklärt werden. Eine erschöpfende Diskussion der vielen Verwendungsweisen dieser Verben würde hier jedoch zu weit führen. Ich begnüge mich daher mit dem Hinweis, daß die Verwendungen von *machen*, *veranlassen* und *zulassen* in

(9) *Frank macht, daß die Tasche in der Ecke steht.*
(10) *Frank veranlaßt, daß die Tasche in die Ecke fliegt.*
(11) *Frank läßt zu, daß die Tasche in der Ecke stehenbleibt.*

nur näherungsweise als Paraphrasen von

(6) *Frank stellt die Tasche in die Ecke.*
(7) *Frank wirft die Tasche in die Ecke.*
(8) *Frank läßt die Tasche in der Ecke stehen.*

in Betracht kommen. Sie machen zwar den semantischen Aufbau der Sätze (6) bis (8) durchsichtig, verändern aber auch bis zu einem gewissen Grade deren Bedeutung: abgesehen von stilistischen Fragen sind z.B. die Sätze (10) und (11) absichtsbestimmt, nicht aber (7) und (8). Trotzdem soll die logische Prädikatskonstruktion die Struktur der Verbausdrücke *machen, daß* in (9), *veranlassen, daß* in (10), *zulassen, daß* in (11) nachbauen: wir gehen von entsprechenden Matrixprädikaten MACH, VERANLASS und ZULASS aus, die auf ein eingebettetes Zustands- bzw. Geschehensprädikat und mit diesem zusammen auf die beteiligten Einheiten erster Ordnung angewandt werden. Mit den besonderen mnemotechnischen Symbolen der Informationssysteme erhalten wir dann eine quasilogische Darstellung der hier betrachteten Sätze:

(12) (MACH(L))(f,t,e)
(13) (VERANLASS(B_2))(f,t,e)
(14) (ZULASS(L))(f,t,e).

4. Logische Darstellung

Im Rahmen einer allgemeinen Logiksprache werden mnemotechnische Symbole durch allgemeine Symbole ersetzt. Die obigen Ausdrücke (12) bis (14) gewinnen dann die Form:

(15) (MACH(L-IN))(a,b,c)

(16) (VERANLASS(D-IN^{z}))(a,b,c)

(17) (ZULASS(L-IN))(a,b,c)

In (15) und (17) wird die Beziehung zwischen a und einer Position von b in c näher bestimmt, in (16) die Beziehung zwischen a und einer Bewegung von b auf c hin:

a macht, daß L-IN(b,c)

a veranlaßt, daß D-IN^{z}(b,c)

a läßt zu, daß L-IN(b,c)

Wir wollen nun die Interpretation der Formeln (15), (16) und (17) durch Bedeutungspostulate festlegen. Beginnen wir mit den Gemeinsamkeiten. Aus allen drei Formeln folgt stets, daß es dem Agens a möglich ist, auf einen Patiens b mittels eigener Bewegungen bzw. Nicht-Bewegungen einzuwirken (vgl. (18)) sowie, daß es a möglich ist, diese eigenen Bewegungen bzw. Nicht-Bewegungen zu "tun" (vgl. (19)). Seien EINWIRK und TU Matrixprädikate, D eine Prädikatsvariable, die eine Bewegung oder eine Nicht-Bewegung charakterisiert, dann gilt:

(18) $\diamond\, \exists \vec{x}\ \exists D\ (\mathrm{EINWIRK}(D))(a,b,\vec{x})$

(19) $\diamond\, \exists \vec{x}\ \exists D\ (\mathrm{TU}(D))(a,\vec{x})$

Bei (18) handelt es sich um die Rahmenbedingung für eine räumliche Handlung, bei (19) um die Rahmenbedingung für eine räumliche Basishandlung. (18) und (19) sind äquivalent zu den vorher erörterten pragmatischen Täterkriterien für a, in denen es um die Ausführbarkeit diesbezüglicher Befehle geht:

- Wenn jemand, der die Befehlsgewalt hat, a befehlen würde, mittels eigener Bewegungen (bzw. Nicht-Bewegungen) auf b unter der Bedingung C einzuwirken, so könnte a diese Bewegungen (bzw. Nicht-Bewegungen) - nach Erteilung des Befehls, immer wenn C vorliegt - tun.

- Wenn jemand, der die Befehlsgewalt hat, a befehlen würde, unter der Bedingung C eigene Bewegungen (bzw. Nicht-Bewegungen) zu tun, so könnten diese Bewegungen (bzw. Nichtbewegungen) - nach Erteilung des Befehls, immer wenn C vorliegt - eintreten.

Die beiden Täterkriterien lassen sich formal durch (20) und (21) darstellen. Dabei bedienen wir uns des Lewis'schen *könnte*-Operators $\Diamond\!\!\rightarrow$, lies: 'wenn es der Fall wäre, daß ___, dann könnte es der Fall sein, daß ...' (vgl. Lewis, 1973: 2), und der von Rescher (1966: 31f.) eingeführten symbolischen Konvention [a!P/C], lies: 'a! Immer wenn die Bedingung C vorliegt, realisiere P.'

$$(20)\quad \exists\vec{x}\ \exists D\ ([a!(\mathrm{EINWIRK}(D))(a,b,\vec{x})/C]\ \Diamond\!\!\rightarrow\ (\mathrm{TU}(D))(a,\vec{x}))$$
$$(21)\quad \exists\vec{x}\ \exists D\ ([a!(\mathrm{TU}(D))(a,\vec{x})/C]\ \Diamond\!\!\rightarrow\ D(a,\vec{x}))$$

Der Zusammenhang zwischen den Prädikaten EINWIRK und TU sowie der direktionalen Relation D wird zum einen durch die Äquivalenzen

(18) g.d.w. (20)
(19) g.d.w. (21)

deutlich, zum anderen durch schlichte Implikationen, die besagen, daß wer mittels eigener Bewegungen (bzw. Nicht-Bewegungen) auf etwas einwirkt, diese Bewegungen (bzw. Nicht-Bewegungen) "tut" und daß diese auch eintreten, wenn er sie "tut":

$$(22)\quad \exists\vec{x}\ \exists D\ ((\mathrm{EINWIRK}(D))(a,b,\vec{x})\ \supset\ (\mathrm{TU}(D))(a,\vec{x})$$
$$(23)\quad \exists\vec{x}\ \exists D\ ((\mathrm{TU}(D))(c,\vec{x})\ \supset\ D(a,\vec{x}))$$

Damit sind die Gemeinsamkeiten der drei Ausgangsformeln schon erschöpft. Nun zu den Unterschieden. Während die Formeln (15) oder (17) unmittelbar den Endzustand L-IN(b,c) implizieren, folgt aus (16) unmittelbar die direktionale Relation $\text{D-IN}^{Z}(b,c)$ und erst aus dieser der Endzustand L-IN(b,c):

Wenn entweder (15) oder (17), so: L-IN(b,c)
Wenn (16), so: $\text{D-IN}^{Z}(b,c)$

Wir gehen also davon aus, daß aus den Sätzen (9), (10) und (11) die entsprechenden *daß*-Komplementsätze gefolgert werden können[19]. Im übrigen können wir die von den Ausgangsformeln implizierte Basishandlung unterschiedlich genau bestimmen: Bei der Mach-Handlung (15) wissen wir, daß es sich um eine auf c ausgerichtete Eigenbewegung von a handelt; bei der Veranlaß-Handlung (16) ist die Richtung der Eigenbewegung unbestimmt und bei der Zulaß-Handlung (17) wissen wir nicht einmal, ob a sich bewegt oder nicht bewegt: wer eine Tasche stehenläßt, kann dies z.B. dadurch tun, daß er seine ausgestreckte Hand zurückzieht oder aber dadurch, daß er sie gar nicht erst ausstreckt. Noch wichtiger ist, daß zwar der Täter der Mach- oder der Veranlaß-Handlung faktisch auf einen Patiens einwirkt, nicht aber der Täter der Zulaß-Handlung, zusammengefaßt:

Wenn (15), so: $\exists D^{z}\ (\mathrm{EINWIRK}(D^{z}))(a,b,c)$
Wenn (16), so: $\exists\vec{x}\ \exists D^{+}\ (\mathrm{EINWIRK}(D^{+}))(a,b,\vec{x})$
Wenn (17), so: $\exists\vec{x}\ \exists D\ (\sim\mathrm{EINWIRK}(D))(a,b,\vec{x})$

Betrachten wir nun den Ausgangszustand der drei Handlungen. Bei Beginn der Zulaß-Handlung ist die Tasche bereits in der Ecke, jedoch nicht bei Beginn der Mach- oder Veranlaß-Handlung: dieser Zustand wird hier erst durch die Ausführung der Handlungen bewirkt. Wir können diese Zusammenhänge auch umgekehrt durch kontrafaktische Bedingungssätze beschreiben: wenn im Falle der Mach-Handlung (15) oder der Veranlaß-Handlung (16) a nicht mittels Eigenbewegungen auf b einwirkte, dann würde b auch nicht in c sein. Im Falle der Zulaß-Handlung (17) ergäbe sich dieselbe Konsequenz gerade dann, wenn a auf b einwirkte. In Formeln:

Wenn (15), so: $\exists D^{z}\ (\sim\mathrm{EINWIRK}(D^{z}))(a,b,c)\ \Box\!\!\rightarrow\ \sim \text{L-IN}(b,c)$
Wenn (16), so: $\exists\vec{x}\ \exists D^{+}\ (\sim\mathrm{EINWIRK}(D^{+}))(a,b,\vec{x})\ \Box\!\!\rightarrow\ \sim \text{L-IN}(b,c)$
Wenn (17), so: $\exists\vec{x}\ \exists D\ (\mathrm{EINWIRK}(D))(a,b,\vec{x})\ \Box\!\!\rightarrow\ \sim \text{L-IN}(b,c)$

Dabei ist "$\Box\!\!\rightarrow$" der Lewis'sche *würde*-Operator mit der Bedeutung: 'Wenn es der Fall wäre, daß ___, dann würde es der Fall sein, daß ...' (vgl. Lewis, 1973: 1f.). Durch die eben hervorgehobenen Folgerungsbeziehungen können die Mach- und Veranlaß-Handlungen scharf gegen die Zulaß-Handlungen abgegrenzt werden. Gibt es aber eine vergleichbar scharfe Unterscheidung zwischen Mach- und Veranlaß-Handlungen? Nun, der Punkt war, daß der Täter einer Mach-Handlung das Gesamtgeschehen bis zum Erreichen des Endzustandes kontrolliert, das heißt, daß er im Rahmen der Mach-Handlung den Endzustand jederzeit verhindern kann. Genau das kann der "Veranlasser" im Unterschied zum "Macher" nicht: es gibt in einer Veranlaß-Handlung immer eine Wende, wo der "Veranlasser" die Kontrolle über den von ihm inszenierten Vorgang verliert und es ihm unmöglich wird, dessen Endzustand zu verhindern. In unserem Beispiel ist die Wende dann erfolgt, wenn man sagen kann: *Die Tasche fliegt in die Ecke*. Dies führt zu den folgenden Bedingungen:

Wenn (15), so: $\Diamond$ (VERHINDER(L-IN))(a,b,c)
Wenn (16), so: D-IN^z(b,c) $\supset\ \sim\Diamond$ (VERHINDER(L-IN))(a,b,c)

Es ist klar, daß ein verhinderter Zustand nicht eintritt und ein nicht verhinderter Zustand eintritt:

(24) (VERHINDER(L-IN))(a,b,c) $\supset\ \sim$ L-IN(b,c)
(25) ($\sim$ VERHINDER(L-IN))(a,b,c) $\supset$ L-IN(b,c)

Wie gesagt, scheinen die Verben *zulassen* und *verhindern* komplementär zu sein. Darüber hinaus kann *verhindern* auch in systematischer Weise auf *veranlassen* und *machen* bezogen werden, insofern beide Male eine Nicht-Bewegung von b verhindert wird. Dem trägt unsere Explikation Rechnung:

(26) (ZULASS(L-IN))(a,b,c) $\equiv$ ($\sim$ VERHINDER(L-IN))(a,b,c)
(27) (VERANLASS(D-IN^z))(a,b,c) $\supset\ \exists$D$^-$ (VERHINDER(D$^-$))(a,b,c)
(28) (MACH(L-IN))(a,b,c) $\supset\ \exists$D$^-$ (VERHINDER(D$^-$))(a,b,c)

Ob das Prädikat, auf das VERHINDER angewendet wird, einen Vorgang oder einen Zustand qualifiziert, hat auf die Folgerungsbeziehungen zwischen der Verhinderung und dem Verhinderten bzw. zwischen der Nicht-Verhinderung und dem Nicht-Verhinderten keinen Einfluß. Diese Folgerungsbeziehungen bleiben auch dann unverändert, wenn sich das eingebettete Prädikat auf eine Handlung bezieht. Dem Prädikat ZULASS ist die gleiche Kombinationsfreiheit einzuräumen wie dem Prädikat VERHINDER, hingegen sollte das Prädikat VERANLASS nur auf Vorgangs- und Handlungsprädikate und das Prädikat MACH nur auf Zustandsprädikate angewendet werden. Außer durch den Gesamtzusammenhang der Bedeutungspostulate läßt sich dies sprachlich dadurch begründen, daß *machen* in seiner echt transitiven Variante typischerweise mit Adjektiven kombiniert wird, die den gemachten Zustand schildern: *(ein Leck) dichtmachen, (eine Suppe) heißmachen, (den Boden) urbarmachen* usw.[20], ferner dadurch, daß Konstruktionen mit *lassen*, die einen Zustand fixieren wie *(die Klienten im Wartezimmer) sitzen lassen, (die Tasche in der Ecke) stehen lassen, (den Verletzten) liegen lassen* im allgemeinen nur durch *zulassen* und nicht durch *veranlassen* paraphrasierbar sind[21]; schließlich dadurch, daß man Handlungen anderer Täter zwar *veranlassen, zulassen* oder *verhindern*, nicht aber *machen* kann. Es gibt wohl Veranlaß-, Zulaß- oder Verhinder-Handlungen mit zwei Tätern, einem mittelbaren und einem unmittelbaren (vgl. *einen Vogel fliegen lassen, einen Spion fliehen lassen* oder *an der Flucht hindern*), jedoch haben Mach-Handlungen nur einen Täter. Löst man sich für einen Augenblick von den paradigmatischen Handhabe-Verben *stellen, werfen, stehen lassen* und der auf sie ausgerichteten logischen Darstellung, so ist festzuhalten, daß u.a. folgende Ausdrücke in unserer Logiksprache inhaltlich möglich sind:

$$(\mathrm{VERANLASS}((\mathrm{TU})(\mathrm{D\text{-}IN}^{z})))(a,b,c)$$
$$(\mathrm{ZULASS}((\mathrm{TU})(\mathrm{D\text{-}IN}^{z})))(a,b,c)$$
$$(\mathrm{VERHINDER}((\mathrm{TU})(\mathrm{D\text{-}IN}^{z})))(a,b,c)$$

Worum es uns aber vorderhand ging, war die Bestimmung der grundlegenden Handlungsprädikate MACH, VERANLASS und ZULASS mit der in (15), (16) und (17) angeführten Prädikatskombination. Sie erfolgte durch ein System von Bedeutungspostulaten, das die Prädikate solange reduziert, bis sie im Rahmen der im zweiten und dritten Kapitel entwickelten Referenzsemantik gedeutet werden können. Damit ist die logische Darstellung des Basisteils der drei Informationssysteme für die Sätze (6), (7) und (8) abgeschlossen. Die Informationen des speziellen Teils geben lediglich an, welche besondere Art einer Mach-, Veranlaß- und Zulaß-Handlung durch die Verben *stellen, werfen* und *stehen lassen* beschrieben wird. Sie lassen sich logisch als Spezifikationen der Formeln (15), (16), (17) und ihrer Implikate darstellen. So wird die spezielle Information des ersten Informationssystems: 'eine Stellbewegung ist eine Bewegung der Hand oder des Greiforgans des Täters' dadurch verarbeitet, daß man die in (15) enthaltene Darstellung der Eigenbewegung des Täters

$$\exists D^{z}\ (D^{z}(a,c))$$

durch (29) spezifiziert:

$$(29)\quad \exists y\ \exists D^{z}\ (D^{z}(y,c)\ \&\ \mathrm{HAT}(a,y)\ \&\ \mathrm{HAND}(y)\ \vee\ \mathrm{GREIFORGAN}(y))$$

In ähnlicher Weise ermöglicht die spezielle Information: "b *steht in* c" eine Ergänzung des in (15) eingebetteten Prädikats

$$\text{L-IN}(b,c)$$

durch eine Konjunktion der Art:

$$(30)\quad \text{L-IN}(b,c)\ \&\ \exists x\ (\text{HAT}(b,x)\ \&\ \text{STANDFLÄCHE}(x))$$
$$\&\ \exists y\ (\text{HAT}(b,y)\ \&\ \text{HAUPTACHSE}(y)\ \&\ \text{L-PARALLEL}(y,\Omega^3))$$
$$\&\ \exists z\ (\text{HAT}(c,z)\ \&\ \text{STANDEBENE}(z))$$

5. Passiv

Die Opposition zwischen Aktiv und Vorgangspassiv ist bei den Handhabe-Verben voll ausgebildet, das Zustandspassiv kommt hingegen nur bedingt vor. So gibt es zu unseren Beispielsätzen

(6) *Frank stellt die Tasche in die Ecke.*
(7) *Frank wirft die Tasche in die Ecke.*
(8) *Frank läßt die Tasche in der Ecke stehen.*

zwar drei passivische Umschreibungen mit *werden*

(6a) *Die Tasche wird (von Frank) in die Ecke gestellt.*
(7a) *Die Tasche wird (von Frank) in die Ecke geworfen.*
(8a) *Die Tasche wird (von Frank) in der Ecke stehen gelassen.*

aber nur eine mit *sein*[22]:

(6b) *Die Tasche ist in die Ecke gestellt.*
(7b) **Die Tasche ist in die Ecke geworfen.*
(8b) **Die Tasche ist in der Ecke stehen gelassen.*

Wie wirkt sich nun die Verwendung des Vorgangspassivs auf die Bedeutung und die logische Form der Handlungssätze aus? Wird das Agenselement in den Passiv-Sätzen ausgedrückt, dann haben diese die gleiche Bedeutung wie die ursprünglichen Aktiv-Sätze - bis auf den Unterschied einer anderen inhaltlichen Hervorhebung der Satzglieder. In diesem Fall wird der Basisteil der semantischen Informationssysteme durch die Passivbildung nicht verändert; höchstens wäre der spezielle Teil um zusätzliche Informationen über die Topikalisierung zu erweitern. Die Besonderheit des Vorgangspassivs liegt aber gerade darin, daß das Agenselement weggelassen werden kann. Auch dann wird durch die Wahl des transitiven Verbs vorausgesetzt, daß ein Täter den Vorgang kontrolliert, nur daß dieser Täter aus vielerlei Gründen - z.B. aus Vorsicht oder weil er bereits bekannt ist - nicht benannt wird. Beispielsweise scheint der Satz

Die Tasche wird in die Ecke geworfen.

kognitiv synonym zu sein mit

Die Tasche wird von jemandem in die Ecke geworfen.

oder mit

Jemand wirft die Tasche in die Ecke.

Alle drei Sätze unterscheiden sich in der gleichen Weise von der intransitiven Formulierung

Die Tasche fliegt in die Ecke.

die einen autonomen Vorgang beschreibt. Wir erhalten die logische Form von Passiv-Sätzen mit unspezifiziertem Agens aus der logischen Form der entsprechenden Aktiv-Sätze, indem wir die Täter-Konstante *a* durch eine gebundene Variable ersetzen:

(15) (MACH(L-IN))(a,b,c)
(16) (VERANLASS(D-IN^{Z}))(a,b,c)
(17) (ZULASS(L-IN))(a,b,c)

(15a) ∃y (MACH(L-IN))(y,b,c)
(16a) ∃y (VERANLASS(D-IN^{Z}))(y,b,c)
(17a) ∃y (ZULASS(L-IN))(y,b,c)

Diese logische Darstellung macht deutlich, daß Aktiv und Vorgangspassiv keineswegs verschiedene Formen oder Arten einer Handlung (so z.B. Admoni, 1966: 177 oder Schmidt, 1977: 207) beschreiben, sondern ein und dieselbe Handlung, die das eine Mal genauer, das andere Mal weniger genau bestimmt wird.

6. Mach- und Veranlass-Verben

Entsprechen den inhaltlichen Unterschieden zwischen den Handhabe-Verben *stellen, werfen, stehen lassen* auch grammatische Unterschiede? Umfassender gefragt: läßt sich die Klasse der Handhabe-Verben zerlegen in grammatisch bestimmbare Klassen von Mach-Verben, Veranlaß-Verben und Zulaß-Verben? In unserer Antwort wollen wir uns vorerst auf die Mach- und Veranlaß-Verben beschränken. Den Zulaß-Verben bzw. der *lassen*-Konstruktion ist der folgende Abschnitt gewidmet.

Es liegt nahe, die Nahtstelle zwischen der Inhalts- und Ausdrucksseite der Verben in ihren syntagmatischen Sinnrelationen zu suchen, und zwar sowohl in den Sinnrelationen zu anderen Satzgliedern wie in den Sinnrelationen zu anderen Verben in Nachbarsätzen. Erstere werden meist unter dem Stichwort "Valenz des Verbs", letztere auch unter der Überschrift "verbspezifische Folgerungsbeziehungen" untersucht. Bekanntlich betrachtet die Valenztheorie das Verb als das strukturelle Zentrum des Satzes. Es eröffnet um sich herum Leerstellen, die durch obligatorische oder fakultative Satzglieder zu besetzen sind; dazu kommen noch freie Angaben. (Genaueres siehe Helbig/Schenkel, 1969.) Da alle von uns betrachteten Handhabe-Verben obligatorisch durch ein Akkusativobjekt ergänzt werden, könnte nur der Status der Adverbialergänzung eine Rolle spielen. Doch läßt sich die inhaltliche Ungleichheit von Mach-Verben und Veranlaß-Verben nicht am Unterschied zwischen obligatorischer und fakultativer Adverbialergänzung festmachen: sowohl *stellen* als auch *werfen* haben in den hier zur Diskussion stehenden Varianten eine obligatorische Richtungsergänzung (vgl. Helbig/Schenkel, 1969 und Engel/Schumacher, 1976). Dem Inhalt nach gehören - außer *stellen* - auch die Verben *setzen* und *legen*, *schieben* und *tragen* zu den Mach-Verben, aber nur *setzen* und *legen* müssen durch ein Richtungsadverbial ergänzt werden: vgl. *Die Frau schiebt ihr Fahrrad; Der Mann trägt den Koffer*. Von den Verben *flößen* und *gießen*, *streuen* und *zapfen*, die wir sämtlich wie *werfen* als Veranlaß-Verben deuten, verlangen nur die ersten beiden obligatorisch ein Richtungsadverbial:

Die Schwester flößt (dem Patienten) Milch in den Mund.
Der Kellner gießt Wein ins Glas.
Der Bauer streut Dünger.
Der Wirt zapft ein Helles.

Somit finden wir die Hypothese von Helbig/Schenkel (1969: 36) bestätigt, daß der Unterschied zwischen obligatorischer und fakultativer Valenz lediglich eine Oberflächenerscheinung ist, die sich in einer semantisch ausgerichteten Tiefenstruktur nicht mehr greifen läßt.

Wenn nun das obligatorische oder fakultative Vorkommen von Richtungsangaben die Handhabe-Verben nicht im gewünschten Sinne unterscheidet, so könnte es immerhin sein, daß die Art der vorkommenden Richtungsangaben eine grammatische Unterscheidung ermöglicht. Im dritten Kapitel wurden die Richtungsangaben aufgegliedert in Start-, Weg- und Zielangaben. Ein Vergleich von

Frank stellt die Tasche { *in die Ecke.* / **aus dem Fenster.* / **durch die Luke.* }

Frank wirft die Tasche { *in die Ecke.* / *aus dem Fenster.* / *durch die Luke.* }

zeigt, daß *werfen* mit allen Richtungsadverbialen kombinierbar ist, *stellen* hingegen nur mit Zielangaben[23]. Um zu sehen, ob dieser Unterschied verallgemeinert werden kann, wurde eine Liste von Grundverben im Wörterbuch von Mater (1966) überprüft. Die Kombinationsklassen von Handhabe-Verben, die

A. mit allen Richtungsangaben
B. nur mit Zielangaben
C. nur mit Startangaben

kombiniert werden können, lassen deutlich eine Tendenz erkennen: Klasse A enthält vor allem Veranlaß-Verben - außer *werfen* z.B. *gießen, träufeln, streuen, zapfen*, Klasse B vor allem Mach-Verben - außer *stellen* z.B. *setzen, legen, kleben, lehnen*, Klasse C enthält scheinbar nur (privative) Mach-Verben wie *klauben, lösen, pflücken, trennen*. Allerdings gibt es auch in Klasse A Mach-Verben - z.B. *hängen, stecken, tragen* und in Klasse B Veranlaß-Verben - z.B. *klappen, klatschen, tauchen* (vgl. Tab. 4.2). Aus diesem Grunde ist die erkennbare Tendenz inhaltlich verschiedener Verben zu bestimmten Kombinationsklassen sicher keine notwendige und allenfalls bei Klasse C eine hinreichende Bedingung für die Einteilung der Handhabe-Verben. Bleibt zu hoffen, daß die verbspezifischen Folgerungsbeziehungen härtere Kriterien liefern.

Tab. 4.2: Mögliche Kombinationen von Handhabe-Verben mit Richtungsangaben

Klasse A: Kombination mit allen Richtungsangaben

gießen kippen schütten träufeln tropfen tröpfeln	(die Flüssigkeit aus dem Behälter, durch den Trichter, in die Flasche)
hängen senken	(die Fahne aus dem Fenster, die Leine durch das Gitter, ins Wasser)
kugeln kullern	(Murmeln aus der Hand, über den Flur, unter den Schrank)
prellen schleudern	(den Ball von sich weg, durch das Tor, an die Hauswand)
rollen wälzen	(das Faß vom Wagen herab, über die Straße, in den Graben)
schieben	(das Fahrrad aus der Garage, durch das Tor, auf die Straße)
schlagen	(den Stock aus der Hand, den Nagel durch das Brett, in die Wand)
schleifen schleppen tragen	(den Sack von der Einfahrt weg, über den Hof, ins Haus)
schnellen	(den Pfeil von der Sehne, über den Fluß, ins Gebüsch)
schrauben	(den Deckel von der Dose, die Schraube durch das Brett, in die Wand)
spritzen sprühen	(Parfüm aus der Flasche, durch die Düse, unter die Achsel)
stecken	(den Kopf aus dem Fenster, durch die Tür, eine Blume ins Knopfloch)
streuen	(Sand aus der Büchse, durch das Gitter, auf den Weg)
stürzen	(die Kiste von der Brücke, durch ein Loch im Geländer, ins Wasser)
zapfen	(Bier aus dem Faß, durch das Spundloch, in den Krug)
ziehen	(den Korken aus der Flasche, das Kind über den Beckenrand, ins Wasser)

Tab. 4.2: (Fortsetzung)

Klasse B: Kombination nur mit Zielangaben

binden	(das Boot an einen Pflock)
breiten	(die Decke über den Tisch
fesseln	(die Hände auf den Rücken)
fügen	(einen Stein an den andern)
haken	(die Schlüssel in den Schlüsselbund)
häufen	(Schnitten auf den Teller)
heften	(einen Zettel ans Schwarze Brett)
klappen	(den Sitz nach unten)
klatschen	(das Buch an die Wand)
kleben	(die Briefmarke auf den Umschlag)
klemmen	(ein Stück Holz zwischen die Fensterflügel)
lehnen	(die Stange an die Wand)
legen	(den Löffel auf den Tisch)[23]
leimen	(das Stuhlbein an den Stuhl)
nähen	(die Knöpfe an das Kleid)
pappen	(das Pflaster auf die Wunde)
reihen	(Perlen auf eine Schnur)
schlingen	(den Schal um den Hals)
setzen	(das Kind auf den Stuhl)[23]
stapeln	(Kisten auf die Rampe)
stellen	(die Tasche in die Ecke)[23]
tauchen	(den Angelhaken ins Wasser)
türmen	(Stühle auf den Tisch)

Klasse C: Kombination nur mit Startangaben

greifen	(ein Buch vom Regal)
klauben	(Kartoffeln aus der Erde)
lösen	(das Plakat von der Wand)
pflücken	(Äpfel vom Baum)
pulen	(Rosinen aus dem Kuchen)
sondern	(die Spreu vom Weizen)
stehlen	(das Geld aus der Kasse)
trennen	(den Kragen vom Kleid)
zupfen	(Fusseln vom Rock)

Die Folgerungsbeziehungen (oder "Sinnrelationen") zwischen Verben mit Objektergänzung und Verben ohne Objektergänzung erfassen eine syntaktische Beziehung, welche der sogenannten Ergativkonstruktion in Sprachen wie dem Eskimo entspricht: das grammatische Subjekt eines intransitiven Verbs wird zum grammatischen Objekt eines entsprechenden transitiven Verbs und ein neues ergatives Subjekt wird als Agens eingeführt (vgl. Lyons, 1968: § 8.2.3 ff.). Konkret geht es um die Relation der impliziten Behauptung zwischen dem transitiven *stellen* und dem intransitiven *stehen* in (31) und (32) sowie dem transitiven *werfen* und dem intransitiven *fliegen* in (33) und (34):

(31) *Frank hat die Tasche in die Ecke gestellt.*
⇒ (32) *Die Tasche steht in der Ecke.*

(33) *Frank wirft die Tasche in die Ecke.*
⇒ (34) *Die Tasche fliegt in die Ecke.*

Daran ist bemerkenswert, daß sich *stellen* und *werfen* in grammatischer Hinsicht viel weniger unterscheiden als *stehen* und *fliegen*. Denn das statische Verb *stehen* kann nicht durch eine Richtungsangabe ergänzt werden, wohl aber das dynamische Verb *fliegen*. Es wäre nun zu prüfen, ob es zu den transitiven Konstruktionen mit anderen Handhabe-Verben ähnliche verbspezifische Folgerungen zu intransitiven Konstruktionen gibt, in denen sich der inhaltliche Unterschied zwischen dem Machen und dem Veranlassen auch grammatisch ausdrückt. Tatsächlich spiegelt sich dieser Unterschied in zwei Typen von Folgerungsbeziehungen mit diversen Unterteilungen (vgl. Tabelle 4.3):

Typ I : Verbspezifische Folgerungsbeziehungen zwischen Handlungs- und Zustandssätzen

a. Beziehungen zwischen transitiven Handhabe-Verben mit Richtungsangaben und ihren intransitiven Verbvarianten mit Ortsangaben
b. Beziehungen zwischen transitiven Handhabe-Verben mit Richtungsangaben und phonologisch verwandten intransitiven Verben mit Ortsangaben

Typ II: Verbspezifische Folgerungsbeziehungen zwischen Handlungs- und Vorgangssätzen

a. Beziehungen zwischen transitiven Handhabe-Verben mit Richtungsangaben und ihren intransitiven Verbvarianten mit Richtungsangaben
b. Beziehungen zwischen transitiven Handhabe-Verben mit Richtungsangaben und phonologisch verwandten intransitiven Verben mit Richtungsangaben
c. Beziehungen zwischen transitiven Handhabe-Verben mit Richtungsangaben und entsprechenden intransitiven Verben mit Richtungsangaben

Die Unterteilungen Ia und IIa umfassen die eigentlich ergativen Verben, deren transitive und intransitive Varianten sich weder morphologisch noch phonologisch unterscheiden (Nullmodifikation). Das Verhältnis von Transitivität und Intransitivität wird bei den Verben unter Ib und IIb durch einen Lautwandel des Stammvokals markiert, bei den Verben unter IIc wird es lexikalisiert. Wir haben nun den Schlüssel gefunden, der uns den Inhalt der Verben erschließt: der erste Folgerungstyp identifiziert die Mach-, der zweite die Veranlaß-Verben. Obwohl sie gegenläufige Kombinationstendenzen haben, gehören - den Folgerungstypen nach - *hängen*[24] und *stecken* zu den Mach-, *klappen, klatschen* und *tauchen* zu den Veranlaß-Verben. Dabei ist im Zweifel weniger wichtig, wie die Handlung in Wirklichkeit ausgeführt wird, ob etwa der in (35) genannte Fischer die Tauchbewegung des Angelhakens völlig im Griff hat; entscheidend ist vielmehr, wie dies die Sprache sieht, d.h., ob die Folgerung

(35) *Der Fischer taucht den Angelhaken ins Wasser.*
⇒ (36) *Der Angelhaken taucht ins Wasser.*

in einem normalsprachlichen Kontext zulässig ist oder nicht.

Von den beiden Folgerungstypen gibt der zweite den Ausschlag, denn der erste erfaßt keineswegs alle Mach-Verben. So fallen die transitiven Verben *tragen* und *binden* nicht unter Typ 1. Ihnen entsprechen keine besonderen intransitiven Verben; für sie gilt lediglich die Rahmenbedingung

$$NP_1 \quad \underset{[+\,dyn]}{V} \quad Perf \quad NP_2 \quad \underset{[+\,dyn]}{Advb} \quad \Rightarrow \quad NP_2 \quad \underset{[-\,dyn]}{Kop} \quad (Neg) \quad \text{Präs} \quad \underset{[-\,dyn]}{Advb}$$

Tab. 4.3: Verbspezifische Folgerungsbeziehungen

Typ I: Folgerungsbeziehungen zwischen Handlungs- und Zustandssätzen

$NP_1 \; \underset{[+dyn]}{V} \; Perf \; NP_2 \; \underset{[+dyn]}{Advb} \Rightarrow NP_2 \; \underset{[-dyn]}{V} \; Präs \; \underset{[-dyn]}{Advb}$

Typ Ia: transitive und intransitive Verbvarianten	*Der Fremde hat den Hut an den Nagel gehängt.* ⇒ *Der Hut hängt am Nagel*[24]. *Der Beamte hat eine Briefmarke auf den Umschlag geklebt.* ⇒ *Die Briefmarke klebt auf dem Umschlag.* *Der Wärter hat ein Stück Holz zwischen die Fensterflügel geklemmt.* ⇒ *Das Stück Holz klemmt zwischen den Fensterflügeln.* *Der Arbeiter hat die Stange an die Wand gelehnt.* ⇒ *Die Stange lehnt an der Wand.* *Die Schwester hat ein Pflaster auf die Wunde gepappt.* ⇒ *Das Pflaster pappt auf der Wunde.* *Der Galan hat eine Blume ins Knopfloch gesteckt.* ⇒ *Die Blume steckt im Knopfloch.*
Typ Ib: transitive und phonologisch verwandte intransitive Verben	*Der Vater hat den Löffel auf den Tisch gelegt.* ⇒ *Der Löffel liegt auf dem Tisch.* *Die Mutter hat das Kind auf den Stuhl gesetzt.* ⇒ *Das Kind sitzt auf dem Stuhl.* *Der Assistent hat die Flaschen hinter den Schrank gestellt.* ⇒ *Die Flaschen stehen hinter dem Schrank.*

Tab. 4.3: (Fortsetzung)

Typ II: Folgerungsbeziehungen zwischen Handlungs- und Vorgangssätzen

NP_1 V [+dyn] NP_2 Advb [+dyn] ⇒ NP_2 V [+dyn] Advb [+dyn]

Typ IIa:

transitive und intransitive Verbvarianten	*Der Lehrer klatscht das Buch an die Wand.* ⇒ *Das Buch klatscht an die Wand.*
	Der Besucher klappt den Sitz nach unten. ⇒ *Der Sitz klappt nach unten.*
	Das Mädchen kullert/kugelt Murmeln über den Tisch. ⇒ *Murmeln kullern/kugeln über den Tisch.*
	Der Wirt rollt das Faß in den Keller. ⇒ *Das Faß rollt in den Keller.*
	Der Spieler schießt den Ball ins Tor. ⇒ *Der Ball schießt ins Tor.*
	Der Indianer schnellt den Pfeil von der Sehne. ⇒ *Der Pfeil schnellt von der Sehne.*
	Der Soldat schleift den Säbel über den Boden. ⇒ *Der Säbel schleift über den Boden.*
	Die Wahrsagerin schwingt das Pendel hin und her. ⇒ *Das Pendel schwingt hin und her.*
	Der Bandit stürzt die Geisel aus dem Fenster. ⇒ *Die Geisel stürzt aus dem Fenster.*
	Der Junge spritzt/sprüht (seinem Freund) Wasser ins Gesicht. ⇒ *Wasser spritzt/sprüht (seinem Freund) ins Gesicht.*
	Der Fischer taucht den Angelhaken ins Wasser. ⇒ *Der Angelhaken taucht ins Wasser.*
	Der Arzt träufelt/tropft/tröpfelt Medizin auf den Löffel. ⇒ *Medizin träufelt/tropft/tröpfelt auf den Löffel.*

Tab. 4.3: (Fortsetzung)

Typ II: Folgerungsbeziehungen zwischen Handlungs- und Vorgangssätzen

$NP_1 \; \underset{[+dyn]}{V} \; NP_2 \; \underset{[+dyn]}{Advb} \Rightarrow NP_2 \; \underset{[+dyn]}{V} \; \underset{[+dyn]}{Advb}$

Typ IIb:	
transitive und phonologisch verwandte intransitive Verben	*Die Schwester flößt (dem Patienten) Milch in den Mund.* ⇒ *Milch fließt (dem Patienten) in den Mund.* *Der Junge prellt den Ball an die Wand.* ⇒ *Der Ball prallt an die Wand.* *Der Müllmann schwemmt den Dreck in den Rinnstein.* ⇒ *Der Dreck schwimmt in den Rinnstein.* *Der Schauspieler senkt den Vorhang auf die Bühne.* ⇒ *Der Vorhang sinkt auf die Bühne.*
Typ IIc:	
transitive und inhaltlich verwandte intransitive Verben	*Der Kellner gießt Wein ins Glas.* ⇒ *Wein fließt ins Glas.* *Der Vater schmeißt den Abfall in den Mülleimer.* ⇒ *Der Abfall fliegt (mit Schwung) in den Mülleimer.* *Der Tankwart schüttet das Benzin aus dem Kanister.* ⇒ *Das Benzin strömt aus dem Kanister.* *Der Junge schüttelt die Äpfel vom Baum.* ⇒ *Die Äpfel fallen vom Baum.* *Der Hauswart streut Sand aus der Büchse.* ⇒ *Sand rieselt aus der Büchse.* *Der Wirt zapft Bier aus dem Faß.* ⇒ *Bier fließt aus dem Faß.*

wie für alle Handhabe-Verben, gleichgültig, ob es sich um Mach- oder Veranlaß-Verben handelt. Weil nun aber *tragen* und *binden* auch nicht unter den Folgerungstyp II fallen, der eine hinreichende und notwendige Bedingung für die Identifikation von Veranlaß-Verben zu sein scheint (denn für einen Vorgang, der sich in sprachlicher Perspektive vom Täter emanzipiert, gibt es immer auch ein passendes transitives Verb), halten wir *tragen* und *binden* für Mach-Verben.

Gelegentlich begegnen wir Folgerungsbeziehungen zwischen Handhabe-Verben und ihren reflexiven Verbvarianten wie z.B.

(37) *Der Wind setzt die Schneeflocke auf einen Ast.*
⇒ (38) *Die Schneeflocke setzt sich auf den Ast.*

(39) *Friedel schlingt Fridolin einen Schal um den Hals.*
⇒ (40) *Der Schal schlingt sich (keck) um Fridolins Hals.*

(41) *Der Mechaniker dreht das Rad (um die Achse).*
⇒ (42) *Das Rad dreht sich (um die Achse).*

Auf den ersten Blick ist man versucht, diese Folgerungsbeziehungen dem Typ II zuzuschlagen. Aber sollen *setzen*, *schlingen* und *drehen* Veranlaß-Verben sein? Zumindest für *setzen* darf das nicht gelten, haben wir es doch - wegen seiner Beziehung zu *sitzen* - schon als paradigmatisches Mach-Verb eingestuft. Die Beziehung zwischen *setzen* und *sitzen* ist bei (37) keineswegs suspendiert: aus (37) folgt auch *Die Schneeflocke sitzt (anschließend) auf dem Ast.* Die intransitive Form ist jedoch in Standard-Kontexten, in denen der Täter des Matrix-Satzes sichtbar ist und *setzen* wie *sitzen* im eigentlichen Wortsinn gebraucht werden, die einzig zulässige Folgerung aus der transitiven Form:

Die Mutter hat das Kind auf den Stuhl gesetzt.
⇒ *Das Kind sitzt auf dem Stuhl.*

⇏ *Das Kind hat sich auf den Stuhl gesetzt.*

Vergleichen wir jetzt die Folgerung (39) ⇒ (40) mit

Friedel schlingt die Schnur um das Postpaket.
$\overset{?}{\Rightarrow}$ *Die Schnur schlingt sich (keck) um das Postpaket.*

so ist mehr als fraglich, ob hier eine Folgerung vorliegt. Eine so prosaische Handlung, wie sie nun mal das Schnüren eines Postpakets darstellt, läßt sich sprachlich nur mit komischer Wirkung zu einem Drama hochstilisieren, in welchem die Paketschnur als Täter auftritt. Mit anderen Worten: die Folgerung (39) ⇒ (40) ist nur auf einer poetischen, nicht aber auf einer normalsprachlichen Stilebene zulässig.

Schließlich zu der Folgerung (41) ⇒ (42). Wir akzeptieren sie, wenn das Rad vom Mechaniker bloß angestoßen wird und sich dann allein weiterdreht. Sitzt das Rad aber fest, kann es nur mit Ach und Krach gedreht werden, dann weisen wir die Folgerung zurück, es sei denn wir interpretieren (42) modal, etwa im Sinne von *Man kann (wendet man nur Kraft auf) das Rad drehen* oder *Das Rad läßt sich (schwer) drehen*. In diesem Fall beschreibt (42) ein mögliches unselbständiges Geschehen, das nur durch einen "Macher" realisiert werden kann. Vielfach ist aber auch eine modale Interpretation ausgeschlossen:

Der Arzt dreht den Toten auf den Rücken.
⇏ *Der Tote dreht sich auf den Rücken.*

Wegen ihrer Unregelmäßigkeit klammern wir die Beziehungen zwischen Handhabe-Verben und ihren reflexiven Varianten aus. Aber: in Standard-Kontexten trennen die Folgerungstypen I und II die Mach-Verben zuverlässig von den Veranlaß-Verben.

7. ZULASS- UND VERANLASS-VERBEN

Die grammatische Bestimmung der Zulaß-Verben erscheint vergleichsweise einfach, handelt es sich doch ausschließlich um Konstruktionen mit *lassen*. Betrachtet man aber nicht nur Verbindungen mit statischen Verben wie *stehen lassen, sitzen lassen, liegen lassen*, sondern auch solche mit dynamischen Verben wie *fallen lassen, schleifen lassen, steigen lassen*, dann wird die inhaltliche Abgrenzung gegenüber den Veranlaß-Verben schwierig. Gewiß gibt es auch hier Kontexte, in denen die Zulaß-Lesart naheliegt, wie z.B.

Im letzten Jahr hat der Bauer alle Äpfel von den Bäumen fallen lassen.

aber in Situationen, in denen der Täter einen unmittelbaren Kontakt zum Tatobjekt hat, ist guter Rat teuer:

(43) *Die Dame läßt ihr Taschentuch (aus der Hand) fallen.*

Gibt die Dame in unserem Beispiel der Schwerkraft des Taschentuches einfach nach, oder hilft sie ihr durch einen kleinen Stoß nach, etwa um einem verehrten Herrn Gelegenheit zum Aufheben des Taschentuches zu geben? Wir können dies aufgrund des Satzes allein nicht entscheiden und in der Situation oft nicht erkennen. Sollen wir bei (44) und (45)

(44) *Der Soldat läßt seinen Säbel über den Boden schleifen.*
(45) *Das Kind läßt seinen Luftballon steigen.*

der Zulaß- oder der Veranlaß-Lesart den Vorzug geben? Und wenn uns schon bei diesen Sätzen die Entscheidung schwerfällt, um wieviel mehr dann bei Sätzen mit eindeutig agentiven Objekten wie (46)?

(46) *Der Falkner läßt den Falken von der Faust fliegen.*

Unterstellt, daß ein Falke im allgemeinen einen natürlichen Drang zu fliegen hat, hat er ihn auch in diesem Augenblick oder muß er erst mit einer leichten Handbewegung angeworfen werden? All die genannten Beispiele (43) bis (46) sagen uns nicht, ob der Täter eine Zulaß- oder eine Veranlaß-Handlung ausführt, und in den durch die Beispiele charakterisierten Situationen ist der Übergang zwischen den alternativen Handlungsformen fließend: wenn wir die Handlung von außen betrachten, bis wohin nehmen wir sie als Zulaß-Handlung wahr und von wo an als Veranlaß-Handlung? Eben weil der Übergang in diesen Situationen fließend ist, spielt er dort meist keine Rolle. Dann zwingt uns die Konstruktion *lassen* + dynamisches Verb auch keine Entscheidung zwischen den beiden Lesarten auf: es liegt eben eine Zulaß- und/oder eine Veranlaß-Lesart vor, das heißt, die Konstruktion wird dann durch die Vereinigungsmenge der logischen Formen, welche die Veranlaß- bzw. die Zulaß-Lesart charakterisieren, gedeutet. In diesen Fällen ist die *lassen*-Konstruktion nicht zweideutig, sondern hinsichtlich der beiden Lesarten unbestimmt oder vage. Nach Zwicky/Sadock (1975) liefert der Koordinationstest ein sprachliches Kriterium für Vagheit. Bildet man zu den Sätzen (43) bis (46) entsprechend koordinierte Sätze wie z.B.

(43a) *Die ältere Dame läßt ihr Taschentuch fallen und die jüngere ihres auch.*

(43b) *Beide Damen lassen ihre Taschentücher fallen.*

dann können diese offenbar so verstanden werden, daß die eine Täterin eine (Kontakt-)Zulaß-Handlung und die andere eine (Kontakt-)Veranlaß-Handlung ausführt. Hat jedoch bloß eine der beiden Täterinnen Kontakt mit dem Tatobjekt, dann dürfen koordinierte *lassen*-Konstruktionen gar nicht angewendet werden. Beispielsweise dürfen wir (43a) oder (43b) nicht gebrauchen, um zu sagen, daß die ältere Dame ihr Taschentuch aus der Hand fallenläßt, während die jüngere, ohne mit der Wimper zu zucken, zusieht, wie ihr eigenes Tüchlein von der Wäscheleine fällt. Nur bei "undurchsichtigen" Kontakthandlungen ist eine solche Koordination mit verschiedenen kausativen Deutungen möglich, nur hier erscheint die *lassen*-Konstruktion vage. Damit wird nicht bestritten, daß viele Kontakthandlungen - sei es durch scharfe Beobachtung, sei es durch die Art der Handlungsausführung oder durch interne Informationen über den Täter - eindeutig als Zulaß- oder als Veranlaß-Handlungen identifiziert werden können. Freilich würde man dann, wenn es darauf ankommt, eine präzisere Ausdrucksweise der *lassen*-Konstruktion vorziehen. Warum nicht erkennbare Veranlaß-Handlungen durch reine Veranlaß-Verben beschreiben? Das wäre jedenfalls leicht möglich, wie entsprechende Versionen der Sätze (43) bis (46) zeigen:

(43c) *Die Dame wirft ihr Taschentuch auf den Boden.*

(44a) *Der Soldat schleift seinen Säbel über den Boden.*

(45a) *Das Kind wirft seinen Luftballon in die Höhe.*

(46a) *Der Falkner wirft den Falken (an das Wild) an.*

Um klarzustellen, daß eine Zulaß-Handlung vorliegt, kann man das Gefüge *lassen* + dynamisches Verb mit dem passenden Veranlaß-Verb kontrastieren, also z.B.: *Die Dame hat ihr Taschentuch fallen lassen und nicht auf den Boden geworfen.* Bei kontrastiver Verwendung nimmt die *lassen*-Konstruktion eine spezifische Zulaß-Bedeutung an. Geht man nun von vornherein von einem solchen Gegensatz aus, dann erscheint dieser bei einer isolierten Verwendung der *lassen*-Konstruktion in "undurchsichtigen" Situationen, in denen der Täter Kontakt zum Tatobjekt hat, aufgehoben oder neutralisiert. Damit taucht die Frage auf, ob es sich um einen Gegensatz zwischen semantisch markierten (merkmaltragenden) und semantisch unmarkierten (merkmallosen) Verben handelt. In unserer Antwort müssen wir etwas weiter ausholen.

Der Markierungsgedanke wurde von Trubetzkoy in den "Grundzügen der Phonologie" (1958: 67ff.) präzisiert. Nach Trubetzkoy wird z.B. der in den Wortpaaren *platt* - *Blatt*, *Mieter* - *Mieder*, *Kreis* - *Greis* deutlich hörbare Schallgegensatz zwischen [p], [t], [k] einerseits und [b], [d], [g] andererseits im Auslaut aufgehoben. Dort z.B. bei *Rat* - *Rad*, *hup!* - *Hub!*, *buk* - *Bug* können wir - ungeachtet der unterschiedlichen Schreibweise - einen solchen Schallgegensatz nicht vernehmen. Zur phonologischen Identifikation der Verschlußlaute in der Aufhebungsstellung sind lediglich die Merkmale nötig, die den beiden Gliedern der dort aufgehobenen Opposition gemeinsam sind. Da die lautliche Realisierung mit dem einen Oppositionsglied - /p/, /t/ oder /k/ - zusammenfällt, liegt der Merkmalsüberschuß bei /b/, /d/, /g/. Diese Laute werden in der Phonologie häufig als [+ stimmhaft] markiert. Dagegen gelten die Laute /p/, /t/, /k/ als unmarkiert. Sie erhalten in der Oppositionsstellung den Minuswert des Merkmals, d.h. [- stimmhaft], und in der Aufhebungsstellung den Nullwert des Merkmals, d.h. [Ø stimmhaft]. Man kommt also mit einem Merkmal aus, wie Abbildung 4.4 zeigt.

Angenommen, wir hätten nun ein semantisches Merkmal [+ veranlaß], das sich durch das logische Prädikat VERANLASS explizieren ließe, dann könnten wir die Markiertheitsverhältnisse bei der Opposition Veranlaß-Verben: *lassen* + Geschehensverb durch die analoge Abbildung 4.5 darstellen. Aber wie weit trägt diese Analogie? Zunächst muß man einräumen, daß die relevanten Lautumgebungen der phonologischen Oppositionen vollständig aufgezählt werden können. Daher kann die Zuweisung eines Merkmals an harte Distributionskriterien geknüpft werden: die Tatsache, daß die Distribution von /b/, /d/, /g/ im Deutschen echt in der Distribution von /p/, /t/, /k/ enthalten ist, ist ein deutlicher Hinweis auf die Markiertheit von /b/, /d/, /g/. Für die semantischen Oppositionen hingegen gibt es prinzipiell unendlich viele relevante sprachliche Kontexte, d.h., sie können nicht alle aufgezählt werden. Da auch deren metasprachliche Beschreibung schwerfällt, sind wir auf eine Beschreibung der außersprachlichen Situation - "undurchsichtige Kontakthandlung" - ausgewichen. Die Distributionsverhältnisse sind hier kaum überschaubar - man könnte bestenfalls sagen, daß die Distribution der Veranlaß-Verben weitgehend in der Distribution des Gefüges *lassen* + Vorgangsverb enthalten ist, nur läßt sich *weitgehend* nicht präzisieren. Eine echte Inklusionsbeziehung liegt nicht vor, beispielsweise ist *nach oben werfen* nicht immer durch *steigen lassen* und *schleifen* nicht immer durch *schleifen lassen* ersetzbar, vgl. *Der Junge wirft den Stein nach oben* und *Das Kind schleift seine Puppe an den Haaren hinter sich her*. Trotz alle-

/p/, /t/, /k/

im Auslaut

z.B. *Rat* - *Rad*
hup! - *Hub*
buk - *Bug*

[Ø stimmhaft]

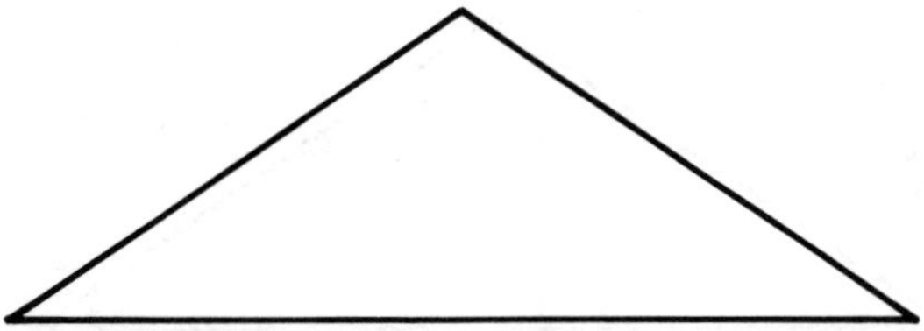

[+ stimmhaft]

/b/, /d/, /g/
im An- und Inlaut

z.B. *Blatt, Mieder, Greis*

[- stimmhaft]

/p/, /t/, /k/
im An- und Inlaut

z.B. *platt, Mieter, Kreis*

Abb. 4.4: Markiertheitsverhältnisse bei der Opposition
/p/, /t/, /k/ : /b/, /d/, /g/

lassen + Vorgangsverb

bei "undurchsichtigen" Kontakthandlungen:

fallen lassen (Taschentuch aus der Hand)
schleifen lassen (Säbel über den Boden)
steigen lassen (Luftballon)
fliegen lassen (Falke von der Faust)

[Ø veranlaß]

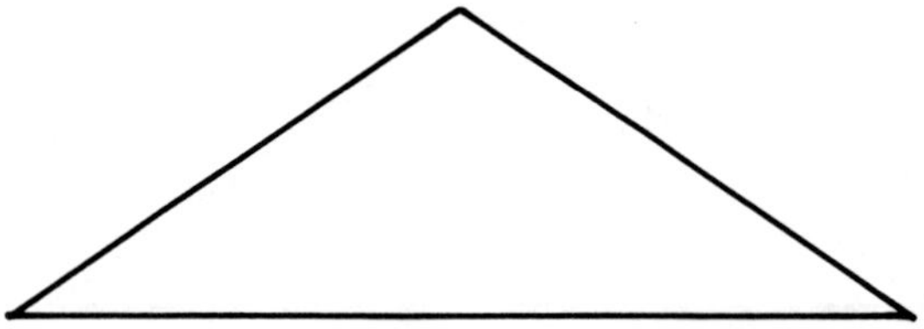

[+ veranlaß]

transitive Verben

bei "durchsichtigen" Kontakthandlungen:

nach unten werfen (Taschentuch)
schleifen (Säbel über den Boden)
nach oben werfen (Luftballon)
anwerfen (Falke)

bei Handlungen ohne direkten Kontakt zwischen Täter und Objekt:

schütteln (Äpfel vom Baum)
⋮

[- veranlaß]

lassen + Vorgangsverb

bei "durchsichtigen" Kontakthandlungen: vor allem bei kontrastiven Wendungen wie

nicht werfen, sondern fallen lassen
nicht schleifen, sondern schleifen lassen
nicht nach oben werfen, sondern steigen lassen
nicht anwerfen, sondern fliegen lassen

bei Handlungen ohne direkten Kontakt zwischen Täter und Objekt:

fallen lassen (Äpfel vom Baum)
⋮

Abb. 4.5: Markiertheitsverhältnisse bei der Opposition
Veranlaß-Verben : *lassen* + Vorgangsverb

dem kann die vage Bedeutung der *lassen*-Konstruktion in gewissen Kontexten und ihre spezifische Bedeutung in anderen durch semantische Markierung erklärt werden. Man darf nur nicht übersehen, daß das Markiertheitskonzept bei der Übertragung von der Phonologie auf die Semantik aufgeweicht wird. Positiv gewendet: Markiertheit ist eine Frage des Grades. In diesem Sinne sind Laute sicher deutlicher markiert als Bedeutungen.

Rückblickend können wir die Handhabe-Verben in vier Klassen gliedern: in drei "reine" Klassen und eine "gemischte". Die drei "reinen" Verbklassen sind erstens die Mach-Verben: z.B. *setzen, stellen* und *legen*, zweitens die Veranlaß-Verben: z.B. *werfen, gießen* und *streuen*, drittens die Zulaß-Verben: z.B. *sitzen lassen, stehen lassen, liegen lassen*. Die Standardbedeutung jedes Mach-, Veranlaß- oder Zulaß-Verbs wird durch eine der drei allgemeinen logischen Formen

$$((\mathrm{MACH})(\mathrm{L}))(a,b,\vec{c})$$
$$((\mathrm{VERANLASS})(\mathrm{D}))(a,b,\vec{c})$$
$$((\mathrm{ZULASS})(\mathrm{L}))(a,b,\vec{c})$$

dargestellt. Die Zulaß-Verben unterscheiden sich von den Mach- und den Veranlaß-Verben durch ihre Zusammensetzung (Zustandsverb + *lassen*) und ihre fakultative Kombination mit Ortsadverbialen. Die Mach- und die Veranlaß-Verben lassen sich durch verbspezifische Folgerungsbeziehungen auseinanderhalten. Übrig bleiben Verben wie *fallen lassen, steigen lassen, schleifen lassen*. Jedes dieser Verbgefüge besteht aus einem Vorgangsverb und dem Verb *lassen* und wird fakultativ durch ein Richtungsadverbial ergänzt. Seine Bedeutung ist eine Mischung aus Veranlaß- und Zulaß-Lesart, die in allgemeiner Weise durch die logische Form

$$(\mathrm{VERANLASS}(\mathrm{D}))(a,b,\vec{c}) \quad \vee \quad (\mathrm{ZULASS}(\mathrm{D}))(a,b,\vec{c})$$

wiedergegeben wird. Obwohl sich unsere Interpretation der "gemischten" Bedeutung wie gezeigt mit dem Markiertheitsbegriff vereinbaren läßt, braucht man diesen Begriff nicht zu bemühen. Auch wer ihn nicht aus der Phonologie übernehmen will - etwa aufgrund methodologischer Bedenken gegen den Status der semantischen Merkmale -, kann die zwischen Veranlaß- und Zulaß-Lesart oszillierende Bedeutung der *lassen*-Komposita durch eine logische Disjunktion darstellen.

8. SYNTAX UND SEMANTIK

Um Handlungssätze syntaktisch beschreiben zu können, müssen wir die Basisregel (III) und den Lexikoneintrag (vii) der Grammatik für Vorgangssätze (Kap. II.11) entsprechend erweitern:

BASISREGEL (III)

$$\mathrm{VP} \rightarrow \left\{ \begin{array}{l} \underset{[-\mathrm{dyn}]}{\mathrm{V}} \quad \underset{[-\mathrm{dyn}]}{\mathrm{Advb}} \\ \\ \underset{[+\mathrm{dyn}]}{\mathrm{V}} \quad (\mathrm{NP}) \quad \left(\underset{[+\mathrm{start}]}{\mathrm{Advb}}\right) \quad \left(\underset{[+\mathrm{ziel}]}{\mathrm{Advb}}\right) \\ \\ \mathrm{S} \end{array} \right\}$$

LEXIKONEINTRAG (vii)

V: {*sein, stehen, sitzen, liegen, wohnen,...,*
gelangen, fallen, fliegen, rennen, sausen,...,
tragen, nähen, binden, fesseln, pulen,...}

Mit der Erweiterung der Regel (III) folgen wir einem Vorschlag von John Lyons (1968: § 8.3.6). Ihr erster Zweig bleibt den intransitiven Zustandsverben vorbehalten. Der zweite Zweig gestattet wie bisher die Ableitung intransitiver Vorgangsverben, darüber hinaus aber auch die der basishaft transitiven Handhabe-Verben *tragen, nähen, binden, fesseln, pulen* etc. Diese Verben werden zusammen mit ihrem tiefenstrukturellen Objekt unmittelbar in der Basiskomponente eingeführt (vgl. Abb. 4.6). Die meisten Handhabe-Verben - vor allem die Laß-, Zulaß- und Veranlaß-Verben - sind jedoch aus eingebetteten intransitiven Konstruktionen abzuleiten. Die Einbettung wird durch den dritten Zweig von Regel (III) ermöglicht: VP → S (vgl. Abb. 4.7). Außerdem schlägt Lyons zwei Merkmale vor, die Transformations- und Lexikalisierungsregeln steuern sollen: [± ag(entiv)] und [± caus(ativ)]. Hier scheinen mir folgende Korrekturen und Ergänzungen nötig:

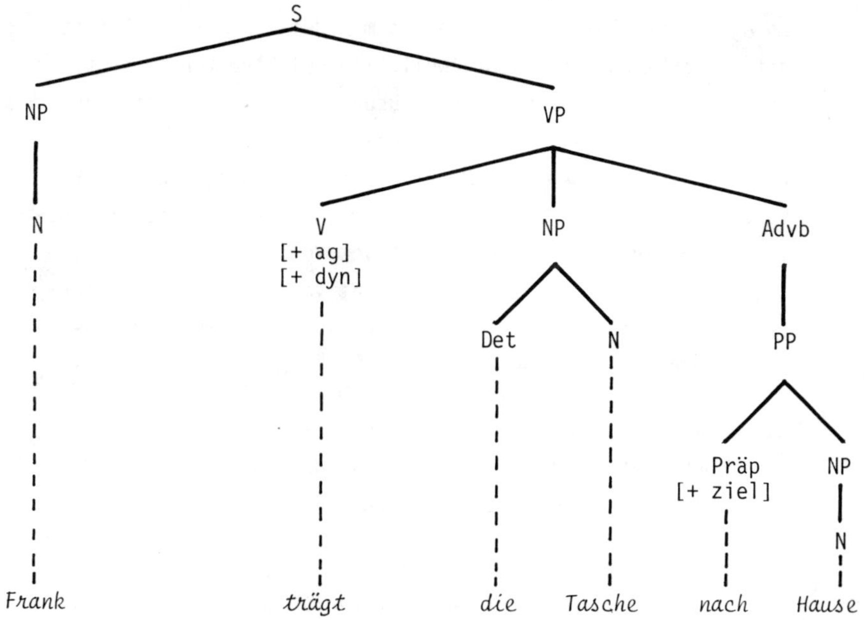

Abb. 4.6: Tiefenstruktur von *Frank trägt die Tasche nach Hause.*

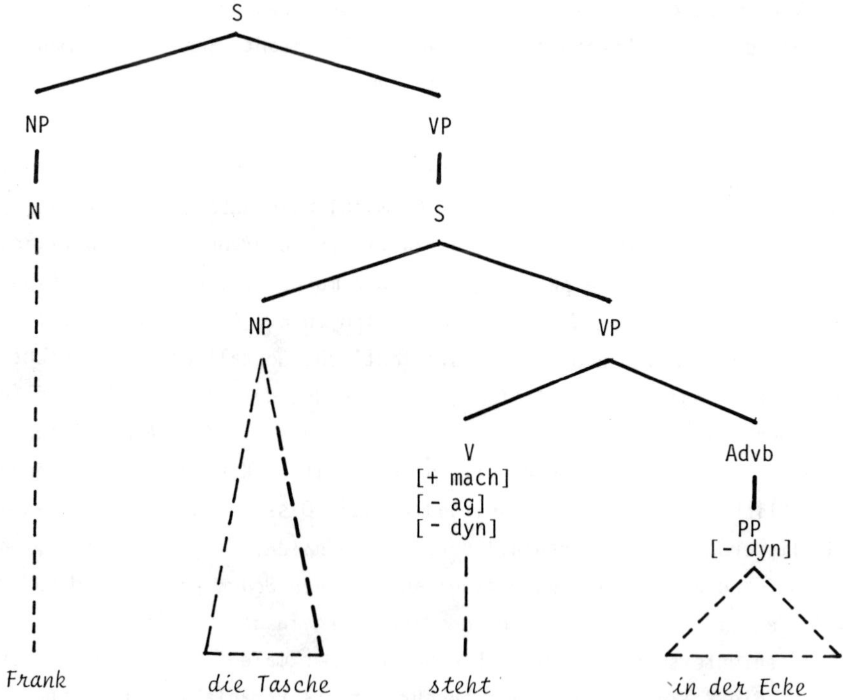

Abb. 4.7: Tiefenstruktur von *Frank stellt die Tasche in die Ecke.*

- Das Agensmerkmal [+ ag] wird nicht mit dem Merkmal der Belebtheit in Verbindung gebracht, weil sich Belebtheit rein syntaktisch - etwa durch Kasus- und Genusunterschiede - nicht klar bestimmen läßt (vgl. *die Straße, das Kind*) und, inhaltlich betrachtet, kein notwendiges Merkmal für einen Agens darstellt (vgl. *der Wind, der Bohrer*). Vielmehr soll das Agensmerkmal besagen, daß ein Satz, der ein agentives Verb enthält, syntaktisch in einen Befehlssatz mit imperativem Verbmodus transformiert werden kann. Daher ist das Merkmal beim Verb einzuführen und nicht beim Nomen.

- Das Merkmal für Kausativkonstruktionen [+ caus], das dem Verb des eingebetteten Satzes beigegeben wird, kann sukzessive durch zwei weitere Merkmale ersetzt werden:

  [+ caus] → [± mach]
  [- mach] → [± veranlaß]

  Während [+ mach] die Mach-Verben und [+ veranlaß] die Veranlaß-Verben charakterisiert, werden die Laß-Verben durch [- mach] und die Zulaß-Verben durch [- veranlaß] erfaßt. Damit spart man zwei zusätzliche Merkmale [+ laß] und [+ zulaß] ein.

Welche konkrete Funktion haben diese Merkmale? Wird einem einzubettenden Intransitivum beispielsweise das Merkmal [+ mach] beigegeben, so löst das eine Umkategorisierung des Verbs von [- dyn] zu [+ dyn] und von [- ag] zu [+ ag] aus. Schließlich wird eine phonologische oder morphologische Modifikation des Verbs bewirkt: aus *in der Ecke stehen* wird *in die Ecke stellen* (vgl. Abb. 4.7). In anderen Fällen ändert sich die lautliche Gestalt des Verbs nicht (Nullmodifikation): aus *am Hut stecken* wird *an den Hut stecken*. Bei der (ungewöhnlichen) expliziten Realisierung z.B. in *Frank macht, daß die Tasche in der Ecke steht* bleibt der ursprüngliche intransitive Kern völlig unverändert, einschließlich der Merkmale [- dyn] und [- ag]. Dasselbe gilt für die explizite Realisierung von [± veranlaß] durch *veranlassen, daß* und *zulassen, daß*, aber auch für die *lassen*-Konstruktion: aus *auf den Boden fallen* wird *auf den Boden fallen lassen*, aus *in der Ecke stehen* wird *in der Ecke stehen lassen*. Im gegebenen Untersuchungsbereich bleiben die Merkmale [- mach] und [- veranlaß] auf die *lassen*-Konstruktion beschränkt, [+ veranlaß] kann darüber hinaus wie [+ mach] phonologische und morphologische Modifikationen der Intransitiva auslösen oder verschiedene Lexikalisierungen der transitiven Formen bewirken; aus *rieseln* wird *streuen*, aus *fliegen* wird *werfen* usw.[25]

Die syntaktische Analyse der Handlungssätze erfolgt hier zwar im Rahmen einer inhaltsbezogenen Transformationsgrammatik[26], doch sind die leitenden Gesichtspunkte nicht notwendig an diesen Rahmen gebunden; sie müßten z.B. auch in einer logischen oder in einer prozeduralen Grammatik berücksichtigt werden. Wir können nun der semantischen Charakteristik der Handhabe-Verben in Abbildung 4.8 ihre syntaktische Charakteristik in Abbildung 4.9 gegenüberstellen. Der Zusammenhang beider Charakteristiken läßt sich wie folgt ausdrücken:

Seien (47), (48), (49), (50) allgemeine logische Darstellungen von Mach-, Laß-, Zulaß- und Veranlaß-Handlungen,

(47) $(\mathrm{MACH}(L))(a,b,\vec{c})$

(48) $(\mathrm{VERANLASS}(D))(a,b,\vec{c}) \vee (\mathrm{ZULASS}(D))(a,b,\vec{c})$

(49) $(\mathrm{VERANLASS}(D))(a,b,\vec{c})$

(50) $(\mathrm{ZULASS}(L))(a,b,\vec{c})$

dann gilt:

Ein Handlungssatz mit einem durch Basisregel (III) abgeleiteten Mach-Verb ist dann und nur dann bezüglich des Referenzpunktes C wahr, wenn die Handlungsdarstellung (47) auf C zutrifft.

Ein Handlungssatz mit einem durch Basisregel (III) abgeleiteten Laß-Verb ist dann und nur dann bezüglich des Referenzpunktes C wahr, wenn die Handlungsdarstellung (48) auf C zutrifft.

Ein Handlungssatz mit einem durch Basisregel (III) abgeleiteten Veranlaß-Verb ist dann und nur dann bezüglich des Referenzpunktes C wahr, wenn die Handlungsdarstellung (49) auf C zutrifft.

Ein Handlungssatz mit einem durch Basisregel (III) abgeleiteten Zulaß-Verb ist dann und nur dann bezüglich des Referenzpunktes C wahr, wenn die Handlungsdarstellung (50) auf C zutrifft.

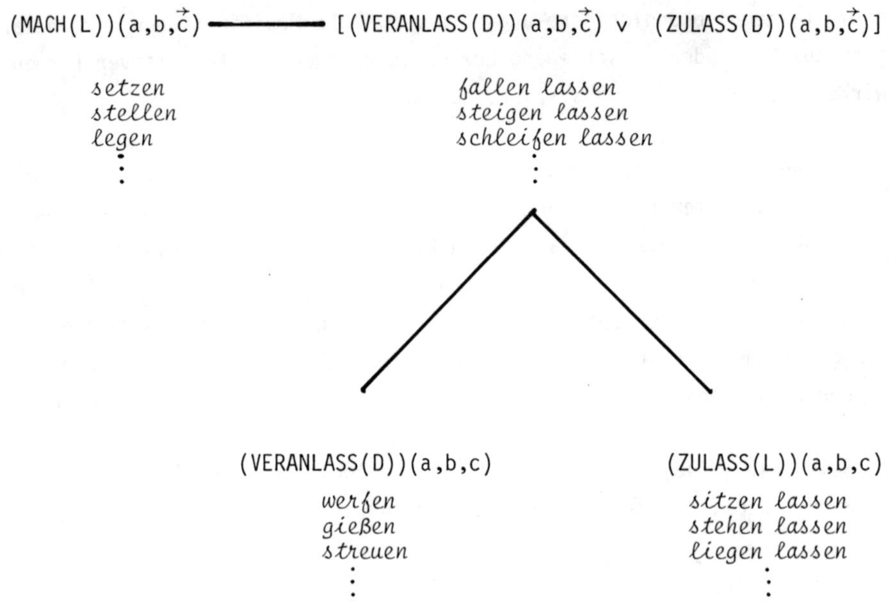

Abb. 4.8: Semantische Charakterisierung von Handhabe-Verben

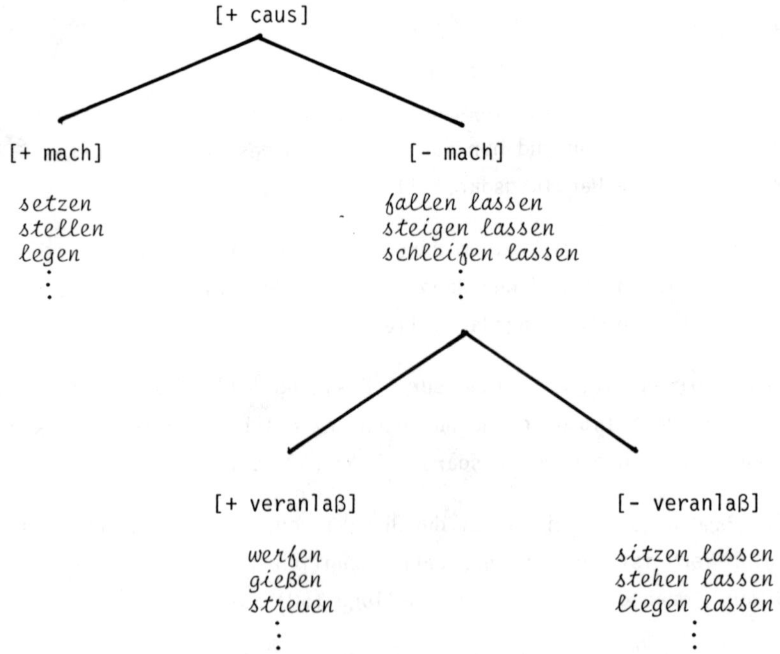

Abb. 4.9: Syntaktische Charakterisierung von Handhabe-Verben

Anwendung
Text und Handlung

V. Komponenten eines Handlungstextes

1. Auswahl des Textes

Leistungsfähigkeit und Grenzen der allgemeinen Untersuchung von Handlungssätzen wollen wir anhand eines vorgefundenen, nicht eigens zum Zweck der Analyse formulierten Textes überprüfen. Die Auswahl des Textes unterliegt folgenden Rahmenbedingungen:

- Der Text soll vor allem Ausdrücke des untersuchten sprachlichen Phänomenkreises enthalten: Handhabe-Verben, Richtungs- und Ortsangaben.
- Die außersprachliche kontextuelle Umgebung des Textes soll intersubjektiv beobachtbar sein.
- Der Text soll einer Sprachvariante des Deutschen angehören, die weder hinsichtlich ihres Adressatenkreises zu beschränkt ist (wie z.B. die Fachsprache für Biochemiker) noch hinsichtlich ihrer Struktur zu stark vom sprachlichen Standard abweicht (wie z.B. die Lyrik, deren Strukturprinzip in der Regel gerade die größtmögliche Abweichung vom sprachlichen Standard ist). Positiv gewendet: die über den Text gemachten Aussagen sollen für eine möglichst große Klasse deutscher Texte verallgemeinert werden können.
- Zu dem Text sollen annähernd bedeutungsgleiche bzw. funktionsäquivalente Texte anderer Sprachen vorhanden sein, die einen Sprachvergleich ermöglichen und Schlußfolgerungen über mehreren Sprachen gemeinsame Konzepte zulassen.

Alle vier Bedingungen werden beispielhaft von bestimmten Texten erfüllt, mit denen wir tagtäglich umgehen: den Gebrauchsanweisungen für Haushalt- und Freizeitgeräte[27]. Sie enthalten die gewünschten Ausdrücke in Hülle und Fülle (1. Bedingung). Wichtige Teile der äußeren Situation werden meist in dem Text beigegebenen Bildern festgehalten, zudem ist die gesamte äußere Situation leicht zu realisieren (2. Bedingung). Gebrauchsanweisungen der genannten Art haben einen kaum beschränkten Adressatenkreis, sie richten sich nicht an Fachleute, sondern an Laien. Sie zielen auf ein Höchstmaß an Verständlichkeit, ihre sprachliche Struktur darf daher nicht abnorm sein; vorkommende Fachbegriffe werden oft in der Anweisung erklärt (3. Bedingung). Wegen des weltweiten Handels mit Haushalt- und Freizeitgeräten liegen die einschlägigen Gebrauchsanweisungen meist in mehreren Sprachen vor, gelegentlich auch in Sprachen, die nicht der indogermanischen Sprachfamilie angehören (4. Bedingung). Gebrauchsanweisungen liefern aber nicht nur ein repräsentatives Korpus, das mit herkömmlichen sprachwissenschaftlichen Methoden analysiert werden kann. Sie sind auch ein interessantes Instrument für die Untersuchung von Sprachverarbeitungsprozessen. Aus der linguistischen Analyse einer Gebrauchsanweisung können - insbesondere in Verbindung mit kybernetischen, psycho- und neurologischen Modellen der inneren Prozesse des Sprachbenutzers - detaillierte Hypothesen über das Verstehen der Anweisung abgeleitet werden. Wie gut aber die Anweisung in Wirklichkeit verstanden wird, kann man an der Reaktion darauf erkennen. Unter bestimmten Ausgangsbedingungen gilt: je genauer und je schneller jemand eine Anweisung befolgt, desto besser hat er sie verstanden. Und: je genauer und je schneller eine Anleitung von ihren Adressaten befolgt wird, desto verständlicher ist sie für diese. Die genannten Kriterien sind leichter kontrollierbar und objektiver als bloße Schätzurteile über die Verstehensleistung, auf die man bei rein beschreibenden Texten angewiesen ist, und ermöglichten eine bessere Differenzierung der bestimmenden Faktoren. Man kann also experimentell prüfen, in welchem Maße die linguistische Analyse und die dabei verwendeten sprachtheoretischen Begriffe der tatsächlichen Sprachverarbeitung Rechnung tragen. Daß die Untersuchung von Gebrauchsanweisungen auch weitreichende praktische Konsequenzen haben kann - man denke an die Unfallverhütung -, liegt auf der Hand.

Aus den genannten Gründen kamen nur Gebrauchsanweisungen in die engere Wahl. Nach der Durchsicht zahlreicher Exemplare schieden solche aus, zu denen es keine fremdsprachigen Ausgaben gab, solche, die überhaupt keine grammatisch vollständigen Sätze enthielten, solche, die zu einfach oder zu kurz waren, um genügend Datenmaterial zu bieten und solche, die sich einer ausschließlich verbalen oder einer ausschließlich bildlichen Darstellungsform bedienten. Aus den übrigen wurden drei verschiedensprachige (deutsch, französisch, englisch) Ausgaben der Gebrauchsanweisung eines Fleischwolfes der Firma Moulinex willkürlich ausgewählt (vgl. Anhang). Ihr Text umfaßt acht Abschnitte, die mit je einer Ziffer versehen sind. Jeder Abschnitt beschreibt eine Teilhandlung der Montage des Fleischwolfes. Hier zunächst:

Die deutsche Textfassung

(1) *Fetten Sie die Stahlscheibe, die sich hinter der Förderschnecke befindet, mit Salatöl oder Butter ein. Nehmen Sie das Einfüllrohr des Fleischwolfes in eine Hand, mit der großen Öffnung nach oben. Die Hand bleibt bei der weiteren Montage in dieser Stellung. Mit der anderen Hand lassen Sie die Förderschnecke in den Wolfskörper fallen, wobei der lange Stahlstift nach unten gerichtet ist und durch die Öffnung geht.*

(2) *Das Kreuzmesser auf den kurzen Stahlstift aufsetzen. Die Schneidkanten müssen außen sein.*

(3) *Die gewählte Lochscheibe über das Kreuzmesser legen. Die Einkerbungen der Lochscheibe müssen in die Nylon-Zähne des Wolfskörpers passen, damit die Scheibe vollkommen richtig sitzt.*

(4) *Die Kronenmutter aufschrauben und mit der Hand blockieren.*

(5) *überprüfen Sie die Montage. Der lange Stahlstift darf nicht lose sitzen, noch sich drehen können. Andernfalls müssen Sie die Vorgänge 2, 3 und 4 wiederholen.*

(6) *Bringen Sie den Wolfskörper an das Motoraggregat an, mit dem Einfüllrohr nach rechts geneigt. Der Stahlstift wird in die Welle des Motoraggregats*

eingeführt und das Einfüllrohr nach links bis zur senkrechten Stellung gedreht.

(7) *Die Trichterplatte auf das Einfüllrohr aufsetzen, damit die Einkerbung und die Plastiknase (hinter dem Einfüllrohr) aufeinanderpassen.*

(8) *Schließen Sie den Stecker an. Das Gerät ist betriebsbereit.*

Die zentralen Teilhandlungen (1) bis (6) sind in Bildern wiedergegeben. Außerdem besitzt die Gebrauchsanweisung ein Bildlexikon, das den wichtigsten der verwendeten Nomina bildliche Darstellungen ihrer Denotate zuordnet. Wir besprechen in diesem Kapitel die deutsche Ausgabe. Das folgende Kapitel ist der französischen und der englischen Ausgabe gewidmet. Bei der sprachwissenschaftlichen Ausrichtung dieses Buches ist nur eine Korpusanalyse möglich, die aber immerhin über die Argumentation mit idealen, maximal kontextentbundenen Sätzen hinausgeht und insofern eine Überprüfung der eingeführten Konzepte erlaubt. Experimentell prüfbare Hypothesen werden im letzten Kapitel zur Diskussion gestellt; damit eröffnen sich schließlich auch praktische Anwendungsmöglichkeiten.

2. Bemerkung zur Syntax

Man erkennt auf den ersten Blick, daß der Text überwiegend aus Handlungssätzen besteht. Schon der gewählte Verbmodus - der Imperativ bzw. dessen Umschreibung mit Hilfe des Infinitivs oder Modalverben - macht dies offensichtlich. Zustandssätze kommen ebenso wie der einzige Vorgangssatz des Textes

(1) [...] *wobei der lange Stahlstift* [...] *durch die Öffnung geht*

als Glieder komplexer Handlungssätze vor, oder sie sind in einer anderen Form handlungsbezogen, sei es, daß sie Modalverben enthalten mit der Bedeutung, daß der fragliche Zustand durch eine Handlung herbeigeführt oder verhindert werden soll:

(2) *Die Schneidkanten müssen außen sein.*

(5) *Der lange Stahlstift darf nicht lose sitzen* [...]

sei es, daß das Prädikat ein Dispositionsbegriff ist, der auf eine künftige Handlung (hier: die Inbetriebnahme des Gerätes) verweist:

(8) *Das Gerät ist betriebsbereit.*

sei es, daß die Verwendung des Zustandspassivs eine vollzogene Handlung voraussetzt:

(1) [...] *wobei der lange Stahlstift nach unten gerichtet ist* [...]

(6) [...] *mit dem Einfüllrohr nach rechts geneigt.*

Das Kernstück der meisten Handlungssätze sind die Handhabe-Verben. Sie werden samt ihren obligatorischen und fakultativen Ergänzungen und Angaben über das verwendete Genus - Aktiv, Vorgangspassiv, Zustandspassiv - in Tab. 5.1 aufgelistet. In einem weiteren Sinne kann man auch *einfetten* und *blokkieren* noch als Handhabe-Verben auffassen; nur *wiederholen* und *überprüfen* sind Verben für Handlungen, die nicht charakteristischerweise mit der Hand erledigt werden. Bis auf *fallen lassen* sind alle vorkommenden Handhabe-Verben vom Mach-Typus, *nehmen* beschreibt im gegebenen Zusammenhang eine Basishandlung. Die im Text verwendeten Richtungs- und Ortsadverbiale sowie entsprechende Verbzusätze stehen in Tab. 5.2. Beide Tabellen zusammengenommen enthalten die für diese Untersuchung wichtigsten sprachlichen Ausdrücke des Textes.

Alles in allem ist die Textsyntax unkompliziert. Die syntaktischen Strukturen einfacher Zustands-, Vorgangs- und Handlungssätze wurden bereits erörtert. Was noch fehlt, sind Regeln für die Satzverknüpfung, für die Expansion des Hilfsverbkomplexes (Modalverben) und für die Befehlsform. Da diese Fragen hier nicht im Vordergrund stehen, verweise ich auf die einschlägigen Kapitel in Akmajian/Heny (1975) sowie auf die dort angegebene Literatur.

Tab. 5.1: In der deutschen Fassung vorkommende Handhabe-Verben

nehmen (jmd, etw, in etw)	(1)
fallen lassen (jmd, etw, in etw)	(1)
gerichtet sein (etw, nach unten)	(1)
aufsetzen (jmd, etw, auf etw)	(2), (7)
legen (jmd, etw, über etw)	(3)
aufschrauben (jmd, etw)	(4)
anbringen (jmd, etw, an etw)	(6)
geneigt sein (etw, nach rechts)	(6)
eingeführt werden (etw, in etw)	(6)
gedreht werden (etw, nach links)	(6)
anschließen (jmd, etw)	(8)
im weiteren Sinne:	
einfetten (jmd, etw, mit etw)	(1)
blockieren (jmd, etw, mit etw)	(4)

Tab. 5.2: In der deutschen Fassung vorkommende Orts- und Richtungsadverbiale und entsprechende Verbzusätze

hinter	(1), (7)
in	3 mal in (1),(3),(6)
nach oben	(1)
nach unten	(1)
durch	(1)
auf	(2), (7)
auf-	(2), (4), (7)
außen	(2)
über	(3)
an	(6)
an-	(6), (8)
nach rechts	(6)
nach links	(6)
bis zur senkrechten Stellung	(6)
aufeinander-	(7)

3. Semantische Untersuchung

Die Interpretation der Gebrauchsanweisung hängt von drei sich gegenseitig bestimmenden Komponenten ab: dem Text, den Bildern und der Situation, in der sämtliche Geräteteile vorhanden sind:

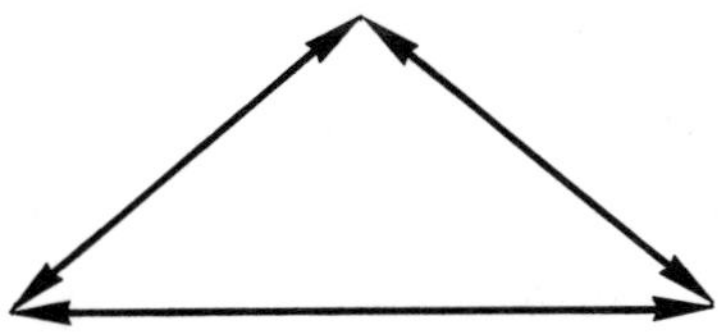

Abb. 5.1: Interpretationskomponenten der Gebrauchsanweisung

Je nach Veranlagung kann der Benutzer der Gebrauchsanweisung von jeder der genannten Komponenten ausgehen, um das Gerät aus seinen Einzelteilen zusammenzubauen. Ein Praktiker wird die Montage sofort in Angriff nehmen und nur im Bedarfsfall einen Blick auf die Bilder und den Text werfen; diejenigen unter den Behutsameren, deren Anschauungsbedürfnis groß ist, werden sich primär von den Bildern leiten lassen, andere, vielleicht die wenigsten, werden mit der Lektüre des Textes beginnen. Selbstverständlich können auch zwei, u.U. sogar alle drei Komponenten zugleich verarbeitet werden und ebenso viele Möglichkeiten bieten sich für die schematische Rekonstruktion der Verarbeitung an. Der natürliche Ausgangspunkt einer sprachwissenschaftlichen Untersuchung ist jedoch der Text, genauer: die Sätze des Textes. Wir fragen daher, welche Probleme bei der Interpretation der einzelnen Sätze auftreten und wie diese durch schrittweise Einbeziehung ihres Kontextes zu lösen sind.

EINBEZIEHUNG DES SPRACHLICHEN KONTEXTES

Referenzsemantisch betrachtet ist der sprachliche Kontext für die Deutung von Ausdrücken erforderlich, die sich auf benachbarte (meist voraufgehende) Ausdrücke außerhalb des Satzrahmens beziehen. Dabei kann der Sachbezug der zu deutenden Ausdrücke durch den Sachbezug der benachbarten Ausdrücke eingeschränkt oder auf diese zurückgeführt werden. Im Fall der Gebrauchsanweisung umfaßt der sprachliche Kontext eines Satzes zunächst den zugehörigen Abschnitt und schließlich den Text insgesamt. Beispiele:

(1) *Mit der anderen Hand lassen Sie die Förderschnecke* [...] *fallen* (d.h. nicht mit der Hand, in die man das Einfüllrohr genommen hat; Bezug zum zweiten und dritten Satz dieses Abschnitts).

(5) *Andernfalls müssen Sie die Vorgänge 2, 3 und 4 wiederholen* (d.h. die Vorgänge, die in den Abschnitten 2, 3 und 4 beschrieben wurden).

Außerdem spielt der Text eine Rolle bei der Rekonstruktion des zeitlichen Ablaufes und der Funktion der in einem Satz oder Abschnitt beschriebenen Teilhandlung für die Gesamthandlung. Natürlich ist es möglich, den Text allein auf der Basis des Sprachmaterials zu interpretieren. In vielen Fällen sind das Sprachmaterial und die Sprachkenntnis sogar die einzige Grundlage der Interpretation. Allerdings bleibt die Interpretation oft unbestimmt: z.B. kann ein Nominal verschiedene Dinge bezeichnen, oder man weiß bei einer Ortsangabe nicht, welche Beobachtungsperspektive zu wählen ist. Durch die Erfassung des bildlichen und situativen Kontextes lassen sich beide Mängel ausgleichen.

EINBEZIEHUNG DES BILD-KONTEXTES

Die Rolle des Bild-Kontextes bei der Interpretation des sprachlichen Teils der Gebrauchsanweisung kann auf drei Ebenen beschrieben werden:

(a) Nominal - Bildteil
(b) Textabschnitt - Bild
(c) Text - Bildfolge

Ebene (a): Die meisten der vorkommenden Nominale erster Ordnung stehen in Beziehung zu den Figuren des Bildlexikons und der Bilder. Dadurch wird die Vagheit und Mehrdeutigkeit der Nominale weiter eingeschränkt. Geht man z.B. davon aus, daß von den möglichen Denotaten des Nomens *Wolfskörper* das aktuelle Denotat 'Körper eines Fleischwolfes' bereits durch den Satzkontext und den sprachlichen Kontext ausgewählt wird, so wird nun dieses aktuelle

Denotat durch das Bildlexikon näher bestimmt: 'Körper eines Fleischwolfes von der im Bild gezeigten Form'. Einigen Nomina entspricht kein Bildelement: *Salatöl*, *Butter* in (1) und *Stecker* in (8); bei anderen ist die bildliche Entsprechung unklar: *Stahlscheibe* in (1) und *Einkerbung* in (7).

Ebene (b): Zunächst stellt man fest, daß den Textabschnitten (1) bis (4) je ein Bild zugeordnet ist. Die Abschnitte (5) und (6) scheinen aufgrund der graphischen Gestaltung beide zum fünften Bild zu gehören und die Abschnitte (7) und (8) beide zum sechsten Bild. Tatsächlich aber entspricht Abschnitt (5) inhaltlich dem fünften und Abschnitt (6) dem sechsten Bild, wobei die Textabschnitte (7) und (8) leer ausgehen. Es werden folglich mehr Teilhandlungen beschrieben als im Bild gezeigt. Mit Ausnahme des zweiten und fünften Bildes wird in den übrigen Bildern der Anfangs- und Endzustand der dargestellten Teilhandlungen durch diakritische Zeichen (Pfeile, Punktierung) unterschieden. Wie die elementaren Nominale auf Ebene (a) können auf der Ebene (b) satzwertige und höherwertige Ausdrücke bis hin zum Textabschnitt genauer gedeutet werden. Betrachten wir etwa das in (5) vorkommende Nominal zweiter Ordnung *Montage*. Es könnte einen Handlungsablauf (wie in (1)) oder ein Handlungsergebnis bezeichnen. Das fünfte Bild macht klar, daß letzteres gemeint ist. Ein anderes Beispiel ist der Ausdruck *mit der großen Öffnung nach oben* in

(1) *Nehmen Sie das Einfüllrohr des Fleischwolfes in eine Hand, mit der großen Öffnung nach oben.*

Eine instrumentale Interpretation analog zu *mit dem Aufzug nach oben* in

Nehmen Sie das Einfüllrohr des Fleischwolfes mit dem Aufzug nach oben, in den fünften Stock.

kommt schon wegen der syntaktischen Stellung von *in die Hand* und *nach oben* nicht in Frage. Die Syntax läßt aber offen, ob der Ausdruck ein Attribut von *Hand* oder ein Attribut von *Einfüllrohr* ist. Inhaltlich gesehen, kann nicht nur ein Einfüllrohr, sondern auch eine Hand eine große (und eine kleine) Öffnung haben. Erst anhand des Bildlexikons und des Bildes, das Abschnitt (1) zugeordnet ist, wird deutlich, daß es sich hier weder um eine Eigenschaft des Einfüllrohres handelt noch um eine Eigenschaft der Hand, sondern um eine Eigenschaft des Wolfskörpers. Dabei kommt es auf die Perspektive an, aus der das erste Bild wahrgenommen wird: der ideale Leser mag das Bild von außen betrachten oder von innen her, indem er sich in den Täter, dessen Hände abgebildet sind, hineinversetzt - jedenfalls hat er das Bild parallel zum Text wahrzunehmen und darf es nicht - etwa um 45° nach rechts - drehen. So erfährt er, welche Öffnung *nach oben* weist. (Man beachte, daß Innenperzeption erforderlich ist, um zu entscheiden, welche der abgebildeten Hände die rechte bzw. die linke Hand darstellt.) Durch die Wahl der richtigen Bildperspektive kann auch der syntaktisch und semantisch mehrdeutige Ausdruck *mit dem Einfüllrohr nach rechts geneigt* in (6) entschlüsselt werden. Wir halten fest: auf der Ebene (b) bestimmen der Perzeptionspunkt und die Perzeptionsrichtung der Bilder die Orientierungsinterpretation folgender Adverbiale: *nach oben* (1), *nach unten* (1), *auf* (2), *über* (3), *nach rechts* (6), *nach links* (6), *hinter* (7). Eine Ausnahme bildet die Interpretation von *hinter* in (1): *die Stahlscheibe, die sich hinter der Förderschnecke befindet. Hinter* kann sich hier offensichtlich nicht auf die normale Perspektive des benachbarten ersten Bildes beziehen, d.h. quer zu der durch *nach oben* oder *nach unten* bezeichneten Perzeptionslinie.

<u>Ebene (c)</u>: Die Betrachtung sämtlicher Textabschnitte und Bilder legt die Vermutung nahe, daß man das Vorkommen von *hinter* in (1), ähnlich wie das Vorkommen in (7), in bezug auf die normale Perspektive des sechsten Bildes zu deuten hat. Genau weiß man das aber nicht, weil die Stahlscheibe auf keinem Bild zu erkennen ist. Sollte die Vermutung zutreffen, dann würde im Hinblick auf das erste Bild *hinter* mit *unter* synonym sein. Leichte Verständnisschwierigkeiten ergeben sich durch die Verwendung des beobachterunabhängigen Adverbs *außen* in

(2) *Die Schneidkanten müssen außen sein.*

Im Kontext von *nach oben* (1), *nach unten* (1), *auf* und *aufsetzen* (2) erwartet man statt dessen eine analoge Angabe: *oben*. Zwar handelt es sich hier nicht um handfeste Widersprüche, doch der uneinheitliche Gebrauch von Orts- und Richtungsangaben bei gleichbleibender Bildperspektive stiftet Verwirrung.

EINBEZIEHUNG DES SITUATIVEN KONTEXTES

Der situative Kontext soll die noch offenen Fragen beantworten. Er wird auf allen drei Ebenen wie folgt einbezogen:

(a) Nominal - Bildteil - Ding
(b) Textabschnitt - Bild - Teilhandlung
(c) Text - Bildfolge - Gesamthandlung

Ebene (a): Den Nomina *Salatöl* (1), *Butter* (1) und *Stecker* (8), denen kein Bildteil entspricht, können wahrnehmbare Dinge zugeordnet werden. Die in (7) erwähnte Einkerbung läßt sich an der Trichterplatte beobachten. Der Bezug des deiktischen Personalpronomens *Sie* zum Adressaten und potentiellen Täter ist klar und mit der bildlichen Darstellung der Adressaten- bzw. Täterhände vereinbar. Eine Inspektion der Förderschnecke ergibt, daß die Stahlscheibe - vgl. (1) - fest am Förderschneckengewinde angebracht ist. Daraus ist zu folgern, daß der Ausdruck *Förderschnecke* einmal, im ersten Satz von Abschnitt (1), nur auf den wesentlichen Teil der Förderschnecke, das Förderschneckengewinde, referiert, ein andermal, im Bildlexikon und im vierten Satz von Abschnitt (1), aber auf die gesamte Schnecke, d.h. auf den kurzen Stahlstift plus das Förderschneckengewinde plus die Stahlscheibe plus den langen Stahlstift.

Ebene (b): Durch die Konfrontation mit den situativen Bedingungen wird das Verhältnis zwischen Textabschnitt und Bild erneut überprüft. Anhand der Geräteteile kommt man zu dem Schluß, daß die ersten drei Bilder genaugenommen die Anfangsstadien von drei Veranlaß-Handlungen zeigen. Wenn man nämlich - wie abgebildet - die Förderschnecke am Förderschneckengewinde, das Kreuzmesser an den äußeren Enden und die Lochscheibe am Rand anfaßt, so muß man diese Geräteteile im Verlauf der Montage fallen lassen, da es zwischen ihnen und dem Wolfskörper keinen Spielraum mehr für die Finger gibt. Beim Vollzug der abgebildeten Handlungen hat der Täter keine Kontrolle über die Endlage der Geräteteile; gegebenenfalls muß er die Teile in einer Anschlußhandlung adjustieren: die Förderschnecke so, daß der lange Stahlstift durch die kleine Öffnung geht, das Kreuzmesser so, daß das sechseckige Loch auf den sechseckigen Fuß des kurzen Stahlstiftes paßt, und die Lochscheibe so, daß die Nylonzähne des Wolfskörpers in die Einkerbungen einrasten. Warum aber wird nur verlangt, daß man die Förderschnecke fallen lassen soll und nicht auch das Kreuzmesser und die Lochscheibe? Das scheint daran zu liegen, daß die Fallstrecke der Förderschnecke viel länger ist als die Fallstrecke des Kreuzmessers oder der Lochscheibe. So neigt man beim Kreuzmesser oder der Lochscheibe eher dazu, die Veranlaß-Handlung (*fallen lassen*) und die anschließende Mach-Handlung (*adjustieren*) als einheitliche Mach-Handlung anzusprechen:

(2) *Das Kreuzmesser auf den kurzen Stahlstift aufsetzen!*
(3) *Die gewählte Lochscheibe über das Kreuzmesser legen!*

Ebene (c): Die tatsächliche Lage der Stahlscheibe zeigt, daß die Orientierung von *hinter* in

(1) *Die Stahlscheibe, die sich hinter der Förderschnecke befindet* [...]

durch den Drehsinn und die Funktion der Förderschnecke im montierten Gerät festgelegt wird; nach der Montage fördert die Förderschnecke Fleisch von hinten nach vorn aus dem Wolf. Der technisch unerfahrene Leser kann sich diese Orientierung erst dadurch klarmachen, daß er die Funktionsweise der Förderschnecke erprobt. Die Benutzung der Gebrauchsanweisung setzt daher ein gewisses Vorverständnis der Funktion des Gerätes voraus.

In einer formalen Betrachtungsweise können nicht nur der Anweisungstext, sondern auch die beigegebenen Bilder und die zugehörige Situation durch je eine Menge von prädikatenlogischen Aussagen dargestellt werden. Alle drei Aussagenmengen,in die jeweils auch generelle Erfahrungen der Kommunikationspartner eingehen, überlappen sich gegenseitig, sind aber nicht identisch. Einerseits werden im Text mehr Dinge benannt und mehr Teilhandlungen beschrieben als im Bild gezeigt. Andererseits bieten die Bilder oft mehr Einzelheiten - z.B. die spezifische Form der Geräteteile - als der Text oder zeigen Teilhandlungen eines anderen Typs. Einerseits können in der Situation mehr Dinge als die im Text benannten oder im Bild veranschaulichten - z.B. ein Lappen zum Einfetten der Stahlscheibe - und mehr oder andere Teilhandlungen als die beschriebenen oder abgebildeten - z.B. Blockieren der Kronenmutter mit Hilfe des Schlüssels - eine Rolle spielen. Andererseits sind nicht alle im Text genannten Dinge für die Montage und den Gebrauch des Gerätes unbedingt erforderlich - z.B. die Butter -, werden Details beschrieben oder im

Bild herausgestellt, die in der Situation nicht unmittelbar wahrzunehmen sind. Unsere semantische Untersuchung stützte sich - ausgehend vom Text - auf eine schrittweise Vereinigung der drei Aussagenmengen:

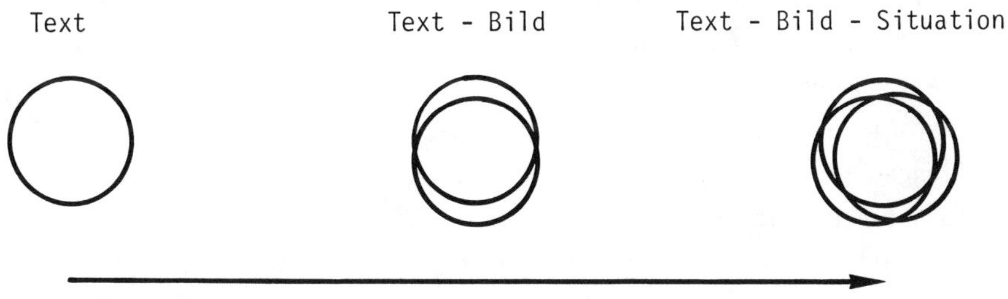

Abb. 5.2: Richtung der semantischen Analyse

Die resultierende Vereinigungsmenge stellt den Handlungsraum der Montageanleitung - d.h. die Menge der in Frage kommenden Handlungen - logisch dar. Der erste Schritt der Untersuchung bestand in einer vorläufigen und teilweise unbestimmten Interpretation der Text-Aussagenmenge. Im zweiten Schritt wurde die Interpretation gewisser Textstellen durch die Hinzunahme der Bild-Aussagenmenge näher bestimmt, vor allem hinsichtlich der aktuellen Welt und der Beobachterperspektive. Im dritten Schritt wurde der Text unter Berücksichtigung der Situations-Aussagenmenge eindeutig und vollständig interpretiert: die aktuelle Welt des Textes wurde festgelegt und in größere Zusammenhänge eingebettet. Die schrittweise Präzisierung der Interpretation schloß Korrekturen vorläufiger Interpretationen ein, ja, sie führte auch zu einer Fehlerliste der Montageanleitung. Alle genannten Schritte wurden zwar nicht völlig explizit durchgeführt, aber in ihren wesentlichen Einzelheiten erörtert. Fazit: Je größer die zu interpretierende Aussagenmenge wird - von der Text-Aussagenmenge über die Text-Bild-Aussagenmenge bis hin zur Text-Bild-Situations-Aussagenmenge -, desto kleiner wird die Menge ihrer möglichen Modelle, denn es gibt Modelle der Text-Aussagenmenge, die nicht zugleich Modelle der den Bildern oder der Situation zugrunde liegenden Aussagenmengen sind. Durch die schrittweise Vereinigung der drei Aussagenmengen wird also die Menge der möglichen Modelle reduziert, bis am Ende ein Modell eindeutig erzeugt werden kann und die übrigen Modelle zu diesem äquivalent sind.

4. Zustandsräume der Gebrauchsanweisung

Über die Aussagenmenge, welche den Handlungsraum der Gebrauchsanweisung darstellt, läßt sich noch mehr sagen, als daß sie eine textbezogene, eine bildbezogene und eine situationsbezogene Aussagenmenge in sich vereinigt. Die Darstellung des Handlungsraumes schließt auch die Darstellung relevanter Zustandsräume ein, so wie jede Handlungsdarstellung verschiedene Zustandsdarstellungen impliziert. Ein Zustandsraum besteht aus den zu einem bestimmten Zeitpunkt beobachtbaren Zuständen eines Wahrnehmungsraumes, hier: den räumlichen Beziehungen der Geräteteile zu einem bestimmten Zeitpunkt der Montage. Jeder durch die Gebrauchsanweisung fixierte Zustandsraum läßt sich durch eine quadratische Matrix darstellen, in deren Positionen die räumlichen Beziehungen der im Text benannten Einheiten eingetragen werden (vgl. Tab. 5.3). Die Bezeichnungen der Einheiten, d.h. die referierenden Nominale erster Ordnung, stehen am linken Rand der Matrix von oben nach unten bzw. am oberen Rand von links nach rechts in der Reihenfolge ihres Auftretens im Text. Für die Nominale am oberen Rand werden aus Platzgründen Abkürzungen gewählt; diese entsprechen den ausgeschriebenen Nominalen am linken Rand. Alle Nominale sind als Individuenkonstante im Sinne der Prädikatenlogik aufzufassen. Jede Buchstabenfolge, die in einer Position der Matrix steht, bezeichnet eine Raumbeziehung zwischen der Einheit am linken Rand derselben Zeile und der Einheit am oberen Rand derselben Spalte. Folgende Kürzel werden verwendet:

IN	für	L-IN(a,b); z.B. L-IN(förderschnecke, wolfskörper)
AN	für	L-AN(a,b); z.B. L-AN(stahlscheibe, förderschnecke)
AUF	für	L-AUF(a,b); z.B. L-AUF(trichterplatte, einfüllrohr)
ÜB	für	L-ÜBER(a,b); z.B. L-ÜBER(rechte hand, einfüllrohr)
UNT	für	L-UNTER(a,b); z.B. L-UNTER(einfüllrohr, rechte hand)
VOR	für	L-VOR(a,b); z.B. L-VOR(förderschnecke, einfüllrohr)
HIN	für	L-HINTER(a,b); z.B. L-HINTER(kreuzmesser, lochscheibe)
NEB	für	L-NEBEN(a,b); z.B. L-NEBEN(linke hand, große Öffnung)

Zur Interpretation der Raumbeziehungen vgl. Kap. 2.5ff. Die meisten Einträge in den Matrizen lassen sich nicht direkt durch im Text vorkommende Adverbiale belegen; sie können nur mittelbar aus dem Text, den Bildern und der Situation erschlossen werden. Der Eintrag "-1" besagt, daß die am oberen Rand bezeichnete Einheit im Normalfall nicht als Lokalisationsbasis für die am linken Rand bezeichnete Einheit zur Verfügung steht. Statt dessen ist die Beziehung in der umgekehrten Richtung anzugeben (Konverse). Die winzige Stahlscheibe ist z.B. keine geeignete Lokalisationsbasis für die Förderschnecke oder gar den Wolfskörper, wohl aber kann sie relativ zur Förderschnecke oder relativ zum Wolfskörper lokalisiert werden. Steht in der Matrix ein "Δ", so heißt dies, daß eine Konjunktion oder eine Modifikation der angeführten lokalen Relationen zu wählen ist. Im Falle einer Konjunktion werden auch solche Relationen zugelassen, die zu den angeführten Relationen konvers sind, vorausgesetzt, daß das Anfangsglied keine konverse Relation darstellt. Zwei Beispiele für Konjunktionen im Zustandsraum 1:

Δ(stahlscheibe, einfüllrohr) g.d.w. L-AN(stahlscheibe, förderschnecke)
& L-VOR(förderschnecke, einfüllrohr)

Δ(linke hand, stahlscheibe) g.d.w. L-NEBEN(linke hand, förderschnecke)
& $(L\text{-}AN)^{-1}$(förderschnecke, stahlscheibe)

Ein Beispiel für eine Modifikation: die Raumbeziehung zwischen der Plastiknase des Einfüllrohres und dem kurzen Stahlstift im Zustandsraum 6 kann sprachlich durch *schräg über* ausgedrückt werden. Hier ist die Relation L-ÜBER so abzuändern, daß die durch *schräg über* angesprochene Beziehung auch formal erfaßt wird. In den Matrizen für die Zustandsräume 5 bis 7 stößt man auf ein kleines "v". Es steht für die variable Position der beiden Hände. Diese ist in den letzten Stadien der Montage nicht mehr so festgelegt wie zu Beginn, wo man das Gerät in der linken Hand halten soll. Die ausgezogene Diagonale endlich schließt reflexive räumliche Beziehungen aus.

Anzahl und zeitliche Abfolge der verschiedenen Zustandsräume orientieren sich an Anzahl und Reihenfolge der Abschnitte in der Gebrauchsanweisung. Mit Ausnahme von Abschnitt (5) bezieht sich jeder Abschnitt wenigstens auf zwei verschiedene Zustandsräume: den einen vor und den anderen nach Ausführung der im Abschnitt beschriebenen Teil-Handlung. Da aber der Zustandsraum nach Ausführung einer Teil-Handlung mit dem Zustandsraum vor Ausführung der nächsten Teil-Handlung identisch ist, gibt es insgesamt nur einen echten Anfangszustandsraum - den ungeordneten Haufen von Geräteteilen - und einen echten Endzustandsraum - das fertige Gerät. In allen Abschnitten - Abschnitt (5) wiederum ausgenommen - werden Handlungsanweisungen erteilt, die auf eine Veränderung - d.h. in erster Linie eine Vergrößerung - des jeweils vorliegenden Zustandsraumes hinauslaufen. Dies spiegelt sich in der Folge der Matrizen wider, deren Positionen zunehmend mit Symbolen belegt werden. Von den Matrizen ist die erste leer und die letzte vollständig ausgefüllt. Am Anfang ist der Wahrnehmungsraum eine terra incognita, am Ende ein erforschter Raum: erst wenn das Gerät betriebsfertig montiert ist, können die räumlichen Beziehungen zwischen allen Bestandteilen angegeben werden.

Zustandsraum 0	sta	för	oel	ein	wol	han_l	$öff_g$	han_r	sts_l	$öff_k$	kre	sts_k	sch	loc	eke_l	nyl	kro	mot	wel	tri	eke_t	pla	ste
stahlscheibe																							
förderschnecke																							
öl/butter																							
einfüllrohr																							
wolfskörper																							
linke hand																							
große öffnung																							
rechte hand																							
langer stahlstift																							
kleine öffnung																							
kreuzmesser																							
kurzer stahlstift																							
schneidkanten																							
lochscheibe																							
einkerbungen-lochsch.																							
nylonzähne																							
kronenmutter																							
motoraggregat																							
welle																							
trichterplatte																							
einkerbungen-tripla.																							
plastiknase																							
stecker																							

Tab.5.3: Zustandsraum vor Beginn der Montage

Zustandsraum 1	sta	för	oel	ein	wol	han_l	$öff_g$	han_r	sts_l	$öff_k$	kre	sts_k	sch	loc	eke_l	nyl	krΘ	mot	wel	tri	eke_t	pla	ste
stahlscheibe		AN	-1	Δ	IN	Δ	UNT	UNT	-1	ÜB													
förderschnecke	-1		-1	VOR	IN	NEB	UNT	UNT	-1	ÜB													
öl/butter	AN	AN		Δ	IN	Δ	UNT	UNT	AN	ÜB													
einfüllrohr	Δ	NEB	Δ		AN	IN	Δ	Δ	Δ	Δ													
wolfskörper	-1	-1	-1	-1		IN	-1	UNT	-1	-1													
linke hand	Δ	NEB	Δ	AN	AN		NEB	Δ	NEB	NEB													
große öffnung	ÜB	ÜB	ÜB	Δ	IN	NEB		UNT	ÜB	ÜB													
rechte hand	ÜB	ÜB	ÜB	Δ	ÜB	Δ	ÜB		ÜB	ÜB													
langer stahlstift	AN	AN	UNT	Δ	UNT	NEB	UNT	UNT		IN													
kleine öffnung	UNT	UNT	UNT	Δ	IN	NEB	UNT	UNT	ÜB														
kreuzmesser																							
kurzer stahlstift																							
schneidkanten																							
lochscheibe																							
einkerbungen-lochsch.																							
nylonzähne																							
kronenmutter																							
motoraggregat																							
welle																							
trichterplatte																							
einkerbungen-tripla.																							
plastiknase																							
stecker																							

Zustandsraum nach Ausführung der Instruktionen von Textabschnitt (1), erstes Bild

Zustandsraum 2	sta	för	oel	ein	wol	han$_l$	öff$_g$	han$_r$	sts$_l$	öff$_k$	kre	sts$_k$	sch	loc	eke$_l$	nyl	kro	mot	wel	tri	eke$_t$	pla	ste
stahlscheibe		AN	-1	Δ	IN	Δ	UNT	UNT	-1	ÜB	UNT	UNT	UNT										
förderschnecke	-1		-1	VOR	IN	NEB	UNT	UNT	-1	ÜB	UNT	-1	UNT										
öl/butter	AN	AN		Δ	IN	Δ	UNT	UNT	AN	ÜB	UNT	UNT	UNT										
einfüllrohr	Δ	NEB	Δ		AN	IN	Δ	Δ	Δ	Δ	Δ	Δ	Δ										
wolfskörper	-1	-1	-1	-1		IN	-1	UNT	-1	-1	-1	-1	-1										
linke hand	Δ	NEB	Δ	AN	AN		NEB	Δ	NEB	NEB	NEB	NEB	NEB										
große öffnung	ÜB	ÜB	ÜB	Δ	IN	NEB		UNT	ÜB	ÜB	-1	-1	-1										
rechte hand	ÜB	ÜB	ÜB	Δ	ÜB	Δ	ÜB		ÜB	ÜB	ÜB	ÜB	ÜB										
langer stahlstift	AN	AN	UNT	Δ	UNT	NEB	UNT	UNT		IN	UNT	UNT	UNT										
kleine öffnung	AN	AN	UNT	Δ	IN	NEB	UNT	UNT	ÜB		UNT	UNT	UNT										
kreuzmesser	ÜB	AUF	ÜB	Δ	IN	NEB	IN	UNT	ÜB	ÜB		AUF	-1										
kurzer stahlstift	ÜB	AN	ÜB	Δ	IN	NEB	IN	UNT	ÜB	ÜB	IN		ÜB										
schneidkanten	ÜB	ÜB	ÜB	Δ	IN	NEB	IN	UNT	ÜB	ÜB	AN	UNT											
lochscheibe																							
einkerbungen-lochsch.																							
nylonzähne																							
kronenmutter																							
motoraggregat																							
welle																							
trichterplatte																							
einkerbungen-tripla.																							
plastiknase																							
stecker																							

Zustandsraum nach Ausführung der Instruktionen von Textabschnitt (2), zweites Bild

Zustandsraum 3	sta	för	oel	ein	wol	han$_l$	öff$_g$	han$_r$	sts$_l$	öff$_k$	kre	sts$_k$	sch	loc	eke$_l$	nyl	kro	mot	wel	tri	eke$_t$	pla	ste
stahlscheibe		AN	-1	Δ	IN	Δ	UNT	UNT	-1	ÜB	UNT	UNT	UNT	UNT	UNT	UNT							
förderschnecke	-1		-1	VOR	IN	NEB	UNT	UNT	-1	ÜB	UNT	-1	UNT	UNT	UNT	UNT							
öl/butter	AN	AN		Δ	IN	Δ	UNT	UNT	AN	ÜB	UNT	UNT	UNT	UNT	UNT	UNT							
einfüllrohr	Δ	NEB	Δ		AN	IN	Δ	Δ	Δ	Δ	Δ	Δ	Δ	Δ	Δ	Δ							
wolfskörper	-1	-1	-1	-1		IN	-1	UNT	-1	-1	-1	-1	-1	-1	-1	-1							
linke hand	Δ	NEB	Δ	AN	AN		NEB	Δ	NEB	NEB	NEB	NEB	NEB	NEB	NEB	NEB							
große öffnung	ÜB	ÜB	ÜB	Δ	IN	NEB		UNT	ÜB	ÜB	-1	-1	-1	-1	-1	-1							
rechte hand	ÜB	ÜB	ÜB	Δ	ÜB	Δ	ÜB		ÜB	ÜB	ÜB	ÜB	ÜB	ÜB	ÜB	ÜB							
langer stahlstift	AN	AN	UNT	Δ	UNT	NEB	UNT	UNT		IN	UNT	UNT	UNT	UNT	UNT	UNT							
kleine öffnung	AN	AN	UNT	Δ	IN	NEB	UNT	UNT	ÜB		UNT	UNT	UNT	UNT	UNT	UNT							
kreuzmesser	ÜB	AUF	ÜB	Δ	IN	NEB	IN	UNT	ÜB	ÜB		AUF	-1	UNT	Δ	Δ							
kurzer stahlstift	ÜB	AN	ÜB	Δ	IN	NEB	IN	UNT	ÜB	ÜB	IN		ÜB	IN	Δ	Δ							
schneidkanten	ÜB	ÜB	ÜB	Δ	IN	NEB	IN	UNT	ÜB	ÜB	AN	UNT		UNT	Δ	Δ							
lochscheibe	ÜB	ÜB	ÜB	Δ	IN	NEB	IN	UNT	ÜB	ÜB	AUF	-1	AUF		-1	AN							
einkerbungen-lochsch.	ÜB	ÜB	ÜB	Δ	AN	NEB	IN	UNT	ÜB	ÜB	Δ	Δ	Δ	AN		AN							
nylonzähne	ÜB	ÜB	ÜB	Δ	IN	NEB	IN	UNT	ÜB	ÜB	Δ	Δ	Δ	AN	IN								
kronenmutter																							
motoraggregat																							
welle																							
trichterplatte																							
einkerbungen-tripla.																							
plastiknase																							
stecker																							

Zustandsraum nach Ausführung der Instruktionen von Textabschnitt (3), drittes Bild

Zustandsraum 4	sta	för	oel	ein	wol	han_l	$öff_g$	han_r	sts_l	$öff_k$	kre	sts_k	sch	loc	eke_l	nyl	kro	mot	wel	tri	eke_t	pla	ste
stahlscheibe		AN	-1	Δ	IN	Δ	UNT	UNT	-1	ÜB	UNT	UNT	UNT	UNT	UNT	UNT	UNT						
förderschnecke	-1		-1	VOR	IN	NEB	UNT	UNT	-1	ÜB	UNT	-1	UNT	UNT	UNT	UNT	UNT						
öl/butter	AN	AN		Δ	IN	Δ	UNT	UNT	AN	ÜB	UNT	UNT	UNT	UNT	UNT	UNT	UNT						
einfüllrohr	Δ	NEB	Δ		AN	IN	Δ	Δ	Δ	Δ	Δ	Δ	Δ	Δ	Δ	Δ							
wolfskörper	-1	-1	-1	-1		IN	-1	UNT	-1	-1	-1	-1	-1	-1	-1	-1	UNT						
linke hand	Δ	NEB	Δ	AN	AN		NEB	Δ	NEB	NEB	NEB	NEB	NEB	NEB	NEB	NEB	NEB						
große öffnung	ÜB	ÜB	ÜB	Δ	IN	NEB		UNT	ÜB	ÜB	-1	-1	-1	-1	-1	-1	UNT						
rechte hand	ÜB	ÜB	ÜB	Δ	ÜB	Δ	ÜB		ÜB	ÜB	ÜB	ÜB	ÜB	ÜB	ÜB	ÜB	AN						
langer stahlstift	AN	AN	UNT	Δ	UNT	NEB	UNT	UNT		IN	UNT	UNT	UNT	UNT	UNT	UNT	UNT						
kleine öffnung	AN	AN	UNT	Δ	IN	NEB	UNT	UNT	ÜB		UNT	UNT	UNT	UNT	UNT	UNT	UNT						
kreuzmesser	ÜB	AUF	ÜB	Δ	IN	NEB	IN	UNT	ÜB	ÜB		AUF	-1	UNT	Δ	Δ	UNT						
kurzer stahlstift	ÜB	AN	ÜB	Δ	IN	NEB	IN	UNT	ÜB	ÜB	IN		ÜB	IN	Δ	Δ	IN						
schneidkanten	ÜB	ÜB	ÜB	Δ	IN	NEB	IN	UNT	ÜB	ÜB	AN	UNT		UNT	Δ	Δ	UNT						
lochscheibe	ÜB	ÜB	ÜB	Δ	IN	NEB	IN	UNT	ÜB	ÜB	AUF	-1	AUF		-1	AN	UNT						
einkerbungen-lochsch.	ÜB	ÜB	ÜB	Δ	AN	NEB	IN	UNT	ÜB	ÜB	Δ	Δ	Δ	AN		AN	UNT						
nylonzähne	ÜB	ÜB	ÜB	Δ	IN	NEB	IN	UNT	ÜB	ÜB	Δ	Δ	Δ	AN	IN		UNT						
kronenmutter	ÜB	ÜB	ÜB		AN	NEB	AUF	IN	ÜB	ÜB	ÜB	-1	ÜB	ÜB	ÜB	ÜB							
motoraggregat																							
welle																							
trichterplatte																							
einkerbungen-tripla.																							
plastiknase																							
stecker																							

Zustandsraum nach Ausführung der Instruktionen von Textabschnitt (4), viertes Bild

Zustandsraum 5	sta	för	oel	ein	wol	han_l	$öff_g$	han_r	sts_l	$öff_k$	kre	sts_k	sch	loc	eke_l	nyl	krö	mot	wel	tri	eke_t	pla	ste
stahlscheibe		AN	-1	Δ	IN	v	HIN	v	VOR	VOR	HIN	HIN	HIN	HIN	HIN	HIN	HIN	VOR	VOR				
förderschnecke	-1		-1	UNT	IN	v	HIN	v	-1	VOR	HIN	-1	HIN	HIN	HIN	HIN	HIN	VOR	VOR				
öl/butter	AN	AN		Δ	IN	v	HIN	v	AN	VOR	HIN	HIN	HIN	HIN	HIN	HIN	HIN	VOR	VOR				
einfüllrohr	Δ	ÜB	Δ		AN	v	Δ	v	Δ	Δ	Δ	Δ	Δ	Δ	Δ	Δ	Δ	VOR	Δ				
wolfskörper	-1	-1	-1	-1		v	-1	v	-1	-1	-1	-1	-1	-1	-1	-1	-1	AN	Δ				
linke hand	v	v	v	v	v		v	v	v	v	v	v	v	v	v	v	v	v	v				
große öffnung	VOR	VOR	VOR	Δ	IN	v		v	VOR	VOR	-1	-1	-1	-1	-1	-1	AUF	VOR	VOR				
rechte hand	v	v	v	v	v	v	v		v	v	v	v	v	v	v	v	v	v	v				
langer stahlstift	AN	AN	HIN	Δ	HIN	v	HIN	v		IN	HIN	HIN	HIN	HIN	HIN	HIN	HIN	IN	IN				
kleine öffnung	HIN	HIN	HIN	Δ	IN	v	HIN	v	-1		HIN	HIN	HIN	HIN	HIN	HIN	HIN	VOR	VOR				
kreuzmesser	VOR	VOR	VOR	Δ	IN	v	IN	v	VOR	VOR		AUF	-1	HIN	Δ	Δ	HIN	VOR	VOR				
kurzer stahlstift	VOR	AN	VOR	Δ	IN	v	IN	v	VOR	VOR	IN		VOR	IN	Δ	Δ	IN	VOR	VOR				
schneidkanten	VOR	VOR	VOR	Δ	IN	v	IN	v	VOR	VOR	AN	HIN		HIN	Δ	Δ	HIN	VOR	VOR				
lochscheibe	VOR	VOR	VOR	Δ	IN	v	IN	v	VOR	VOR	VOR	-1	VOR		-1	AN	HIN	VOR	VOR				
einkerbungen-lochsch.	VOR	VOR	VOR	Δ	AN	v	IN	v	VOR	VOR	Δ	Δ	Δ	IN		AN	HIN	VOR	VOR				
nylonzähne	VOR	VOR	VOR	Δ	IN	v	IN	v	VOR	VOR	Δ	Δ	Δ	AN	IN		HIN	VOR	VOR				
kronenmutter	VOR	VOR	VOR	Δ	AN	v	AUF	v	VOR	VOR	VOR	-1	VOR	VOR	VOR	VOR		VOR	VOR				
motoraggregat	-1	-1	-1	-1	-1	v	-1	v	-1	-1	-1	-1	-1	-1	-1	-1	-1		-1				
welle	HIN	HIN	HIN	Δ	HIN	v	HIN	v	-1	HIN	HIN	HIN	HIN	HIN	HIN	HIN	HIN	IN					
trichterplatte																							
einkerbungen-tripla.																							
plastiknase																							
stecker																							

Zustandsraum nach Ausführung der Instruktionen von Textabschnitt (6), sechstes Bild

Zustandsraum 6	sta	för	oel	ein	wol	han_l	$öff_g$	han_r	sts_l	$öff_k$	kre	sts_k	sch	loc	eke_l	nyl	krø	mot	wel	tri	eke_t	pla	ste
stahlscheibe		AN	-1	Δ	IN	v	HIN	v	VOR	VOR	HIN	HIN	HIN	HIN	HIN	HIN	HIN	VOR	VOR	UNT	UNT	UNT	
förderschnecke	-1		-1	UNT	IN	v	HIN	v	-1	VOR	HIN	-1	HIN	HIN	HIN	HIN	HIN	VOR	VOR	UNT	Δ	Δ	
öl/butter	AN	AN		Δ	IN	v	HIN	v	AN	VOR	HIN	HIN	HIN	HIN	HIN	HIN	HIN	VOR	VOR	UNT	UNT	UNT	
einfüllrohr	Δ	ÜB	Δ		AN	v	Δ	v	Δ	Δ	Δ	Δ	Δ	Δ	Δ	Δ	Δ	VOR	Δ	UNT	-1	-1	
wolfskörper	-1	-1	-1	-1		v	-1	v	-1	-1	-1	-1	-1	-1	-1	-1	-1	AN	Δ	UNT	-1	-1	
linke hand	v	v	v	v	v		v	v	v	v	v	v	v	v	v	v	v	v	v	v	v	v	
große öffnung	VOR	VOR	VOR	Δ	IN	v		v	VOR	VOR	-1	-1	-1	-1	-1	-1	AUF	VOR	VOR	UNT	Δ	Δ	
rechte hand	v	v	v	v	v	v	v		v	v	v	v	v	v	v	v	v	v	v	v	v	v	
langer stahlstift	AN	AN	HIN	Δ	HIN	v	HIN	v		IN	HIN	HIN	HIN	HIN	HIN	HIN	HIN	IN	IN	UNT	UNT	UNT	
kleine öffnung	HIN	HIN	HIN	Δ	IN	v	HIN	v	-1		HIN	HIN	HIN	HIN	HIN	HIN	HIN	VOR	VOR	UNT	UNT	UNT	
kreuzmesser	VOR	VOR	VOR	Δ	IN	v	IN	v	VOR	VOR		AUF	-1	HIN	Δ	Δ	HIN	VOR	VOR	UNT	Δ	Δ	
kurzer stahlstift	VOR	AN	VOR	Δ	IN	v	IN	v	VOR	VOR	IN		VOR	IN	Δ	Δ	IN	VOR	VOR	UNT	Δ	Δ	
schneidkanten	VOR	VOR	VOR	Δ	IN	v	IN	v	VOR	VOR	AN	HIN		HIN	Δ	Δ	HIN	VOR	VOR	UNT	Δ	Δ	
lochscheibe	VOR	VOR	VOR	Δ	IN	v	IN	v	VOR	VOR	VOR	-1	VOR		-1	AN	HIN	VOR	VOR	UNT	Δ	Δ	
einkerbungen-lochsch.	VOR	VOR	VOR	Δ	AN	v	IN	v	VOR	VOR	Δ	Δ	Δ	IN		AN	HIN	VOR	VOR	UNT	Δ	Δ	
nylonzähne	VOR	VOR	VOR	Δ	IN	v	IN	v	VOR	VOR	Δ	Δ	Δ	AN	IN		HIN	VOR	VOR	UNT	Δ	Δ	
kronenmutter	VOR	VOR	VOR	Δ	AN	v	AUF	v	VOR	VOR	VOR	-1	VOR	VOR	VOR	VOR		VOR	VOR	UNT	Δ	Δ	
motoraggregat	-1	-1	-1	-1	-1	v	-1	v	-1	-1	-1	-1	-1	-1	-1	-1	-1		-1	UNT	-1	-1	
welle	HIN	HIN	HIN	Δ	HIN	v	HIN	v	-1	HIN	HIN	HIN	HIN	HIN	HIN	HIN	HIN	IN		UNT	Δ	Δ	
trichterplatte	ÜB	ÜB	ÜB	ÜB	ÜB	v	ÜB	v	ÜB	ÜB	ÜB	ÜB	ÜB	ÜB	ÜB	ÜB	ÜB	ÜB	ÜB		-1	AN	
einkerbungen-tripla.	ÜB	Δ	ÜB	HIN	ÜB	v	Δ	v	ÜB	ÜB	Δ	Δ	Δ	Δ	Δ	Δ	Δ	ÜB	Δ	AN		-1	
plastiknase	ÜB	Δ	ÜB	AN		v	Δ	v	ÜB	ÜB	Δ	Δ	Δ	Δ	Δ	Δ	Δ	ÜB	Δ	AN	IN		
stecker																							

Zustandsraum nach Ausführung der Instruktionen von Textabschnitt (7)

Zustandsraum 7	sta	för	oel	ein	wol	han_l	$öff_g$	han_r	sts_l	$öff_k$	kre	sts_k	sch	loc	eke_l	nyl	kro	mot	wel	tri	eke_t	pla	ste
stahlscheibe		AN	-1	Δ	IN	v	HIN	v	VOR	VOR	HIN	HIN	HIN	HIN	HIN	HIN	HIN	VOR	VOR	UNT	UNT	UNT	Δ
förderschnecke	-1		-1	UNT	IN	v	HIN	v	-1	VOR	HIN	-1	HIN	HIN	HIN	HIN	HIN	VOR	VOR	UNT	Δ	Δ	Δ
öl/butter	AN	AN		Δ	IN	v	HIN	v	AN	VOR	HIN	HIN	HIN	HIN	HIN	HIN	HIN	VOR	VOR	UNT	UNT	UNT	Δ
einfüllrohr	Δ	ÜB	Δ		AN	v	Δ	v	Δ	Δ	Δ	Δ	Δ	Δ	Δ	Δ	Δ	VOR	Δ	UNT	-1	-1	Δ
wolfskörper	-1	-1	-1	-1		v	-1	v	-1	-1	-1	-1	-1	-1	-1	-1	-1	AN	Δ	UNT	-1	-1	Δ
linke hand	v	v	v	v	v		v	v	v	v	v	v	v	v	v	v	v	v	v	v	v	v	Δ
große öffnung	VOR	VOR	VOR	Δ	IN	v		v	VOR	VOR	-1	-1	-1	-1	-1	-1	AUF	VOR	VOR	UNT	Δ	Δ	Δ
rechte hand	v	v	v	v	v	v	v		v	v	v	v	v	v	v	v	v	v	v	v	v	v	Δ
langer stahlstift	AN	AN	HIN	Δ	HIN	v	HIN	v		IN	HIN	HIN	HIN	HIN	HIN	HIN	HIN	IN	IN	UNT	UNT	UNT	Δ
kleine öffnung	HIN	HIN	HIN	Δ	IN	v	HIN	v	-1		HIN	HIN	HIN	HIN	HIN	HIN	HIN	VOR	VOR	UNT	UNT	UNT	Δ
kreuzmesser	VOR	VOR	VOR	Δ	IN	v	IN	v	VOR	VOR		AUF	-1	HIN	Δ	Δ	HIN	VOR	VOR	UNT	Δ	Δ	Δ
kurzer stahlstift	VOR	AN	VOR	Δ	IN	v	IN	v	VOR	VOR	IN		VOR	IN	Δ	Δ	IN	VOR	VOR	UNT	Δ	Δ	Δ
schneidkanten	VOR	VOR	VOR	Δ	IN	v	IN	v	VOR	VOR	AN	HIN		HIN	Δ	Δ	HIN	VOR	VOR	UNT	Δ	Δ	Δ
lochscheibe	VOR	VOR	VOR	Δ	IN	v	IN	v	VOR	VOR	VOR	-1	VOR		-1	AN	HIN	VOR	VOR	UNT	Δ	Δ	Δ
einkerbungen-lochsch.	VOR	VOR	VOR	Δ	AN	v	IN	v	VOR	VOR	Δ	Δ	Δ	IN		AN	HIN	VOR	VOR	UNT	Δ	Δ	Δ
nylonzähne	VOR	VOR	VOR	Δ	IN	v	IN	v	VOR	VOR	Δ	Δ	Δ	AN	IN		HIN	VOR	VOR	UNT	Δ	Δ	Δ
kronenmutter	VOR	VOR	VOR	Δ	AN	v	AUF	v	VOR	VOR	VOR	-1	VOR	VOR	VOR	VOR		VOR	VOR	UNT	Δ	Δ	Δ
motoraggregat	-1	-1	-1	-1	-1	v	-1	v	-1	-1	-1	-1	-1	-1	-1	-1	-1		-1	UNT	-1	-1	Δ
welle	HIN	HIN	HIN	Δ	HIN	v	HIN	v	-1	HIN	HIN	HIN	HIN	HIN	HIN	HIN	HIN	IN		UNT	Δ	Δ	Δ
trichterplatte	ÜB	ÜB	ÜB	ÜB	ÜB	v	ÜB	v	ÜB	ÜB	ÜB	ÜB	ÜB	ÜB	ÜB	ÜB	ÜB	ÜB	ÜB		-1	AN	Δ
einkerbungen-tripla.	ÜB	Δ	ÜB	HIN	ÜB	v	Δ	v	ÜB	ÜB	Δ	Δ	Δ	Δ	Δ	Δ	Δ	ÜB	Δ	AN		-1	Δ
plastiknase	ÜB	Δ	ÜB	AN		v	Δ	v	ÜB	ÜB	Δ	Δ	Δ	Δ	Δ	Δ	Δ	ÜB	Δ	AN	IN		Δ
stecker	Δ	Δ	Δ	Δ	Δ	Δ	Δ	Δ	Δ	Δ	Δ	Δ	Δ	Δ	Δ	Δ	Δ	Δ	Δ	Δ	Δ	Δ	

Zustandsraum nach Ausführung der Instruktionen von Textabschnitt (8)

5. Handlungsraum der Gebrauchsanweisung

So wie man eine Handlung als eine vom Täter kontrollierte Zustandsänderung auffassen kann, kann man einen Handlungsraum als eine vom Täter kontrollierte Veränderung von Zustandsräumen deuten. Bei einer gegebenen zeitlichen Folge von Zustandsräumen müssen noch die nichtzeitlichen Bedingungen für diese Abfolge genannt werden, mit anderen Worten: eine Strategie, die der Täter anzuwenden hat, um den Anfangszustandsraum in den Endzustandsraum zu überführen. Dazu betrachte man das Flußdiagramm in Abb. 5.3. Die Ablauflinie in Pfeilrichtung weist den Weg vom Anfangszustandsraum (ZstR 0) über die verschiedenen Zwischenzustandsräume zum Endzustandsraum (ZstR 7). Die entscheidenden Befehle stehen in den rechteckigen, die Tests in den rautenförmigen Kästen. Die vorkommenden Schlaufen, die im Prinzip beliebig oft durchlaufen werden können (vgl. besonders die Schlaufe im Mittelteil des Diagramms), lassen auf einen Blick erkennen, daß der dargestellte Handlungsraum nicht aus einer, sondern aus verschiedenen möglichen Gesamthandlungen besteht. Nach Rescher (1966: 43ff.) kann man Flußdiagramme dieser Art in eine imperativlogische Darstellung übersetzen. Ich gebe im folgenden eine solche Darstellung, wobei die verwendeten Prädikate VERANLASS und MACH wie in Kap. IV.4 zu deuten sind. Die Rekonstruktion der Befehlssätze erfolgt nur über vom Kontext (Text, Bild, Situation) abhängige Basisparaphrasen. So wird der erste Befehl

Lassen Sie die Förderschnecke in den Wolfskörper fallen!

durch die Formel

[a! (VERANLASS(D-IN^{Z}))(a, förderschnecke, wolfskörper) / ZstR 0]

dargestellt, was zu lesen ist als:

'a! Veranlasse, daß die Förderschnecke in den Wolfskörper gelangt, immer wenn die Startbedingung (Zustandsraum 0) vorliegt!'

Diese Information kann noch durch eine spezielle Paraphrase ergänzt werden, die den Verbinhalt näher charakterisiert, z.B. im Falle von *fallen*, daß die Förderschnecke in Richtung der Schwerkraft nach unten in den Wolfskörper gelangt. Im übrigen beachte man, daß nur eine einzige Veranlaß-Handlung auszuführen ist: die Montage des Gerätes wird gemacht, nicht veranlaßt.

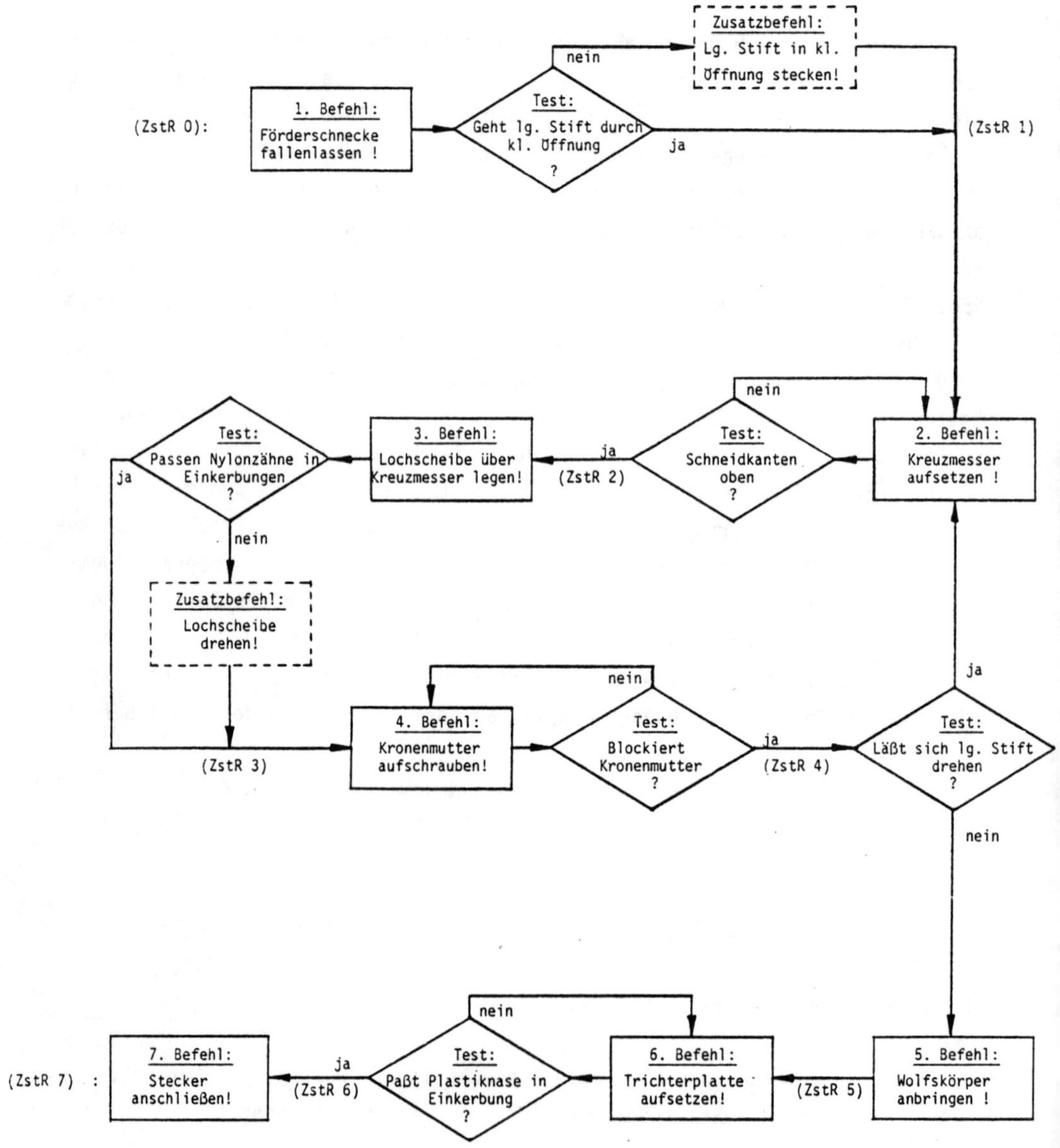

Abb. 5.3: Wie montiert man einen Fleischwolf? Das Flußdiagramm rekonstruiert den Handlungsraum der Gebrauchsanweisung.

LOGISCHE DARSTELLUNG DES HANDLUNGSRAUMES

1. Befehl:

[a! (VERANLASS(D-IN^{Z}))(a, förderschnecke, wolfskörper) / ZstR 0]

Zusatzbefehl:

[a! (MACH(L-IN))(a, langer stift, kleine öffnung)
/ ~ L-IN(langer stift, kleine öffnung)]

2. Befehl:

[a! (MACH(L-IN))(a, kurzer stift, kreuzmesser) / ZstR 1
v ~L-ÜBER(schneidkanten, kreuzmesser)
v (ZstrR 4 & ◇ DREH(a, langer stift)]

3. Befehl:

[a! (MACH(L-AUF))(a, lochscheibe, kreuzmesser) / ZstR 2]

Zusatzbefehl:

[a! (MACH(L-IN))(a, nylonzähne, einkerbungen)
/ ~L-IN(nylonzähne, einkerbungen)]

4. Befehl:

[a! MACH(L-AUF))(a, kronenmutter, wolfskörper) / ZstR 3
v BLOCKIER(kronenmutter)]

5. Befehl:

[a! (MACH(L-AN))(a, wolfskörper, motoraggregat) / ZstR 4
& ~ ◇ DREH(a, langer stift)]

6. Befehl:

[a! (MACH(L-AUF))(a, trichterplatte, einfüllrohr) / ZstR 5
v ~L-IN(plastiknase, einkerbung)]

7. Befehl:

[a! (MACH(L-IN))(a, stecker, steckdose) / ZstR 6]

VI. Vergleich mit anderssprachigen Fassungen

1. Mehrseitiger Übersetzungsvergleich

Die Forderung nach einem mehrseitigen Übersetzungsvergleich vorgegebener Texte ist eine alte Forderung der kontrastiven Linguistik (z.B. Wandruszka, 1969). In theoretischer Hinsicht wird sie damit begründet, daß durch den Übersetzungsvergleich grundlegende Eigenschaften des Sprachsystems aufgedeckt würden, in praktischer Hinsicht damit, daß auf diese Weise Fertigkeiten des Sprachgebrauchs zu erwerben wären. Für jemanden, der eine fremde Sprache lernt, genüge es ja nicht, nur zu wissen, was man im Prinzip in einer fremden Sprache sagen könnte, er müsse auch wissen, was man normalerweise in einer bestimmten Situation sagt. Dem ist nur hinzuzufügen, daß der letzte Gesichtspunkt auch theoretisch bedeutsam ist: die Theorie des Sprachsystems muß mit einer Theorie des Sprachgebrauchs kombiniert werden, wenn man es in diesem Zusammenhang überhaupt für richtig hält, von verschiedenen Theorien zu sprechen statt von verschiedenen Aspekten - einem strukturellen und einem funktionalen - einer einheitlichen Sprachtheorie.

Von den zahlreichen anderssprachigen Ausgaben der vorliegenden Gebrauchsanweisung wollen wir auf die französische und die englische Ausgabe näher eingehen. Neben der besseren Vertrautheit mit den genannten Sprachen spricht für diese Wahl, daß sie ein Licht auf einige Gemeinsamkeiten innerhalb der indogermanischen Sprachfamilie werfen kann. Ein Vergleich mit grundverschiedenen sprachlichen Fassungen einer fremden Sprachfamilie erscheint erst auf einer solchen verbreiterten Basis sinnvoll, da diese eher davor schützt, einzelne Besonderheiten des Deutschen zu verallgemeinern und zufällige Übereinstimmungen als typisch einzustufen.

Jede anderssprachige Ausgabe der Gebrauchsanweisung kann wiederum durch die Vereinigungsmenge dreier sich überlappender Aussagenmengen - einer sprachbezogenen, einer bildbezogenen und einer situationsbezogenen Aussagenmenge -

charakterisiert werden. Die Aussagen können eine imperativlogische oder eine kybernetische Form (Flußdiagramm) haben. Sie stellen einen Handlungsraum dar, der dem bereits bekannten weitgehend gleicht. Die Übereinstimmung der Handlungsräume kommt dadurch zustande, daß die meisten Unterschiede zwischen den sprachlichen Fassungen bzw. den Text-Bild-Gestaltungen durch die jeweilige Berücksichtigung der Situation ausgleichbar sind: das Gerät bleibt ja immer das gleiche. Dennoch dürften diese Unterschiede für die faktische Verarbeitung der Gebrauchsanweisung nicht unerheblich sein.

2. Die französische Ausgabe

Nach Auskunft des Herstellers ist der französische Text der Originaltext und der deutsche Text eine Übersetzung. Hier:

Die französische Textfassung

(1) *Graissez avec de l'huile de cuisine ou avec du beurre le disque en acier situé à l'arrière de la vis spirale. Prenez la cheminée du hachoir, d'une main, le gros trou en haut. Tout le montage s'effectue* SANS QUE CETTE MAIN CHANGE DE POSITION. *De l'autre main, laissez tomber la vis spirale dans le corps du hachoir, la grande tige d'acier dirigée vers le fond et traversant le trou.*

(2) *Emboîtez le couteau à 4 branches sur la petite tige d'acier.* LA FACE TRANCHANTE, INDIQUÉE PAR DES CROIX, TOURNÉE VERS L'EXTÉRIEUR.

(3) *Placez la grille choisie sur le couteau à 4 branches en faisant correspondre les encoches de la grille d'acier et les dents de nylon du corps du hachoir, de façon à ce que la grille s'adapte parfaitement.*

(4) *Vissez la couronne à créneaux en serrant à bloc à la main.*

(5) *Vérifiez le montage. La grande tige ne doit avoir aucun jeu, ni pouvoir tourner sur elle-même. Dans le cas contraire VOUS DEVEZ recommencer les opérations 2-3 et 4.*

(6) *Face au bloc-moteur, présentez le corps du hachoir, la cheminée inclinée à droite. Engagez la tige dans l'axe du bloc-moteur puis, ramenez vers la gauche la cheminée à la verticale.*

(7) *Emboîtez le plateau entonnoir sur la cheminée en faisant correspondre encoche et ergot plastique (à l'arrière de la cheminée).*

(8) *Branchez la prise de courant. L'appareil est prêt à l'emploi.*

Verglichen mit dem französischen Original wirkt die deutsche Übersetzung schematisch und nachlässig. Schematisch, weil der französische Text nirgendwo, wo es möglich wäre, verbessert wird. Nachlässig, weil die meisten der in Kap. V.3 aufgezählten Fehler und Probleme im Text-Bild-Situationsbezug gar nicht aus dem französischen Original stammen, also erst bei der Übertragung ins Deutsche entstanden sind. Von vornherein macht die typographische Gestaltung den französischen Text verständlicher: Sätze und Satzteile, die für eine erfolgreiche Montage besonders wichtig sind, werden großgeschrieben: (1), (2), (5). Die Zuordnung von Fachausdrücken und Abbildungen im Bildlexikon ist dank der Zuordnungslinien in der französischen Ausgabe (vgl. Anhang) klarer als in der deutschen: insbesondere erkennt man sofort, was als *cheminée* ('Einfüllrohr') und was als eigentlicher *corps du hachoir* ('Wolfskörper') bezeichnet wird. Ferner ist im französischen Original die Zuordnung von Textabschnitt (6) zum sechsten Bild korrekt. Die Identifikation der Schneidkanten des Kreuzmessers gelingt besser durch die verbale Charakteristik *la face tranchante, indiquée par des croix* ... (2), welche mit dem Bild und dem Geräteteil übereinstimmt und in der deutschen Ausgabe fehlt. Wie nachlässig die deutsche Übersetzung ist, kann man auch am sprachlichen Detail erkennen: z.B. wird das französische Gerundium *en faisant correspondre* in (7) im Deutschen durch einen finalen (*damit-*) statt durch einen konsekutiven (*so daß-*) Gliedsatz wiedergegeben, oder das französische Adverbial *à l'arrière de* in (1) und (7) wird durch *hinter* statt durch *hinten an* übersetzt - geradeso, als stünde im Original *derrière*. Natürlich lassen sich nicht alle Unterschiede zwischen dem französischen und dem deutschen Text mit der Laxheit der Übersetzung erklären. Es erhebt sich die Frage, welche Unterschiede sprachsystematischer Art sind und welche Auswirkungen sie auf die logische Darstellung haben. Diese Frage soll nicht in voller Allgemeinheit, sondern nur hinsichtlich des hier angesprochenen Problemkreises beantwortet werden. Als Grundlage der Antwort dienen die Tabellen 6.1 und 6.2, welche mit den Tabellen 5.1 und 5.2 zu vergleichen sind. Im einzelnen hebe ich folgende Punkte hervor:

AKTIV - VORGANGSPASSIV

Beide Male, wo im deutschen Text das "unpersönliche" Vorgangspassiv steht, wird im französischen Original das Aktiv verwendet:

frz. *Engagez la tige dans l'axe du bloc-moteur puis, ramenez vers la gauche la cheminée à la verticale.* (6)

dt. *Der Stahlstift wird in die Welle des Motoraggregates eingeführt und das Einfüllrohr nach links bis zur senkrechten Stellung gedreht.* (6)

Das Französische hat nicht wie das Deutsche die Möglichkeit, ein solches Vorgangspassiv im Präsens auszudrücken. *La tige est engagée dans l'axe* und *la cheminée est ramenée à la verticale* bezeichnen einen Zustand. Wer den Prozeß der Zustandsänderung beschreiben will, ohne zugleich den Agens zu benennen, kann auf das unpersönliche Aktiv ausweichen: *on engage la tige dans l'axe*, bzw. *on ramène la cheminée à la verticale*. Hier kommt diese Ausweichlösung wohl aus stilistischen Gründen nicht in Frage.

LAISSER - LASSEN

Im Abschnitt (1) des französischen Originals heißt es *laissez tomber la vis spirale* und nicht *faîtes tomber*, obwohl eindeutig eine Veranlaß- und keine Zulaß-Handlung verlangt wird, denn bevor man die Förderschnecke fallen lassen soll, soll man sie erst in die Hand nehmen und über die Öffnung des Wolfs-

Tab. 6.1: In der französischen Fassung vorkommende Handhabe-Verben

prendre (qn, qc, de qc)	(1)
laisser tomber (qn, qc, dans qc)	(1)
être dirigé (qc, vers le fond)	(1)
emboîter (qn, qc, sur qc)	(2), (7)
être tourné (qc, vers l'extérieure)	(2)
placer (qn, qc, sur qc)	(3)
visser (qn, qc)	(4)
serrer (qn, qc, à qc)	(4)
présenter (qn, qc, face à qc)	(6)
être incliné (qc, à droite)	(6)
engager (qn, qc, dans qc)	(6)
ramener (qn, qc, vers la gauche à la verticale)	(6)
brancher (qn, qc)	(8)
im weiteren Sinne:	
graisser (qn, qc, avec qc)	(1)
faire correspondre (qn, qcs)	(3), (7)

Tab. 6.2: In der französischen Fassung vorkommende Orts- und Richtungsadverbiale und entsprechende Verbzusätze

à l'arrière de	(1), (7)
de	(1)
en haut	(1)
dans	(1), (6)
vers le fond	(1)
em-	(2), (7)
sur	(2), (3), (5), (7)
vers l'extérieur	(2)
face à	(6)
à droite	(6)
vers la gauche	(6)
à la verticale	(6)

körpers führen. Der Grund für die Verwendung von *laisser* dürfte darin liegen, daß *laisser* - ebenso wie *lassen* im Deutschen - bezüglich des Veranlassens oder Zulassens semantisch unmarkiert (merkmallos) ist. Das semantisch markierte (merkmalhaltige) *faire* kann, muß aber nicht bei einer Veranlaß-Handlung verwendet werden. Zudem scheint *faire* nicht nur die Bedeutung von *veranlassen* zu haben, sondern in gewissen Kontexten auch die Bedeutung von *machen*,vgl.: *faire correspondre* in (3) und (7). Die Verwendung von *laisser* schließt jedoch eine Mach-Konnotation in jedem Falle aus.

HÄUFIGKEIT VON ADVERBIALEN UND VERBZUSÄTZEN

Orts- und Richtungsadverbiale sowie entsprechende Verbzusätze kommen im französischen Text seltener vor als im deutschen. Zusammengerechnet beträgt das Verhältnis 18 : 24 Vorkommen. Dieses Zahlenverhältnis ist nur zum Teil darauf zurückzuführen, daß bei der französischen Ausgabe mehr Raum- und Richtungsangaben im Kontext impliziert sind (Beispiele: frz. *visser* - dt. *aufschrauben*). Es spielt auch eine Rolle, daß der deutsche Text bedeutungsgleiche Verbzusätze und Präpositionen nebeneinander verwendet und so eher redundant wirkt (Beispiele: *anbringen an, einführen in, aufsetzen auf*).

REKTIONSUNTERSCHIED ZWISCHEN ORTS- UND RICHTUNGSANGABEN

In Ermangelung grammatischer Kasus ist das Französische außerstande,Orts- und Richtungsangaben durch die Rektion der Präpositionen zu unterscheiden. Die dadurch verursachten Mehrdeutigkeiten lösen sich im vorliegenden Text meist schon auf der Satzebene auf, einige bleiben jedoch bestehen. Was heißt z.B.

(1) [...] *laissez tomber la vis spirale dans le corps du hachoir* [...]?

Soll man die Förderschnecke *im* Wolfskörper fallen lassen oder *in den* Wolfskörper? Nur ein Blick auf das erste Bild oder unsere technische Erfahrung sagen uns, was gemeint ist.

SUR - *ÜBER* ODER *AUF*

Offenbar gibt es im Französischen keine einfache Orts- oder Richtungspräposition, die wie *auf* im Deutschen eindeutig die Berührung von oben bezeichnet. Die Bedeutung von frz. *sur* umfaßt sowohl die von dt. *über* (mit Akkusativ oder Dativ) wie die von dt. *auf* (mit Akkusativ oder Dativ).

RICHTUNGSVERB - BEWEGUNGSVERB + RICHTUNGSADVERBIAL

An die Stelle des Richtungsverbs *traverser* im französischen Original tritt in der deutschen Übersetzung die Verbalkomposition *gehen* + *durch* (1). Daß die Bewegungsrichtung durch ein Richtungsverb statt durch ein Richtungsadverbial bezeichnet wird, kommt im Französischen wie in anderen romanischen Sprachen häufig vor (vgl. Wandruszka, 1969: 460ff.).

Alle genannten Kontraste zwischen den Oberflächenformen beider Sprachen sind durch das jeweilige Sprachsystem bedingt: sie leiten sich her aus den strukturellen Unterschieden der Verbgenera, Verbalkompositionen, Wortfelder und der Kasusflexion. Zwar schlagen sich gewisse Unterschiede in der logischen Darstellung einzelner Handlungssätze nieder - so der Unterschied zwischen unpersönlichem Vorgangspassiv und persönlichem Aktiv in der Einführung einer gebundenen Variablen für den Agens, so der Unterschied zwischen frz. *sur* und dt. *auf* in der Wahl einer anderen lokalen Relation -, aber diese Unterschiede werden auf der Textebene durch die Einbeziehung des sprachlichen, bildlichen und situativen Kontextes wieder aufgehoben. Andere Besonderheiten der Sprachsysteme sind reine Oberflächenerscheinungen: die informatorische Redundanz etlicher deutscher Sätze, hervorgerufen durch synonyme Präverbien und Adverbiale, fällt in der logischen Darstellung weg; es spielt auch - logisch gesehen - keine Rolle, ob eine Richtungsangabe durch ein Richtungsverb ausgedrückt wird oder durch ein (semantisch leeres) Vorgangsverb und ein Richtungsadverbial, denn wir haben die Richtungsadverbiale schon von vornherein als eine Art Richtungsverben aufgefaßt - sie wurden nie isoliert, sondern stets im Rahmen eines Vorgangs- oder Handlungssatzes expliziert.

3. Die englische Ausgabe

Schon auf den ersten Blick sieht man, daß es in der englischen Ausgabe (vgl. Anhang) keine typographischen Hervorhebungen wie im französischen Original gibt. Auch auf die Zuordnungslinien zwischen Fachausdrücken und Abbildungen im Bildlexikon wird verzichtet. Infolge der vertauschten Reihenfolge der Abschnitte (6) und (7) erscheint das sechste Bild unvollständig. Die durchgreifendsten Änderungen werden jedoch innerhalb der Textabschnitte vorgenommen. Sie sind so erheblich, daß man die englische Fassung allenfalls eine freie Wiedergabe des französischen Originals nennen kann: einerseits gibt es für größere Teile der französischen und deutschen Textabschnitte keine englische Entsprechung, andererseits werden in die englischen Textabschnitte Textstücke eingeführt, für die es kein französisches oder deutsches Äquivalent gibt. Bevor wir die Änderungen im einzelnen besprechen, hier eine Übersicht über

Die englische Textfassung

(1) *Hold the mincer housing in one hand, the large hole on top. Place the worm into it with the longer axle at the bottom fitting into the corresponding hole.*

(2) *Fit the star cutter onto the short steel axle with the cutting side engraved with crosses on top.*

(3) *Place the selected grill on top of the cutter, ensuring that it is correctly positioned on the axle.*

(4) *Screw on the knurled nylon nut tightly, using the key if necessary. Use the release key for dismantling.*

(5) *If the assembly has been carried out correctly, the hexagonal axe will be tight, and it must be impossible to rotate it by hand.*

(6) *Place the feed tray upside down on a table. Insert the top of the funnel of the mincer attachment into it, easing the projection into its corresponding slot in the tray.*

(7) *Place the mincer housing onto the front of the motor section, the funnel tilted to the right, and turn to the left to lock. The funnel will then be in a vertical position.*

(8) *Plug in and the appliance will be ready for use.*

Abschnitt (1) besitzt kein Äquivalent zu den ersten beiden Sätzen der französischen bzw. deutschen Fassung. Damit entfällt das Problem, wie die Adverbiale frz. *à l'arrière de la vis spirale* bzw. dt. *hinter der Förderschnecke* zu deuten sind. Ferner fehlt ein entsprechender Ausdruck für frz. *de l'autre main*, dt. *mit der anderen Hand*. Während im französischen und deutschen Text mit frz. *laissez tomber la vis spirale*, dt. *lassen Sie die Förderschnecke fallen*, eine Veranlaß-Handlung gefordert wird, die gegebenenfalls durch eine Mach-Handlung zu korrigieren ist, wird hier von Anfang an eine Mach-Handlung verlangt: engl. *place the worm into (the mincer housing)*. Dadurch wird ein Widerspruch zum ersten Bild in Kauf genommen, auf dem die Förderschnecke so angefaßt wird, daß man sie fallen lassen muß.

Abschnitt (2) enthält ein Attribut, zu dem zwar in der französischen, aber nicht in der deutschen Fassung ein Gegenstück vorhanden ist: *(the cutting side) engraved with crosses*. Im Gegensatz zu frz. *vers l'extérieur* und dt. *außen* wird mit *on top* eine im Rahmen des Gesamttextes einheitliche Ortsangabe gewählt.

Abschnitt (3) geht auf das Verhältnis der Einkerbungen der Lochscheibe - frz. *encoches de la grille d'acier* - zu den Nylonzähnen des Fleischwolfes - frz. *dents de nylon du corps du hachoir* - überhaupt nicht ein. Es heißt lediglich, daß die Lochscheibe die *richtige Lage* auf der Achse einnehmen müsse: *ensuring that it is correctly positioned on the axle.*

Abschnitt (4) enthält ein gegenüber der französischen und deutschen Fassung neues Textstück: [...] *using the key if necessary. Use the release key for dismantling*. (Problem: Referenzidentität von *key* und *release key*.)

Abschnitt (5) hat kein Gegenstück zum dritten Satz von Abschnitt (5) der französischen und deutschen Fassung. Hier muß der Leser selbst den Schluß ziehen, die Teilhandlungen 2 bis 4 zu wiederholen.

Abschnitt (6) entspricht Abschnitt (7) in der französischen und der deutschen Ausgabe, wobei am Anfang ein Satz hinzugefügt wird. Abgesehen vom problematischen Bildbezug scheint diese Änderung praktisch sinnvoll zu sein, denn sie erleichtert das Anbringen der Trichterplatte.

Abschnitt (7) entspricht Abschnitt (6) in der französischen und der deutschen Fassung. Das im ersten Satz verwendete Richtungsadverbial *onto the front of* korrespondiert mit dem französischen *face à*. Beide sind präziser als das deutsche *an*. Die erste Hälfte des zweiten Satzes in den beiden anderen Fassungen - frz. *engagez la tige dans l'axe du bloc-moteur*; dt. *der Stahlstift wird in die Welle des Motoraggregats eingeführt* - wird nicht übertragen.

Abschnitt (8) erfährt keine wesentlichen Änderungen.

Insgesamt wird viel mehr Text gestrichen als hinzugefügt. Der englische Text ist etwa um ein Viertel kürzer als der französische und deutsche. Er wirkt einfacher, da er an technischen Einzelheiten ärmer ist. Dafür muß der Leser sein technisches Hintergrundwissen mehr aktivieren als bei der französischen und deutschen Fassung. Vom Leser wird angenommen, er werde bei der Montage schon merken, wie die Lochscheibe richtig auf die Achse zu setzen sei; er könne sich schon denken, daß er nochmals von vorne anfangen müsse, wenn das Ergebnis nicht stimmt, er werde wohl auch wissen, daß er bei ständiger oder langandauernder Benutzung des Fleischwolfes die Stahlscheibe einfetten müsse, weil die Reibung zwischen Stahlscheibe und Gehäuse sehr stark ist, dort aber auch kein Fett vom durchgedrehten Fleisch hinkommt; und über kleinere Unstimmigkeiten zwischen Text und Bild werde der geneigte Leser geflissentlich hinwegsehen. Man kann sich zwar fragen, ob diese Annahmen in jedem Punkt richtig sind, aber es steht außer Zweifel, daß der Übersetzer der englischen Fassung die Absicht hatte, die Montageanleitung für Benutzer mit technischem Hintergrundwissen einfacher zu gestalten, ja die Montage selbst zu verbessern. Der Übersetzer hätte gewisse Veränderungen - so die Vertauschung der Textabschnitte (6) und (7) und der darin beschriebenen Teilhandlungen - kaum vorschlagen können, wenn er nicht vorher das Gerät eigenhändig zusammengebaut hätte. Sollte sich bestätigen, daß die englische Fassung dem technisch erfahrenen Benutzer mehr entgegenkommt, so folgt daraus aber keineswegs, daß die Originalfassung auch für technisch unerfahrene Benutzer - etwa Benutzer in den sogenannten Entwicklungsländern - leichter zu verstehen ist, da die dort herausgestellten Details eben auch besondere Kenntnisse voraussetzen - z.B. Materialkenntnisse für die Deutung der Ausdrücke frz. *les dents de nylon* ('Nylonzähne'), *l'ergot plastique* ('Plastiknase'), *le disque en acier* ('Stahlscheibe') oder Kenntnisse über die Funktion der Förderschnekke für die Deutung von frz. *à l'arrière de la vis spirale* ('hinten an der Förderschnecke').

Noch einige Bemerkungen zu den sprachlichen Besonderheiten der englischen Fassung. Als Vergleichsbasis dienen wiederum zwei Tabellen: Tab. 6.3 und Tab. 6.4. Semantisch leere Handhabe-Verben sind im Englischen viel gebräuchlicher als im Deutschen - so kommt in der englischen Fassung viermal *to place* vor mit jeweils wechselnden Adverbialkomplementen, die allein Informationen über Richtung und Ort vermitteln. Die englische Verbzusammensetzung unterscheidet sich dadurch von der deutschen, daß meist Suffixe an die Stelle der Präfixe treten, z.B. engl. *to srew on*,dt. *aufschrauben* oder engl. *to plug in*, dt. *anschließen*. Diese Suffixe können nicht wie die deutschen Präfixe durch zusätzliche Richtungsadverbiale wiederholt oder ergänzt werden, vgl.

dt. *Die Kronenmutter auf den Wolfskörper aufschrauben!*

mit

engl. **Screw on the knurled nylon nut onto the mincer housing.*

Genau wie das Französische kann das Englische Orts- und Richtungsangaben nur durch unterschiedliche Präpositionen und nicht durch Kasusmarkierungen unterscheiden. Auch wird die Unterscheidung nicht so konsequent getroffen wie im Deutschen: man vergleiche z.B. die Ergänzungen von *to place* in den Abschnitten (1) und (7) mit den Ergänzungen in den Abschnitten (3) und (6). Systematische Bedeutungsunterschiede innerhalb der Kategorie der Orts- und Richtungsadverbiale konnten zwischen dem englischen und dem deutschen Text nicht festgestellt werden. Von den betrachteten Korpora her sehe ich keinen Anlaß, das im ersten Teil entwickelte System der lokalen und dynamischen Relationen neu zu konzipieren. Bei einer allgemeinen Anwendung auf das Englische und Französische wird man gewiß das eine oder andere Adverbial auf verschiedene Relationen verteilen müssen, gewiß wird auch die eine oder andere Relation in diesen Sprachen nicht durch ein spezifisches Adverbial bezeichnet werden können, vielleicht wird es sogar nötig sein, einige komplexe Beziehungen abzuändern, und vielleicht wird man es dann für besser halten, die deutschen Relationsnamen durch andere zu ersetzen. Aber das sind untergeordnete Fragen.

Tab. 6.3: In der englischen Fassung vorkommende Handhabe-Verben

to hold (so, sth, in sth)	(1)
to place (so, sth, into sth)	(1)
to place (so, sth, on top)	(3)
to place (so, sth, upside down)	(6)
to place (so, sth, onto the front of sth)	(7)
to fit (so, sth, onto sth)	(2)
to be engraved (sth, with sth)	(2)
to be positioned (sth, on sth)	(3)
to screw on (so, sth)	(4)
to dismantle (so, sth)	(4)
to rotate (so, sth, by sth)	(5)
to insert (so, sth, into sth)	(6)
to ease (so, sth, into sth)	(6)
to be tilted (sth, to the right)	(7)
to turn (so, sth, to the left)	(7)
to plug in (so, sth)	(8)
im weiteren Sinne:	
to use (so, sth)	(4), (4)

Tab. 6.4: In der englischen Fassung vorkommende Orts- und Richtungsadverbiale und entsprechende Verbzusätze

in	(1), (6)
on top (of)	(1), (2), (3)
into	(1), (1), (6), (6)
at the bottom	(1)
onto	(2)
on	(3)
-on	(4)
dis-	(4)
upside down on	(6)
onto the front of	(7)
to the right	(7)
to the left	(7)
in a vertical position	(7)
-in	(8)

Zumindest alle grundlegenden Begriffe des Relationensystems und die meisten nicht zusammengesetzten Relationen scheinen aus linguistischer Sicht für das Englische und Französische generalisierbar zu sein. Ferner scheint nach dem, wenn auch bruchstückhaften, Vergleich das deutsche Adverbialsystem wegen seiner differenzierteren grammatischen und semantischen Struktur eine bessere Ausgangsbasis für eine gemeinsame Explikation der deutschen, englischen und französischen Orts- und Richtungsangaben zu sein als das englische oder französische Adverbialsystem.

VII. Anwendungsbezogene Aspekte

1. Zur psychologischen Auswertung

Wenn die sprachwissenschaftliche Analyse der verschiedenen Ausgaben der Gebrauchsanweisung nicht bloß mögliche Bedeutungsstrukturen erörtern, sondern auch faktische Verarbeitungsprozesse erfassen will, dann muß sie sich einer experimentellen Überprüfung stellen. Im folgenden skizziere ich einige sich anbietende Hypothesen und Versuchsmöglichkeiten zu Verstehens- und Behaltensleistungen sowie zur Sprachproduktion. Eine erschöpfende und exakte Darstellung ist in diesem Rahmen nicht möglich. Es geht lediglich um den Nachweis, daß aus der linguistischen Analyse sinnvoll Hypothesen abgeleitet und in psychologische Experimente eingebracht werden können.

VERSTEHENSLEISTUNGEN

Wie gut eine bestimmte Anleitung von ihren Benutzern verstanden wird, ermittelt man am besten mit einem Ausführungstest. Die Zeit, die für die Ausführung der verlangten Aufgabe benötigt wird und die bei der Ausführung gemachten Fehler ergeben schlüssige Anhaltspunkte für die Verstehensleistung. Voraussetzung ist, daß die Sprachkompetenz, Intelligenz (Bildungsstand), technische Erfahrung (Vorwissen) und manuelle Geschicklichkeit der Benutzer durch entsprechende Vortests kontrolliert werden. Danach bittet man die potentiellen Benutzer der Anweisung,diese durchzulesen und Absatz für Absatz so genau wie möglich zu befolgen. Im vorliegenden Fall soll der Fleischwolf in acht Schritten zusammengebaut werden. Es gibt - von einer tolerablen Abweichung, dem Nichteinfetten der Stahlscheibe,einmal abgesehen - nur eine richtige Zusammensetzung des Geräts. Dieses Ziel dürfte von den meisten Benutzern mit technischer Erfahrung erreicht werden. Die Frage ist nur, in welcher

Zeit. Ausgehend von der unterschiedlichen Textlänge sowie der unterschiedlichen Anzahl und Gewichtigkeit der Störfaktoren im Text-Bild-Situationsbezug nehme ich an, daß die jeweiligen muttersprachlichen Benutzer für die englische Ausgabe die kürzeste, für die französische Ausgabe eine mittlere und für die deutsche Ausgabe die längste Verarbeitungszeit benötigen. Die Hypothese besteht also in einer Skala der zunehmenden Verarbeitungszeit:

engl. Ausgabe   frz. Ausgabe   dt. Ausgabe

——————————————————————→ t

\-   Verarbeitungszeit   +

An Ausführungsfehlern erwarte ich bei der

- frz. Ausgabe: keine
- engl. Ausgabe:
  1) Stahlscheibe wird nicht eingefettet
  2) Lochscheibe wird falsch aufgesetzt (so daß die Nylonzähne nicht in die Einkerbungen der Scheibe einrasten)
- dt. Ausgabe:
  1) Stahlscheibe wird nicht eingefettet (weil schwer auffindbar)
  2) Kreuzmesser wird falsch aufgesetzt (so daß die Seite mit den eingravierten Kreuzen die Lochscheibe nicht berührt)

Der erste Fehler ist bei normaler Beanspruchung des Geräts tolerabel, die zweiten Fehler könnten hingegen zu Geräteschäden führen. Die französische Ausgabe scheint eher auf Sicherheit zu setzen und die englische eher auf Zeitersparnis, während die deutsche beidesmal schlecht wegkommt. Entsprechendes gilt, wenn man eine Ausgabe nach dem Vorbild der anderen verändert - es sei denn, daß nicht zu vermeidende sprachstrukturelle Unterschiede ins Gewicht fallen. Ich mache diese Voraussagen unter dem Vorbehalt, daß die Probanden technisch nicht völlig unerfahren sind und - entsprechend der Richtung der semantischen Analyse - mit der Lektüre des Textes beginnen.

Die Untersuchungen zur Verstehensleistung sind variierbar u.a. durch

- sukzessive Vorgabe von Text, Bild, Geräteteilen (in verschiedener Reihenfolge)
- gleichzeitige Vorgabe von Text und Geräteteilen (ohne Bild)
- gleichzeitige Vorgabe von Bild und Geräteteilen (ohne Text)

Schließlich kann der Text in völliger Übereinstimmung mit den Bildern und der Situation dargeboten werden oder mit anderen, systematisch erzeugten Unstimmigkeiten.

BEHALTENSLEISTUNGEN

Wenn auch die drei Ausgaben der Gebrauchsanweisung nicht gleich gut verarbeitet werden, so kann doch dieser Verständlichkeitseffekt langfristig verlorengehen. Es ist sehr wohl möglich, daß die verschiedenen Benutzer der drei Ausgaben annähernd äquivalente Konzepte des Handlungsraums im Gedächtnis behalten. Denn ähnlich wie in dem vom Sprachwissenschaftler rekonstruierten Handlungsraum dürften in dem vom Benutzer begriffenen Handlungsraum die Unterschiede zwischen den einzelnen Ausgaben durch den Situationsbezug ausgleichbar sein: wer lange genug mit den Geräteteilen herumgespielt und das Gerät montiert hat, versteht im nachhinein auch die problematischen Stellen der Gebrauchsanweisung. Um dies zu prüfen, wiederhole man den Ausführungstest nach verschieden langen Behaltensintervallen. Dabei muß die Aktivität der Versuchspersonen im Behaltensintervall kontrolliert werden, weil die durch die Gebrauchsanweisung eingelernte Information mit der für die Aktivität im Behaltensintervall bedeutsamen Information interferiert (vgl. Hagendorf, 1977: 28). Es steht zu erwarten, daß die beim ersten Ausführungstest auftretenden Zeitunterschiede im Wiederholungsfall verschwinden.

Ich nehme also an, daß der Handlungsraum der Gebrauchsanweisung für mittel- und langfristige Behaltensleistungen ausschlaggebend ist: alle nicht in den Handlungsraum eingehenden oberflächlichen oder zufälligen Eigenschaften des Textes, der Bilder und der Situation dürften rasch vergessen werden, wenn nicht besondere Bedingungen dem entgegenstehen. Nur ein Philologe wird sich an eine Passivkonstruktion erinnern, nur ein Sauberkeitsfanatiker an einen Schmutzfleck auf einem Bild. Völlig offen ist, in welcher Form der Handlungsraum im Gedächtnis repräsentiert wird - Gedächtnisforscher vertreten hier die unterschiedlichsten Ansichten (vgl. Klatzky, 1975 und Klix/Sydow, 1977). Im fünften Kapitel habe ich bereits zwei Repräsentationsmöglichkeiten aufgezeigt, die sich allerdings ineinander übersetzen lassen: eine kybernetische und eine logische. Während das Flußdiagramm primär die konkreten Strategien des Handelnden nachzeichnet, rekonstruiert die logische Darstellung primär die abstrakten Zusammenhänge des Sprachsystems. Welche Darstellungsform auch immer sich letztlich als die angemessenere erweisen mag, eines kann man schon jetzt sagen: kaum jemand wird den Handlungsraum samt allen darin enthaltenen Zustandsräumen vollständig im Gedächtnis behalten. Das ergibt sich bereits aus der Begrenztheit des Gedächtnisses. Sollte man sich etwa an alle in Tab. 5.3 aufgeführten räumlichen Beziehungen zwischen den Geräteteilen erinnern? Ökonomischer wäre es, nur wenige Beziehungen zu behalten und die übrigen daraus aktuell abzuleiten. Zumindest konverse Beziehungen dürften nur einmal gespeichert werden, also entweder

L-ÜBER(kurzer stift, langer stift)

oder

L-UNTER(langer stift, kurzer stift)

aber nicht beide Beziehungen. Auch komplexe räumliche Beziehungen werden wohl nicht eigens gespeichert, sondern nach Bedarf rekonstruiert. Wenn man sich schon eingeprägt hat, daß die Stahlscheibe an der Förderschnecke ist und daß (im Zustandsraum 1) die Förderschnecke vor dem Einfüllrohr ist, warum sollte man sich dann auch noch die Beziehung zwischen der Stahlscheibe und dem Einfüllrohr merken? Ob noch weiterreichende Reduktionen des Handlungsraumes kompensiert werden können, wäre im einzelnen zu untersuchen. Unverzichtbar erscheinen aber die unmittelbar handlungsrelevanten sieben räumlichen Beziehungen, die mit den sieben Befehlen des Flußdiagramms verbunden sind, also:

L-IN^{t_1}(förderschnecke, wolfskörper)
L-AUF^{t_2}(kreuzmesser, kurzer stift)
L-AUF^{t_3}(lochscheibe, kreuzmesser)
L-AUF^{t_4}(kronenmutter, einfüllrohr)

$L\text{-}AN^{t_5}$(wolfskörper, motoraggregat)
$L\text{-}AUF^{t_6}$(trichterplatte, einfüllrohr)
$L\text{-}IN^{t_7}$(stecker, steckdose)

Das heißt: ich halte die Befehle für wichtiger als die Tests, da nur die Befehle die Handlung vorantreiben.

SPRACHPRODUKTION

Hypothesen zur Sprachproduktion lassen sich überprüfen, indem man Versuchspersonen zur Montage des Gerätes anhält und sie auffordert, diese Montage während bzw. nach der Ausführung zu beschreiben. Um den Einfluß der Gebrauchsanweisung auf die Sprachproduktion zu untersuchen, können die Versuchspersonen einmal verbal, ein andermal nonverbal (durch Bilder oder durch Vormachen), einmal korrekt, ein andermal unkorrekt über den Montageablauf instruiert werden. Als Basis der geforderten Sprachproduktionen ist das im operativen Gedächtnis (Arbeitsspeicher) erzeugte bzw. aktualisierte Konzept des Handlungsraumes anzunehmen, das beim Sprechen partiell lexikalisiert, syntagmatisiert und phonetisch interpretiert wird. Von den auf jeder Ebene des Sprachproduktionsprozesses möglichen Störungen interessieren besonders die Defekte auf der semantischen Ebene. An sinnsemantischen Fehlern ist vor allem die Verwechslung von Antonymen - z.B. *(nach) oben* statt *(nach) unten* - zu erwarten. Referenzsemantische Störungen treten voraussichtlich dann ein, wenn die Verbalisierung komplexer räumlicher Beziehungen verlangt wird, für die in der Sprache kein einfaches Adverbial zur Verfügung steht. Konkret wird das bei allen durch Δ gekennzeichneten Matrixpositionen in Tab. 5.3 der Fall sein. Hier muß man auf Adverbialkombinationen oder Modifikationen ausweichen, was sich durch lange Latenzzeiten, Sprechpausen und spontane Korrekturen beim Äußern von Adverbialen bemerkbar machen dürfte.

2. Zur Herstellung von Gebrauchsanweisungen

Trotz aller Detailkritik an der deutschen und französischen Ausgabe der Gebrauchsanweisung sind diese Ausgaben nicht so schlecht, daß ein technisch erfahrener Benutzer das Ziel der Anweisung verfehlen wird. Bei Gebrauchsanweisungen mit schwerwiegenderen Mängeln und bei komplizierteren Geräten sind jedoch Geräteschäden und Unfälle der Benutzer zu befürchten. Man muß klar sehen, daß nicht nur Konstruktions- und Fabrikationsfehler, sondern auch fehlerhafte Gebrauchsanweisungen, also Instruktionsfehler, als Unfallursache in Frage kommen.[28] Zwar ist die Verhütung von Unfällen in erster Linie eine Konstruktionsaufgabe: man sollte die Geräte technisch so perfekt wie möglich machen, damit auch bei falscher Benutzung kein Schaden entstehen kann. Doch ist diese Aufgabe häufig nicht lösbar,und sei es nur aus wirtschaftlichen Gründen, weil Kostenaufwand und Sicherheitseffekt in keinem vertretbaren Verhältnis zueinander stehen. Gebrauchsanweisungen müssen daher in vielen Fällen zur Ausschaltung von Risiken beitragen, ganz abgesehen davon, daß eine funktionsgerechte Gebrauchsanweisung immer auch dem Benutzer Zeit spart.

Die Probleme und Auswirkungen mangelhafter Gebrauchsanweisungen wurden erst in der allerjüngsten Zeit in der deutschen Öffentlichkeit beachtet. Unterstenhöfer (1975) beklagt, daß es zwar zahlreiche Normen, Standards und Regeln mit sicherheitstechnischem Inhalt gebe, aber keine vergleichbaren Standards und Regeln für die Gebrauchsanweisungen selbst. Der Gesetzgeber verlange vom Hersteller eines technischen Arbeitsmittels, "zur Verhütung von Gefahren [...] eine entsprechende Gebrauchsanweisung beim Inverkehrbringen mitzuliefern" (Gesetz über technische Arbeitsmittel, § 3, Abs. 3), gebe aber weder dem Hersteller noch der kontrollierenden Behörde Kriterien für die Zweckmäßigkeit von Gebrauchsanweisungen an die Hand. Die Problematik erscheint noch brisanter, wenn man an den Technologietransfer in Entwicklungsländer denkt. Sofern dort eine nichtindogermanische Sprache gesprochen wird, gibt es oft nicht einmal eine Übersetzung der Gebrauchsanweisung in die Landessprache, und wenn doch, dann wird nur selten Rücksicht auf den völlig anderen kulturellen Hintergrund der Benutzer genommen.[29]

Wie lassen sich potentielle Mängel der Gebrauchsanweisungen verhindern? Beginnen wir mit dem Selbstverständlichen: es dürfen nicht die falschen Leute mit der Abfassung beauftragt werden. Der Konstrukteur des Gerätes ist als Autor der zugehörigen Gebrauchsanweisung ungeeignet, da er viel zu gut über das Gerät Bescheid weiß, um sich in die Lage des uninformierten Erstbenutzers versetzen zu können. Zudem besitzt er als technischer Konstrukteur meist keine besonderen Kenntnisse in Sachen Informationsvermittlung. Werbefachleute eignen sich kaum besser für diese Aufgabe, da sich ihre berufliche Tätigkeit auf die Appellfunktion von Kommunikation beschränkt, konkret auf das Motivieren des Adressaten durch Weckung von Bedürfnissen, auf die Erregung von Aufmerksamkeit durch die Produktion von Witzen, Kontrasten usw. Bei der Herstellung von Gebrauchsanweisungen kommt es aber mindestens ebenso auf die richtige Beschreibung komplizierter Handlungsabläufe an, d.h. auf die Darstellungsfunktion von Kommunikation, zumal ja der Adressat bereits hinreichend zur Benutzung des Gerätes motiviert sein dürfte.

Am besten geeignet wäre wohl eine Gruppe von Psychologen und Sprachwissenschaftlern, wobei die letzteren zugleich die Übersetzung in andere Sprachen übernehmen könnten. Kommen wir zur Sache (vgl. auch Unterstenhöfer, 1975):

- Das Ziel ist die schnelle, fehlerfreie Montage und Bedienung des Gerätes.
- Im Hinblick auf dieses Ziel halte man sich die Eigenschaften des Adressaten vor Augen: seinen Informationsstand, seine Motive, seine Lernfähigkeit, seine praktischen und technischen Fähigkeiten usw.
- Man gebe dem Adressaten genau die Informationen, die er für dieses Ziel braucht, nicht mehr und nicht weniger.
- Ist die auszuführende Handlung komplex, gliedere man die Anleitung in die Beschreibungen von funktionsgerechten Teilhandlungen, die vom Adressaten sofort ausgeführt werden können. Man verlange dem Adressaten an unfallträchtigen Punkten Kontrollhandlungen ab, durch die er Fehler in der Ausführung korrigieren kann.
- Man formuliere den Text in der Gemeinsprache unter größtmöglichem Verzicht auf Fachausdrücke. Man fasse sich so kurz und klar wie möglich. Syntaktische und sinnsemantische Regularitäten sollten nicht verletzt werden.
- Wichtige Ausschnitte des außersprachlichen Kontextes (z.B. Geräteteile, Teilhandlungen) sind in Fotos, Bildern oder Grafiken festzuhalten. Man mache den Sachbezug aller unverzichtbaren Fach-

ausdrücke eindeutig durch Angabe eines Bildlexikons, durch Indizes an Wörtern und auf Bildern, durch Hinweispfeile usw. Man vermeide die Koreferenz verschiedener Nomina und die verschiedene Referenz gleicher Nomina. Werden kontextabhängige Ausdrücke (z.B. beobachterabhängige Orts- und Richtungsadverbiale) verwendet, so stelle man klar, auf welchen Kontextabschnitt und auf welche Bildperspektive man sich damit bezieht.

- Man teste die Gebrauchsanweisung mit einigen Adressaten der Zielgruppe, indem man die Anweisung ausführen läßt. Dabei befrage man die Adressaten gezielt nach ihren Verständnisschwierigkeiten.
- Führt der Test zu einem negativen Ergebnis, dann überprüfe man die Gebrauchsanweisung eingehend auf textinterne Fehler und Fehler im Text-Bild-Situationsbezug. (Eine Orientierungshilfe bietet das Verfahren in Kap. V.3.)
- Man beachte dieselben Gesichtspunkte bei der Herstellung der Übersetzung, vor allem teste man auch die Übersetzung bei den muttersprachlichen Sprechern der Zielsprache. Um Interferenzen zu vermeiden, ziehe man stets die Neuformulierung in der Zielsprache einer wörtlichen Übersetzung vor. In jedem Fall sollte der Übersetzer die Originalanweisung selbst am Gerät überprüft haben, damit ihm nicht bei der Wiedergabe Mißverständnisse unterlaufen.

Es ist klar, daß es sich bei diesen vorbeugenden Maßnahmen gegen mangelhafte Gebrauchsanweisungen nur um Faustregeln handeln kann. Eine genauere und psycholinguistisch abgesicherte Strategie - sozusagen die bestmögliche Anleitung zur Herstellung von Gebrauchsanweisungen - läßt sich erst auf experimentellem Wege (siehe: Kap. VII.1) entwickeln.[30]

Anhang

Die untersuchten Gebrauchsanweisungen

Die deutsche Ausgabe

JEANNETTE oder CHARLOTTE

Sie verfügen zum Hacken über folgende Teile :

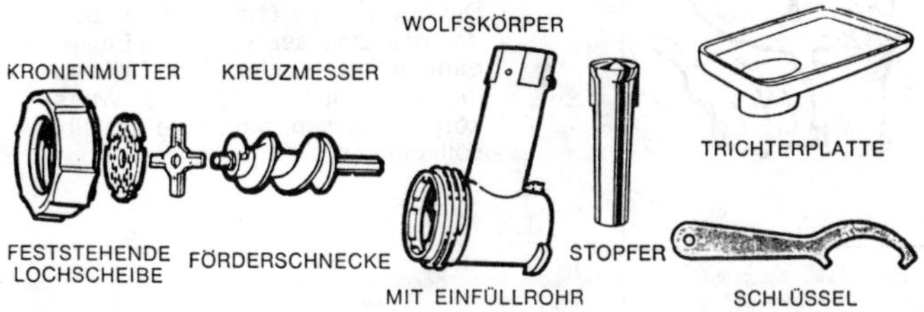

Sie haben die Wahl zwischen zwei Lochscheiben :

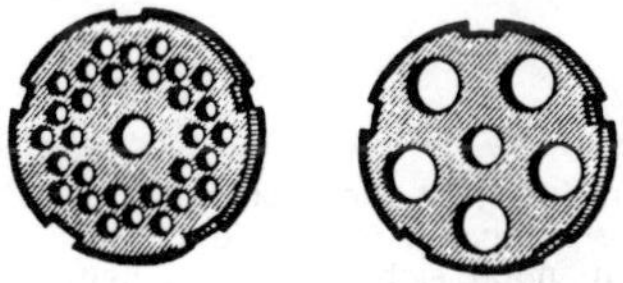

IM ALLGEMEINEN wird die kleine Lochscheibe für rohes Fleisch, die grosse Lochscheibe für gekochtes Fleisch benutzt.

JEDOCH muss die grosse Lochscheibe für sehniges oder sehr fettes Fleisch, eventuell für Fleisch schlechterer Qualität (z.B. als Tiernahrung) oder auch für fetten Speck verwendet werden.

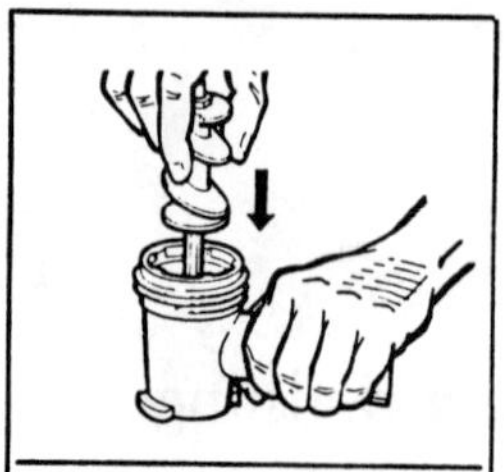

1 Fetten Sie die Stahlscheibe, die sich hinter der Förderschnecke befindet, mit Salatöl oder Butter ein. Nehmen Sie das Einfüllrohr des Fleischwolfes in eine Hand, mit der grossen Öffnung nach oben.
Die Hand bleibt bei der weiteren Montage in dieser Stellung. Mit der anderen Hand lassen Sie die Förderschnecke in den Wolfskörper fallen, wobei der lange Stahlstift nach unten gerichtet ist und durch die Öffnung geht.

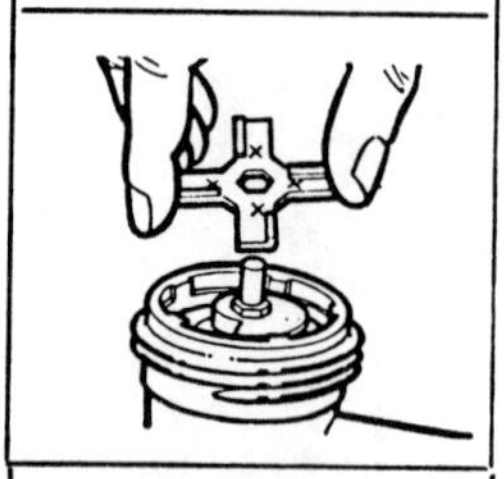

2 Das Kreuzmesser auf den kurzen Stahlstift aufsetzten. Die Schneidkanten müssen aussen ein.

3 Die gewählte Lochscheibe über das Kreuzmesser legen. Die Einkerbungen der Lochscheibe müssen in die Nylon-Zähne des Wolfskörpers passen, damit die Scheibe vollkommen richtig sitzt.

4 Die Kronenmutter aufschrauben und mit der Hand blockieren.

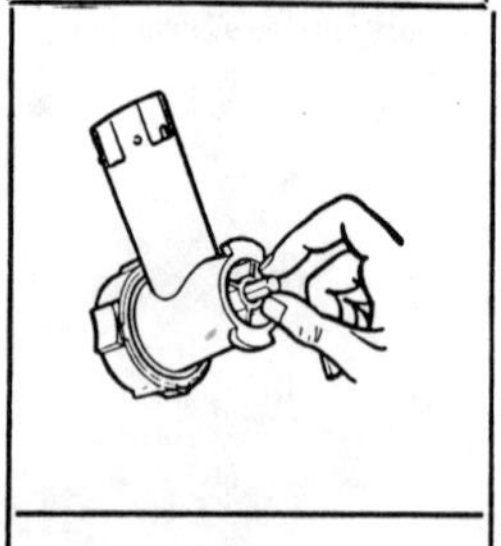

5 Überprüfen Sie die Montage. Der lange Stahlstift darf nicht lose sitzen, noch sich drehen können. Andernfalls müssen Sie die Vorgänge 2, 3 und 4 wiederholen.

6 Bringen Sie den Wolfskörper an das Motoraggregat an, mit dem Einfüllrohr nach rechts geneigt. Der Stahlstift wird in die Welle des Motoraggregates eingeführt und das Einfüllrohr nach links bis zur senkrechten Stellung gedreht.

7 Die Trichterplatte auf das Einfüllrohr aufsetzen, damit die Einkerbung und die Plastiknase (hinter dem Einfüllrohr) aufeinanderpassen.

8 Schliessen Sie den Stecker an, Das Gerät ist betriebsbereit.

Die französische Ausgabe

AVEC LE JEANNETTE OU LE CHARLOTTE

Voici les pièces dont vous disposez pour hacher :

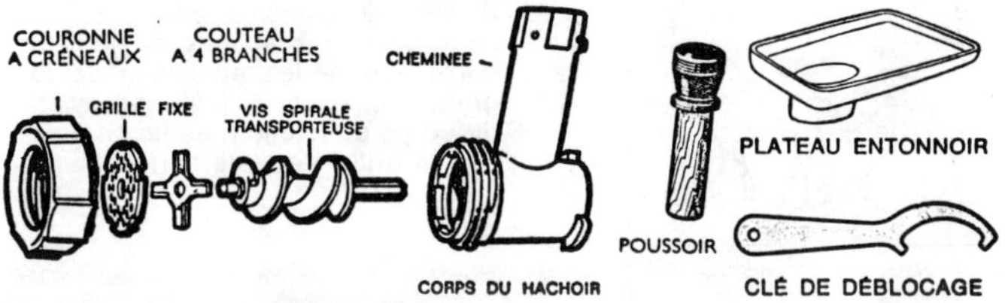

VOUS AVEZ LE CHOIX ENTRE DEUX GRILLES

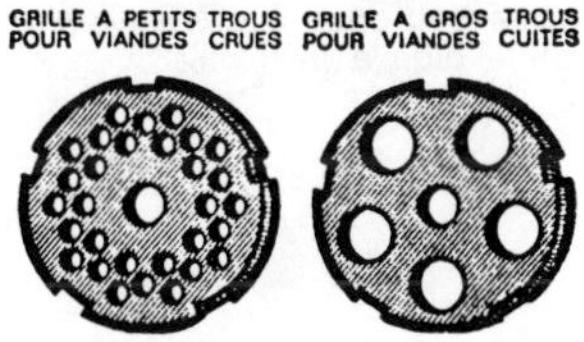

EN GÉNÉRAL la grille à petits trous est utilisée pour les viandes crues ; la grille à gros trous pour les viandes cuites.

CEPENDANT : les viandes crues, nerveuses ou très grasses peuvent être traitées avec la grille à gros trous, de même que les viandes de basse qualité, destinées aux animaux par exemple. Le lard gras doit toujours être haché, avec la grille à gros trous.

1 Graissez avec de l'huile de cuisine ou avec du beurre le disque en acier situé à l'arrière de la vis spirale.

Prenez la cheminée du hachoir d'une main, le gros trou en haut.

Tout le montage s'effectue SANS QUE CETTE MAIN CHANGE DE POSITION. De l'autre main, laissez tomber la vis spirale dans le corps du hachoir. la grande tige d'acier dirigée vers le fond et traversant le trou.

2 Emboîtez le couteau à 4 branches sur la petite tige d'acier. LA FACE TRANCHANTE, INDIQUÉE PAR DES CROIX, TOURNÉE VERS L'EXTÉRIEUR.

3 Placez la grille choisie sur le couteau à 4 branches en faisant correspondre les encoches de la grille d'acier et les dents de nylon du corps du hachoir, de façon à ce que la grille s'adapte parfaitement.

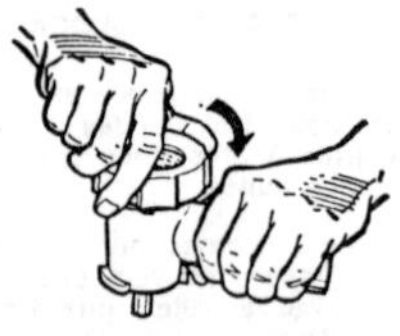

4 Vissez la couronne à créneaux en serrant à bloc à la main.

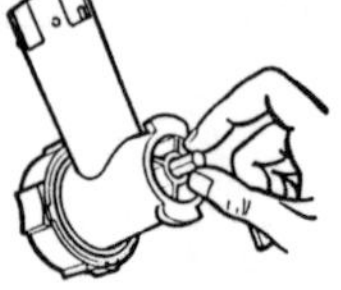

5 Vérifiez le montage. La grande tige ne doit avoir aucun jeu, ni pouvoir tourner sur elle-même. Dans le cas contraire VOUS DEVEZ recommencer les opérations 2 - 3 et 4.

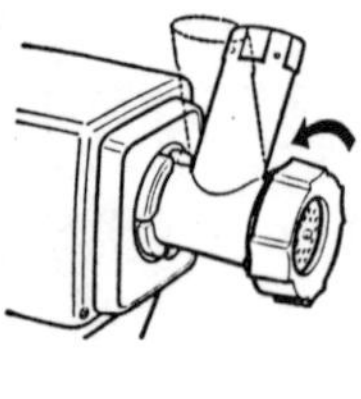

6 Face au bloc-moteur, présentez le corps du hachoir, la cheminée inclinée à droite. Engagez la tige dans l'axe du bloc-moteur puis, ramenez vers la gauche la cheminée à la verticale.

7 Emboîtez le plateau entonnoir sur la cheminée en faisant correspondre encoche et ergot plastique (à l'arrière de la cheminée).

8 Branchez la prise de courant. L'appareil est prêt à l'emploi.

Die englische Ausgabe

MINCER ATTACHMENT

JEANNETTE (cat. 244), JEANNETTE MARK 3 (cat. 243), CHARLOTTE (cat. 308)

The appliance should always be disconnected from the mains supply before assembly or dismantling.

The mincer assembly consists of the following components :

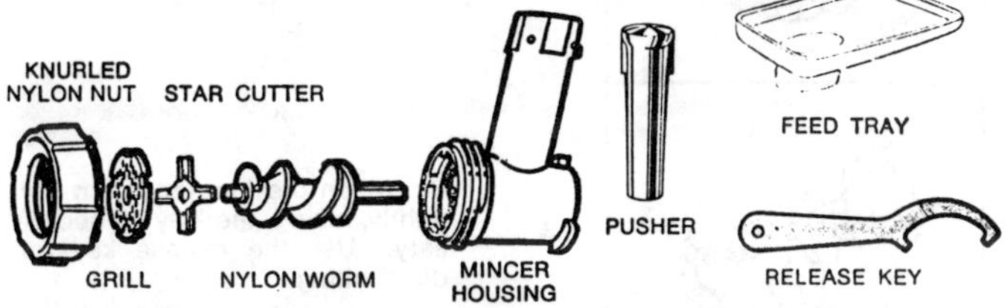

THERE ARE TWO GRILLS FROM WHICH TO CHOOSE

SMALL HOLE GRILL FOR RAW MEAT   LARGE HOLE GRILL FOR COOKED MEAT

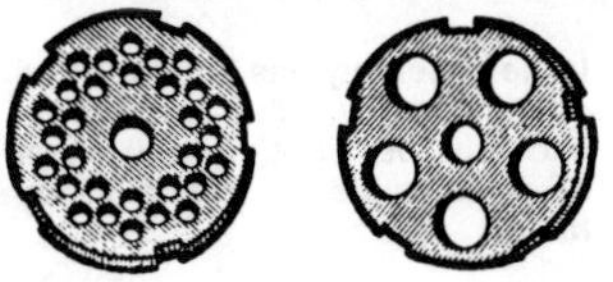

IN GENERAL use the small hole grill for raw meat and the large hole grill for cooked meat.

SINEWY or fat raw meats should be minced with the large hole grill, as may meat for animal food.

Fatty bacon should always be minced with the large hole grill.

1 Hold the mincer housing in one hand, the large hole on top.

Place the worm into it with the longer axle at the bottom fitting into the corresponding hole.

2 Fit the star cutter onto the short steel axle with the cutting side engraved with crosses on top.

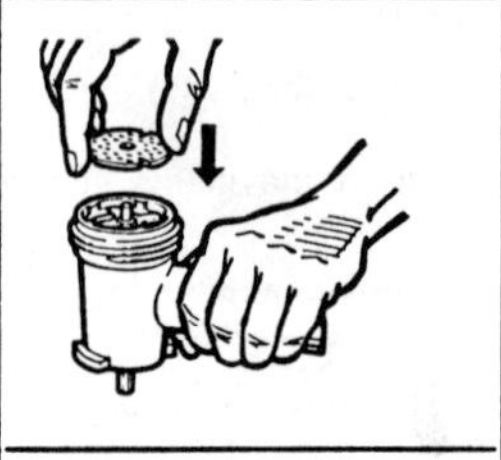

3 Place the selected grill on top of the cutter, ensuring that it is correctly positioned on the axle.

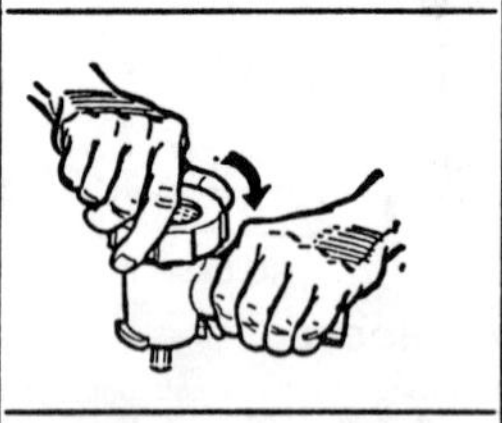

4 Screw on the knurled nylon nut tightly, using the key if necessary. Use the release key for dismantling.

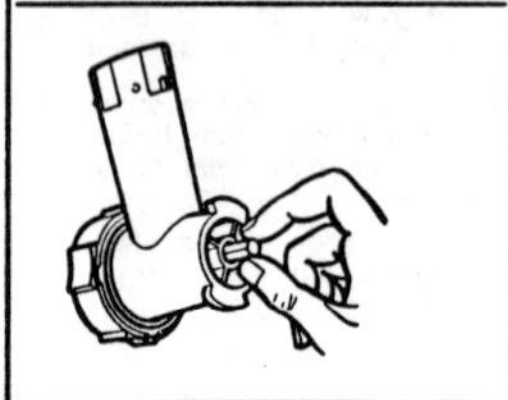

5 If the assembly has been carried out correctly, the hexagonal axe will be tight, and it must be impossible to rotate it by hand.

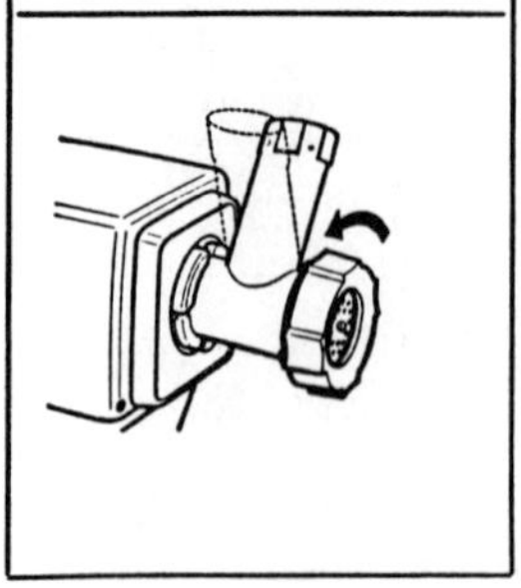

6 Place the feed tray upside down on a table. Insert the top of the funnel of the mincer attachment into it, easing the projection into its corresponding slot in the tray.

7 Place the mincer housing onto the front of the motor section, the funnel tilted to the right, and turn to the left to lock. The funnel will then be in a vertical position.

8 Plug in and the appliance will be ready for use.

Anmerkungen

1 Während die Dingwörter mit Dimensionsadjektiven zusammengehen, bevorzugen die Stoffwörter Dispositionsadjektive wie *hart*, *weich*, besonders in Ableitungen wie *stahlhart*, *butterweich*, und gestatten die Ableitung stoffbezeichnender Adjektive wie *eisern*, *hölzern*, *milchig*, *wäßrig*, *gasig*, *rauchig* usw. Werden solche Adjektive übertragen verwendet, dann bildet die Substanz den Bezugspunkt der Übertragung: eine milchige Scheibe ist so weißlich-trüb wie Milch, ein hölzerner Mensch ist so steif, als wäre er aus Holz. Statt *gasig* gebraucht man in der Physik das Wort *gasförmig*. Dieses Fachwort, das auf die Form, nicht auf die Substanz abhebt, klingt widersprüchlich, da Gase gerade keine spezifische Form haben (vgl. *gasförmig* mit *würfel-*, *kegel-* oder *ringförmig*). Es ist nur zu erklären auf dem Hintergrund eines physikalischen Körperbegriffs (*gasförmiger Körper*), der sich vom sprachlichen Dingkonzept weit entfernt hat.

2 Da vor allem die fünf letztgenannten Arbeiten den Hintergrund für die folgenden Ausführungen abgeben, hier ein kurzer Kommentar:

Renate Steinitz betrachtet in ihrer *Adverbialsyntax* (1969: 96) die Präpositionalphrase als Basis aller Adverbialbestimmungen. Obwohl sie die PP derart ins Zentrum ihrer Syntaxanalyse rückt, deutet sie in ihren "Semantischen Überlegungen" (1969: 158) eine Ortspräposition als lokale Relation zwischen zwei Gegenständen. Dies hat den Vorteil, daß die Prädikaten- und Relationslogik direkt auf die Präpositionen angewendet werden kann. Auch in dem prozeduralen Ansatz von Miller/Johnson-Laird (1976) werden die Verhältniswörter als lokale Relationen gedeutet, jedoch ohne ihnen einen mengentheoretischen Unterbau zu geben. Statt dessen gehen die Autoren von einer Vielzahl undefinierter Grundbegriffe aus, denen sie nach und nach gewisse Einschränkungen auferlegen. Dieser Weg verlockt mit der Möglichkeit, eines Tages einen semantisch und psychologisch motivierten Raumbegriff zu erreichen. Wie weit dieses Ziel jedoch im gegenwärtigen Stadium der Forschung noch entfernt ist, zeigt sich darin, daß nur wenige Präpositionen untersucht und die Zeigwörter ganz ausgespart werden, ferner darin, daß der Zeitbegriff nicht im Rahmen einer prozeduralen Analyse, sondern mit den "bewährten" Mitteln der Quantoren- und Zeitlogik dargestellt wird.

In den modelltheoretischen Untersuchungen von Lutzeier (1974) und Moilanen (1979) werden die lokalen Relationen durch strukturierte Mengen von Raumpunkten interpretiert. Diesen Gedanken halte ich grundsätzlich für fruchtbar und ausbaufähig. Weniger fruchtbar erscheint die Vorgehensweise im Detail. So greift sich auch Lutzeier nur einzelne Ortspräpositionen heraus und betrachtet sie ohne Rücksicht auf das gesamte System der Ortsadverbiale oder auf relevante Teilsysteme. Beispielsweise wird *außerhalb* nicht im Kontrast zu *innerhalb* und *um* untersucht und insofern unangemessen dargestellt. Während Lutzeiers Ansatz empirisch unterbestimmt ist, scheint Moilanens "theoretische Beschreibung" der Fülle der Fakten kaum Herr zu werden. Das liegt zunächst daran, daß gewisse Begriffe aus der Theorie der topologischen und metrischen Räume direkt zur Explikation semantischer Sachverhalte herangezogen werden, ohne die Implikationen dieser Begriffe zu erwägen. Wer z.B. die räumliche Umgebung einer Einheit durch den topologischen Umgebungsbegriff expliziert, sollte bedenken, daß in der Topologie jeder Punkt eine Umgebung hat und daß jede Menge in ihrer Umgebung enthalten ist, während wir sprachlich den Raum einer Einheit von dem ihrer Umgebung unterscheiden und einzelnen Punkten meist keine Umgebung zuweisen. Vor allem aber rühren die Schwierigkeiten daher, daß Moilanen nicht nur die allgemeinen Wahrheitsbedingungen von Kopulasätzen mit Ortspräpositionen, sondern auch deren besondere Gebrauchsbedingungen mit Hilfe von lokalen Relationen beschreiben will. Die Grenze zwischen Wahrheits- und Gebrauchsbedingungen mag im Einzelfall fließend sein, sie muß aber zumindest in klaren Fällen beachtet werden. Nach Möglichkeit sollte man die speziellen Gebrauchsbedingungen durch kontextabhängige Sinnrelationen oder durch Performanzstrategien angeben. Der Versuch, spezielle Gebrauchsbedingungen der Ortspräpositionen durch ein mathematisches Konzept für den Raum zu formalisieren, gleicht dem Versuch, statistische Erwägungen in die Basiskomponente einer generativen Grammatik aufzunehmen.

In einem kleinen, aber gehaltvollen Artikel zur Semantik der lokalen Präpositionen versucht Wunderlich (1982), die leitenden Ideen der bisherigen Forschung aufzuzeigen und zu integrieren. Wie für den Syntaktiker, so bildet auch für ihn die Präpositionalphrase den Kern eines Zustandssatzes. Er deutet die Präposition jedoch nicht als Relation zwischen zwei Einheiten, sondern als Relation zwischen einer Einheit und einem Raumbereich. Die vollständige Beziehung wird daraus erst unter Einbezug des Verbs abgeleitet. Dem prozeduralen Ansatz kommt das dynamische Konzept des Weges entgegen, mit dem Wunderlich auch einen Teil der statischen Präpositionen (z.B. *diesseits, jenseits*) beschreibt. Wie Lutzeier und Moilanen bedient er sich einer mengentheoretischen Basis, wobei er ebenfalls starken Gebrauch von topologischen Strukturen macht.

3 Wie bringt der Storch die Kinder?
Fall (i): *Das Kind ist im Schnabel.* Der Storchenschnabel "enthält" einen Teil des Kindes und hält es fest wie in Wilhelm Buschs frommer Helene.

Fall (ii): *Der Storch hat ein Kind im Schnabel.* Der Schnabel "enthält" nicht einmal einen Teil des Kindes, hält es aber immer noch fest wie in Troll (1973).

4 Die wohl hintergründigste Analyse des semantischen Kontrastes zwischen *in* und *an* verdanken wir Heinz-Eugen Schramm (1967). Dem geneigten Leser, der sich ganz *in* diesen Kontrast vertiefen möchte, sei Schramms Werk *ans* Herz gelegt.

5 Wenngleich wir hier, wie im folgenden, davon ausgehen, daß der Beobachter an der laufenden Kommunikation teilnimmt, muß das nicht immer so sein. Einer umfassenden Deixis-Theorie sollten außer dem Normalfall (i) auch die Fälle (ii), (iii) und (iv) eine Untersuchung wert sein:

(i) Die Beobachter sind Teilnehmer eines aktuellen Kommunikationsaktes; insbesondere können Sprecher und Beobachter identisch sein. Beispiel: A und B gehen auf der Straße und A sagt zu B: *Frank steht vor der Laterne.*

(ii) Die Beobachter sind Teilnehmer eines erwähnten Kommunikationsaktes. Beispiel: *Gestern, als A zu B sagte, daß Frank vor der Laterne steht, wurde B ganz bleich.*

(iii) Der Beobachter ist das Subjekt, das sich eine "innere Welt" vorstellt. Beispiel: *Ich wünschte, Frank stünde vor der Laterne am Savignyplatz.*

(iv) Der Beobachter wird vom Erzähler einer Geschichte angenommen oder suggeriert. Beispiel: *Plötzlich stand ein gespenstischer junger Mann vor der Laterne.*

6 Lat. *circum* wurde nach Lindsay (1907: 85) ursprünglich nur mit Bewegungsverben verbunden: "*circum*, originally Cognate Acc. of *circus*, e.g. circum ire 'to go a round', would be originally used only with verbs of motion." Zwar kann ein gleiches für dt. *um* nicht nachgewiesen werden, da es bereits im Althochdeutschen mit Zustandsverben auftritt, doch überwiegen in Belegsammlungen, z.B. Grimm (DWB), Kontextangaben mit Bewegungsverben.

7 Es handelt sich um Wolfgang Klein, der die Deixis-Forschung einen großen Schritt vorangebracht hat (vgl. Klein, 1978: 28).

8 Beispielsweise beobachteten bereits Stern/Stern (1928: 23, 24, 45, 86, 92) bei ihren Kindern Hilde und Günther folgende Erwerbssequenzen:

Hilde Stern:

da da	1; $3^1/2$	Mit hinzeigender Gebärde auf die Fragen: "Wo ist denn das und das?"

Hilde Stern:

hier hier	1;4 1/2	Wenn sie die leere Flasche oder sonstige Gegenstände hinreichte.
das das oder *das is das is*	1;6	Beim Bilderansehen sagte sie es, indem sie auf jedes Bild mit dem Finger tippte. Nachahmung unseres: *das ist dies, das ist jenes.*
der, de	1;11	In einem "zusammengezogenen" Satz: *hommt* (= kommt) *de mama und der papa auch!*

Günther Stern:

da, dada	0;9	Beim Vorkommen hinter einem Versteck.
das, das das is; is is	1;1/2	Wird gesagt beim Zeigen auf alle möglichen ihm auffallenden Gegenstände.
de, die	1;2	Artikel, hier und da gebraucht: *die bebau, de buph.*
hie	von 1;2 bis 1;11	Ortsadverb: 'hier'.

Wir entnehmen daraus, daß das unmarkierte *da* beidesmal am Anfang stand und daß Orts- und Dingreferenz sich erst allmählich ausdifferenziert haben. Allerdings verlaufen die Sequenzen nicht gleichförmig: anders als Hilde gebraucht Günther den nach dem Genus unterschiedenen Artikel *de, die* vor dem Ortsadverb *hier*, d.h. die Reihenfolge der Erwerbsstufen kann nicht völlig festgelegt sein.

9 Ein auffälliger, für unsere Zwecke jedoch unerheblicher Unterschied ist der, daß Steinitz' Konstituentenstrukturgrammatik von der Endstellung des Verbs ausgeht. Dies wird vor allem begründet mit der "Besonderheit des deutschen Tempussystems, in dem die Bestandteile des Verbalkomplexes diskontinu-

ierlich auf den Satz verteilt werden können." (Steinitz, 1969: 9) Da unsere Grammatik weder Tempora noch Nebensätze behandelt, brauchen wir das Ende des wissenschaftlichen Streites über diese Hypothese nicht abzuwarten und dürfen getrost die intuitiv einleuchtende Reihenfolge *NP V Advb* bzw. *NP V NP* zugrundelegen.

10 Sätze wie

Der Weg führt von der Wiese zum Haus.
Die Bahnlinie geht von A-Stadt nach B-Stadt.

die keinen aktuellen Vorgang beschreiben - ist doch der Weg zu ein und derselben Zeit am Haus wie an der Wiese und die Bahnlinie sowohl in A-Stadt wie in B-Stadt - lassen sich durch Paraphrasen auf einen potentiellen Ortswechsel beziehen:

Auf dem Weg gelangt man von der Wiese zum Haus.
Auf der Bahnlinie gelangt man von A-Stadt nach B-Stadt.

11 *Durch* kann sich nur in der Umgebung weniger, relativ abstrakter Nomina auf *an* beziehen: z.B. *durch einen Ort gelangen* ⇒ *vorübergehend an einem Ort sein, durch das Ziel gelangen* ⇒ *vorübergehend am Ziel sein*. Im Normalfall ist *durch* eine dynamische Variante der statischen Präposition *in* (vgl. Kap. III.5).

12 Wenn es sich bei der Menge von Zeitpunkten um ein Intervall handelt, dann ergibt sich der offene Kern, indem man die möglicherweise zum Intervall gehörenden Randpunkte wegläßt.

13 Die Vorstellung, daß sich der Beobachter parallel zur Zeit bewegt, bildet das galoppierende Leitmotiv von Wilhelm Buschs *Julchen* (*Knopp-Trilogie*):

Eins, zwei, drei! Im Sauseschritt
Läuft die Zeit; wir laufen mit.

14 Im Slavischen bei Erhaltung des Lokativs z.T. abweichend bloßer Instrumental oder Präposition + Akkusativ für Zeitangaben. Im Germanischen, Griechischen und anderen Sprachen auch bloßer Genitiv für besonders "unbestimmte" Zeitangaben, vgl. nhd. *sommers, winters, nachts, dieser Tage* mit der Konstruktion: Präposition + Dativ/Lokativ bei definiten Zeitangaben: *im Sommer, im Winter, in der Nacht, in diesen Tagen.*

15 Zur Problematik der Koordinationsreduktion in einer generativen Grammatik des Deutschen vgl. Kohrt (1976).

16 Steinitz (1969: 81ff.) führt das Merkmal [± dyn] nur beim Verb ein und ordnet es dann durch kontextuelle Subkategorisierungsregeln dem Nomen einer PP zu. Einer Präposition inhärent sind lediglich Merkmale wie [+ in], [+ an], [+ auf] usw. Diese Lösung hebt zwar stärker hervor, daß der durch eine Präposition bezeichnete Strukturbegriff einen dynamischen und einen statischen Aspekt hat (vgl. Kap. III.11), ist aber aus mindestens drei Gründen unbefriedigend:

(i) [± dyn] muß einer PP auf verschiedene Weise zugeordnet werden, je nachdem,ob sie eng zum Verb gehört oder nicht (vgl. *in einem Gasthof wohnen* mit *in einem Gasthof essen*).

(ii) [± dyn] ist kein Merkmal eines Nomens erster Ordnung. Ein Nomen, das in der Umgebung einer Ortspräposition vorkommt, kann auch in der Umgebung der entsprechenden Richtungspräposition auftreten, wobei seine Bedeutung nicht verändert wird (vgl. *in einem Gasthof* mit *in einen Gasthof*).

(iii) Es ist unklar, wie die statischen Zeigwörter *hier*, *da*, *dort* von ihren dynamischen Varianten z.B. *von hier*, *von da*, *von dort*; *hierhin*, *dahin*, *dorthin* zu unterscheiden sind, weil in diesen Fällen kein merkmaltragendes Nomen in Sicht ist. Nimmt man aber an, daß ein statisches Zeigwort für eine PP steht, ergeben sich morpho-syntaktische Probleme: *hierhin* ≈ *zu mir hin?*

17 Vgl. dazu die Gegenüberstellung von *command termination* und *obedience of a command* bei Rescher (1966: §5). Mein Begriff der Befehlsausführung deckt sich weitgehend mit *command termination*.

18 Ob ein vom Agens räumlich getrenntes Objekt vorliegt, kann sprachlich entschieden werden. Bei räumlicher Trennung - z.B. *Jäger* und *Flinte* - gibt es entsprechende Sätze mit *gehören* und *besitzen* (i), die bei räumlicher Verbundenheit - z.B. *Jäger* und *Hand* - anormal wirken (ii):

(i) *Dem Jäger gehört eine Flinte.*
Der Jäger besitzt eine Flinte.
(ii) **Dem Jäger gehört eine Hand.*
**Der Jäger besitzt eine Hand.*

Außerdem sind nur im ersten Fall *haben*-Sätze mit bestimmtem Artikel möglich:

(i) *Der Jäger hat die Flinte.*
(ii) **Der Jäger hat die Hand.*

Genaueres: siehe Bierwisch (1965: 34f.).

19 Diese Annahme darf nicht für alle Komplemente von *zulassen* verallgemeinert werden; man beachte, daß z.B. die Formulierungen

Der Lehrer läßt das Rauchen zu - aber die Schüler machen keinen Gebrauch davon.

Der Lehrer läßt zu, daß die Schüler rauchen - aber sie machen keinen Gebrauch davon.

völlig korrekt sind.

20 Zu Goethes Zeiten wurde *machen* zwar noch mit dynamischen Verben wie *laufen* verbunden, doch heute hat *machen* diese Kombinationsmöglichkeit an *lassen* abgegeben. *Lassen*, das früher nur ein *zulassen* war, erhielt in diesem Zusammenhang auch den Sinn von *veranlassen*.

21 In gewissen Kontexten mit unbelebten Objekten scheint auch eine Veranlaßlesart vorzuliegen: z.B. von *stehen lassen* in *Wenn du in die Stadt fährst, laß den Wagen in der Marktstraße stehen - ich hole ihn dann ab*. Dies ist aber so zu erklären, daß die Äußerung elliptisch ist und der Kontext eine Veranlaß-Handlung voraussetzt, die der Zulaß-Handlung zeitlich vorhergeht: *Wenn du in die Stadt fährst, stell den Wagen in der Marktstraße ab und laß ihn dort stehen - ich hole ihn dann ab.*

22 Obwohl Sätze wie

Die Tasche ist in die Ecke gestellt.
Der Löffel ist auf den Tisch gelegt.
Das Kind ist auf den Stuhl gesetzt.

sofort als Beschreibung eines Handlungsresultats verstanden werden, zieht man im allgemeinen die grammatisch einfacheren, absoluten Zustandssätze

Die Tasche steht in der Ecke.
Der Löffel liegt auf dem Tisch.
Das Kind sitzt auf dem Stuhl.

vor. Wird hingegen das Adverbialkomplement durch ein trennbares Präverb ersetzt, so ist das Zustandspassiv geläufiger:

Der Arbeiter ist eingestellt.
Die Platte ist aufgelegt.
Der Topf ist aufgesetzt.

In den Sätzen

Das Kleid ist lässig über den Stuhl geworfen.
Die Menschen sind in die Welt geworfen.

scheint das Objekt stärker vom Verb affiziert als in

?Die Tasche ist in die Ecke geworfen.

Ist das Handlungsresultat nur von kurzer Dauer, so kann kein Zustandspassiv gebildet werden:

?Der Ball ist an die Wand geworfen.

Man sieht: hier gibt es zahlreiche Einschränkungen. In Ergänzung der im nächsten Abschnitt geführten Diskussion um grammatische Kriterien für Mach- und Veranlaß-Verben können wir aber sagen, daß Mach-Verben eher ein Zustandspassiv bilden als Veranlaß-Verben.

23 Neben idiomatischen Wendungen wie *keinen Fuß aus dem Haus setzen* usw. sind in der Umgangssprache gelegentlich Kombinationen von *setzen, stellen, legen* mit Präpositionen wie *von, aus* zu beobachten: z.B. *die Flasche aus dem Kühlschrank stellen, den Löffel vom Tisch legen.* Dieser Gebrauch dürfte durch eine Koordinationsreduktion zu erklären sein: *die Flasche aus dem Kühlschrank nehmen und irgendwohin stellen, den Löffel vom Tisch nehmen und irgendwohin legen.*

24 Zwar ist das intransitive *hängen* auch mit Richtungsadverbialen kombinierbar und erlaubt Folgerungen wie

Der Blockwart hat die Fahne aus dem Fenster gehängt.
⇒ *Die Fahne hängt aus dem Fenster.*

doch bezeichnet es dann nicht einen Vorgang, sondern einen Zustand (hier: als Resultat der voraufgehenden Handlung). Dabei zeigt die Fahne nach unten, insofern als sie nach unten fällt, wenn sie losgelassen wird. Mit anderen Worten: das intransitive *hängen* ist ein Zustandsverb mit einer direktionalen oder dynamischen Komponente.

25 Ist das intransitive Verb semantisch unspezifischer als das entsprechende transitive, müssen noch weitere Merkmale hinzukommen, damit sich die transitive Form aus der intransitiven ergibt. So genügt zwar ein Kausativmerkmal für die Ableitung des transitiven *fliegen* aus der gleichlautenden intransitiven Form, aber für die Ableitung von *werfen* aus dem intransitiven *fliegen* sind dann zusätzliche Merkmale erforderlich, zumal auch *schmeißen* und *schleudern* mit *fliegen* korreliert sind.

26 Darunter verstehe ich eine Grammatik, die im Unterschied zur Generativen Semantik der Syntax eine relative Autonomie zugesteht. Die Tiefenstruktur ist also nicht identisch mit der logischen Form, sondern eine Struktur, aus der sich die logische Form möglichst direkt berechnen und in einem Modell interpretieren läßt. (Zur Diskussion Generative Syntax - Generative Semantik vgl. Immler (1974).)

27 In der Bezeichnung der Textsorte konkurrieren mehrere Benennungen miteinander: *Gebrauchsanweisung*, *Gebrauchsanleitung*, *Gebrauchsinformation*, *Bedienungsanleitung*, *Bedienungsanweisung*, *Betriebsanweisung*, *Betriebsanleitung*, *Betriebsvorschrift*. Eine Erörterung der terminologischen Unterschiede findet man bei Pelka (1982: 86ff.). *Gebrauchsanweisung* hebt die direktive Funktion hervor und ist der in der Umgangssprache geläufigste Begriff.

28 Dies entdeckte der berühmte Sprachwissenschaftler Benjamin Lee Whorf schon vor einem halben Jahrhundert - lange bevor Psychologen oder die Hersteller in der Industrie darauf aufmerksam wurden. Bekanntlich fand Whorf als Außenseiter zur Sprachwissenschaft, im Hauptberuf analysierte er für eine Feuerversicherungsgesellschaft Schadensfälle wie den folgenden (vgl. Whorf, 1956: 135ff.): ein Schild mit der Aufschrift *empty gasoline drums* ('leere Benzinfässer') hatte einen Arbeiter dazu verleitet, einen brennenden Zigarettenstummel achtlos wegzuwerfen, was eine heftige Explosion auslöste. Das Wort *empty* wird im Englischen (ähnlich wie *leer* im Deutschen) nicht nur auf Behälter - ohne Rücksicht auf Flüssigkeitsreste und Dämpfe - angewendet, sondern praktisch auch synonym mit *null and void*, *negative*, *inert*, kurz im Sinne von 'ungefährlich' (vgl. *leere Drohungen*) gebraucht. Der Verfasser der Aufschrift hatte die erste Bedeutung gemeint, und der Arbeiter hatte sich nach der zweiten Bedeutung verhalten. Leider sind aber leere Benzinfässer noch gefährlicher als volle, weil sie explosive Dämpfe enthalten, und so nahm das Unglück seinen Lauf.

29 Um einige wesentliche Aspekte dieser Zusammenhänge zu klären, bereitet das Sprachwissenschaftliche Institut der Ruhr-Universität Bochum in Zusammenarbeit mit Angehörigen der Universitäten Campinas (Brasilien) und Trujillo (Peru) ein Forschungsprojekt vor. Es soll vor allem das Verstehen von Gebrauchsanweisungen unter den Bedingungen einer hochentwickelten Industrieregion, einer Schwellenregion und einer ausgesprochenen Entwicklungsre-

gion erforschen, und zwar an den Modellen Ruhrgebiet (Deutschland), Region São Paulo (Brasilien) und Region La Libertad (Peru). Die Untersuchungen sollen so angelegt werden, daß die in diesen Regionen erprobten Untersuchungsmodelle sich später auch auf andere Industrie-, Schwellen- und Entwicklungsländer übertragen lassen (Näheres in Saile (1982)).

30 Denn:

Grau, teurer Freund, ist alle Theorie ...

(Goethe, Faust: Vers 2038)

Abkürzungen und Symbole

Sprachen und Dialekte

afries.	altfriesisch
agr.	altgriechisch
ags.	angelsächsisch
ahd.	althochdeutsch
ai.	altindisch
aisl.	altisländisch
alb.	albanisch
anfränk.	altniederfränkisch
anord.	altnordisch
asächs.	altsächsisch
bair.	bairisch
dt.	deutsch
engl.	englisch
frz.	französisch
germ.	germanisch
gr.	griechisch
got.	gotisch
idg.	indogermanisch
lat.	lateinisch
mhd.	mittelhochdeutsch
ngr.	neugriechisch
nhd.	neuhochdeutsch
port.	portugiesisch
schwäb.	schwäbisch
ugs.	umgangssprachlich

Grammatik

Adj	Adjektiv
Adv	Adverb
Advb	Adverbial(phrase)
Art	Artikel
D_{adv}	Deiktisches Adverb
Det	Determinans
D_{pron}	Deiktisches Pronomen
Konj	Konjunktion
Kop	Kopula
N	Nomen
Neg	Negation
NP	Nominal(phrase)
NP_{gen}	Nominal im Genitiv
PP	Präpositional(phrase)
Präp	Präposition
Präs	Präsens
Perf	Perfekt

S	Satz	V_{kontr}	Kontroll-Verb
V	Verb	VP	Verbal(phrase)

→	kann ersetzt werden
( )	Klammerinhalt ist fakultativ zu wählen
{ }	Klammerinhalt ist alternativ zu wählen
*	nicht belegt; rekonstruiert
*	nicht akzeptabel
?	schwer akzeptabel
>	wird zu
<	ist entstanden aus
'...'	Bedeutung von ...
≈	ist kognitiv synonym mit

Logik und Mengenlehre

C	Menge von Kontexten C
D	Dynamische Relation (z.B. $D\text{-}IN^{z}(a,b)$)
$D^{\pm}$	positive dynamische Relation (d.h. eine faktische Bewegung)
D^{-}	negative dynamische Relation (d.h. eine faktische Nicht-Bewegung)
E	Menge von außersprachlichen Einheiten a,b
g.d.w.	genau dann wenn
L	lokale Relation (z.B. L-IN(a,b))
L^{-1}	konverse lokale Relation (z.B. $(L\text{-}IN)^{-1}(a,b)$)
N	Menge von Nominalen NP
P	Menge von Raumpunkten
$\mathbb{R}$	Menge der reellen Zahlen
T	Menge von Zeitpunkten t bzw. temporale Relation (z.B. T-IN(a,B))
Δ	Modifikation oder Konjunktion lokaler Relationen
ε	Einheitszuordnung
Σ	subjektives Koordinatensystem

τ	Ortsmarkierung
χ	Zeitzuordnung
Ω	objektives Koordinatensystem
$\sim$	Negation
&	Konjunktion
$\vee$	Adjunktion
$\Rightarrow$	Folgerung (informeller Begriff)
$\supset$	Implikation (formaler Begriff)
$\equiv$	Äquivalenz
$\exists$	Existenzquantor
$\forall$	Allquantor
!	Imperativoperator
$\Diamond$	Möglichkeitsoperator
$\Box$	Notwendigkeitsoperator
$\Diamond\!\!\rightarrow$	*könnte*-Operator
$\Box\!\!\rightarrow$	*würde*-Operator
$\vec{a}$	bezeichnet einen Vektor (a_1, ..., a_n), dessen Länge (n) aus dem Kontext hervorgeht
$\rightarrow$	Zuordnung bzw. Abbildung im Sinne der Mengenlehre
{,}	ungeordnete Menge
<,>	geordnete Menge
$\emptyset$	leere Menge
$\in$	Element von
$\cap$	Durchschnitt
$\cup$	Vereinigung
$\subset$	Teilmenge (enthalten)
$\mathcal{P}$	Potenzmenge
$A \setminus B$	Differenz
$A \times B$	kartesisches Produkt
$\geq$	größer (gleich)
$\leq$	kleiner (gleich)
=	gleich
$\neq$	ungleich
:=	definitionsgemäß gleich

Literatur

Bemerkung zur Zitierweise: Sind bei einem Titel mehrere Jahreszahlen (Auflagen) verzeichnet, so beziehen sich die Seitenangaben im Text auf die jeweils letzte Angabe in eckigen Klammern.

Admoni, W.G. (1966): *Der deutsche Sprachbau.* (Stroj sovremennogo nemeckogo jazyka, dt.) 2. Aufl. Moskau, Leningrad: Prosveščenie.

Akmajian, A.; Heny, F. (1975): *An Introduction to the Principles of Transformational Syntax.* Cambridge, London: MIT Press.

Ballmer, Th.T.; Brennenstuhl, W. (1978): "Zur Verbwortschatzstruktur der deutschen Sprache". In: *Linguistische Berichte* 55. 18-37.

Ballmer, Th.T.; Brennenstuhl, W. (1982): "Zum Adverbial- und Adjektivwortschatz der deutschen Sprache". In: *Linguistische Berichte* 78. 1-32.

Ballweg, J. (1977): *Semantische Grundlagen einer Theorie der deutschen kausativen Verben.* Tübingen: Narr.

Baumgärtner, K. (1969): *Zur Syntax der Umgangssprache in Leipzig.* Berlin: Akademie-Verlag.

Baumgärtner, K. (1967): "Die Struktur des Bedeutungsfeldes". In: Institut für deutsche Sprache, Mannheim (Hrsg.) *Satz und Wort im heutigen Deutsch.* Jahrbuch 1965/66. Düsseldorf: Schwann. 165-197.

Bendix, E.H. (1966): *Componential Analysis of General Vocabulary.* The Hague: Mouton.

Bennett, D.C. (1975): *Spatial and Temporal Uses of English Prepositions.* London: Longman.

Bierwisch, M. (1965): "Eine Hierarchie syntaktisch-semantischer Merkmale". In: *Syntaktische Studien.* Studia Grammatica V. Berlin: Akademie-Verlag. 29-86.

Bierwisch, M. (1967): "Some Semantic Universals of German Adjectivels". In: *Foundations of Language* 3. 1-36.

Bierwisch, M. (1977): "Sprache und Gedächtnis: Ergebnisse und Probleme". In: Klix/Sydow (1977: 117-149).

Boretzky, N. (1977): *Einführung in die historische Linguistik*. Reinbek: Rowohlt.

Brennenstuhl, W. (1975): *Handlungstheorie und Handlungslogik*. Kronberg: Skriptor.

Brennenstuhl, W. (1977): "The Primary and Secondary Directional Meaning of *herunter* in German". In: *Linguistische Berichte* 47. 28-54.

Brinkmann, H. (1962): *Die deutsche Sprache*. Düsseldorf: Schwann.

Brøndal, V. (1939): "L'originalité des prépositions du français moderne". In: *Mélanges de linguistique offerts à Charles Bally*. Genf: Slatkine. 337-346.

Brugman, K.; Delbrück, B. (1886-1900): *Grundriß der Vergleichenden Grammatik der Indogermanischen Sprachen*. Bd. 1-5. Straßburg: Trübner; Berlin: de Gruyter.

Brugmann, K. (1904): *Die Demonstrativpronomina der indogermanischen Sprachen: eine bedeutungsgeschichtliche Untersuchung*. Leipzig: Teubner.

Bühler, K. (1934): *Sprachtheorie*. Stuttgart: Fischer [2. Aufl. 1965].

Busch, W. (1959): *Sämtliche Werke*. Bd. 1.2. Hrsg. von R. Hochhuth. Gütersloh: Bertelsmann.

Chomsky, N. (1965): *Aspects of the Theory of Syntax*. Cambridge (Mass.): MIT Press.

Coseriu, E. (1969): *Die Geschichte der Sprachphilosophie von der Antike bis zur Gegenwart*. Teil 1. (Autorisierte Nachschrift von G. Narr und R. Windisch) Tübingen: Romanisches Seminar der Universität.

Dowty, D.R. (1972): *Studies in the Logic of Verb Aspect and Time Reference in English*. University of Ann Arbor: Phil. Dissertation.

Duden (1963): *Etymologie: Herkunftswörterbuch der deutschen Sprache*. Bearb. von G. Drosdowski u.a. Mannheim: Bibliographisches Institut.

Duden (1973): *Grammatik der deutschen Gegenwartssprache*. Hrsg. von P. Grebe u.a. 3. Aufl. Mannheim: Bibliographisches Institut.

Duden (WdS): *Das große Wörterbuch der deutschen Sprache*. Hrsg. von G. Drosdowski. Mannheim: Bibliographisches Institut (1976-81).

Engel, U.; Schuhmacher, H. (Hrsg.) (1976): *Kleines Valenzlexikon deutscher Verben*. Tübingen: Narr.

Fabricius-Hansen, C. (1975): *Transformative, intransformative und kursive Verben*. Tübingen: Niemeyer.

Fillmore, Ch.J. (1975): *Santa Cruz Lectures on Deixis 1971*. Bloomington: Indiana University Linguistics Club.

Fillmore, Ch.J. (1982): "Towards a Descriptive Framework for Spatial Deixis". In: Jarvella/Klein (1982: 31-59).

Fischer, H. (SW): *Schwäbisches Wörterbuch*. Bd. 1-6. Tübingen: Laupp. (1904-1936).

Flothius, M.H. (1928): *Das Verhältniswort*. Groningen: Noordhoff.

Friedrich, P. (1970): "Shape in Grammar". In: *Language* 46. 379-407.

Gipper, H. (1972): *Gibt es ein sprachliches Relativitätsprinzip?: Untersuchungen zur Sapir-Whorf-Hypothese*. Frankfurt/M.: Fischer.

Goethe, J.W. (Hamburger Ausgabe 1949): *Werke*, Bd. 3, Dramatische Dichtungen. Hamburg: Wegner. [6. Aufl. 1962].

Grimm, J. und W. (Hrsg.) (DWB): *Deutsches Wörterbuch*. Leipzig: S. Hirzel. [1954-1961].

Grosse, S.; Mentrup, W. (Hrsg.) (1982): *Anweisungstexte*. Tübingen: Narr.

Hagendorf, H. (1977): "Methodik der experimentellen Gedächtnisforschung". In: Klix/Sydow (1977: 25-41).

Heidolph, K.E.; Flämig, W.; Motsch, W. (Hrsg.) (1981): *Grundzüge einer deutschen Grammatik*. Berlin: Akademie-Verlag.

Helbig, G.; Buscha, J. (1972): *Deutsche Grammatik*. Leipzig: Verlag Enzyklopädie. [5. Aufl. 1979].

Helbig, G.; Schenkel, W. (1978): *Wörterbuch zur Valenz und Distribution deutscher Verben*. Leipzig: Bibliographisches Institut.

Hering, E. (1879): "Der Raumsinn und die Bewegungen der Augen". In: Hermann, L. (Hrsg.) *Handbuch der Physiologie*, Bd.3. Leipzig: Vogel. 343-601.

Hilbert, D. (1899): *Grundlagen der Geometrie*. Stuttgart: Teubner. [10. Aufl. 1968].

Huber, W. (1980): *Infinitivkomplemente im Deutschen: transformationsgrammatische Untersuchungen zum Verb "lassen"*. FU Berlin: Phil. Dissertation [erst nach Abschluß von Kap. IV eingesehen].

Husserl, E. (1968): *Logische Untersuchungen*. Bd. 1.2. Tübingen: Niemeyer. [4. Aufl.].

Immler, M. (1974): *Generative Syntax - Generative Semantik*. München: Fink.

Jammer, M. (1980): *Das Problem des Raumes*. (Concepts of space, dt.). Darmstadt: Wissenschaftliche Buchgesellschaft.

Jarvella, R.J.; Klein, W. (Hrsg.) (1982): *Speech, Place, and Action*. Chichester, New York: Wiley.

Kegel, G.; Saile, G. (1973): "Sprachliche Korrelate des Raumkonzepts". In: *Linguistische Berichte* 28. 23-35.

Kegel, G.; Saile, G. (1975): *Analyseverfahren zur Textsemantik*. München: Hueber.

Klappenbach, R.; Steinitz, W. (Hrsg.) (WdG): *Wörterbuch der deutschen Gegenwartssprache*. Berlin: Akademie-Verlag. [1964ff.].

Klatzky, R.L. (1975): *Human Memory: Structures and Processes*. San Francisco: Freeman.

Klein, W. (1978): "Wo ist hier? Präliminarien zu einer Untersuchung der lokalen Deixis". In: *Linguistische Berichte* 58. 18-40.

Klix, F.; Sydow, H. (Hrsg.) (1977): *Zur Psychologie des Gedächtnisses*. Berlin: Deutscher Verlag der Wissenschaften.

Kluge, F. (1975): *Etymologisches Wörterbuch der deutschen Sprache*. Berlin, New York: de Gruyter.

Kohrt, M. (1976): *Koordinationsreduktion und Verbstellung in einer generativen Grammatik des Deutschen*. Tübingen: Niemeyer.

Krause, J. (1976): *Untersuchungen über das Verb "geschehen": eine Vorstudie zu den Verben des Geschehens*. Tübingen: Niemeyer.

Kripke, S.A. (1973): "Semantical Considerations on Modal Logic." In: *Acta Philosophica Fennica* 16. 83-94.

Latzel, S. (1979): *Der Gebrauch von "hin" und "her" im heutigen Deutsch*. München: Goethe-Institut.

Leech, G.N. (1969): *Towards a Semantic Description of English*. London: Longman.

Leisi, E. (1952): *Der Wortinhalt*. Heidelberg: Quelle und Meyer. [2. Aufl. 1961].

Lewis, D. (1972): "General Semantics". In: Davidson, D.; Harman, G. (Hrsg.). *Semantics of Natural Language*. Dordrecht: Reidel.169-218.

Lewis, D. (1973): *Counterfactuals*. Cambridge (Mass.): Harvard University Press.

Lindsay, W.M. (1907): *Syntax of Plautus*. Oxford [Nachdruck New York: Stechert, 1936].

Lutzeier, P. (1974): *Der 'Aspekt' Welt als Einstieg zu einem nützlichen Kontextbegriff für eine natürliche Sprache*. Universität Stuttgart. Phil. Dissertation.

Lutzeier, P. (1982): "Words and Worlds". In: Eikmeyer, H.J.; Rieser, H. (Hrsg.) (1982): *Words, Worlds and Contexts*. Berlin: de Gruyter. 75-106.

Lynch, K. (1977): *The Image of the City*. Cambridge (Mass.): MIT Press.

Lyons, J. (1963): *Structural Semantics*. Oxford: Blackwell.

Lyons, J. (1968): *Introduction to Theoretical Linguistics*. London, New York: Cambridge University Press.

Lyons, J. (1975): "Deixis as the source of reference". In: Keenan, E.L. (Hrsg.). *Formal Semantics of Natural Language*. London, New York: Cambridge University Press.

Lyons, J. (1977): *Semantics*. Bd. 1.2. London, New York: Cambridge University Press.

Malotki, E. (1979): "Spatio-Temporale Metaphorik im Bereich der Pronominallokatoren der Hopi-Sprache". In: Bülow, E.; Schmitter, P. (Hrsg.) *Integrale Linguistik: Festschrift für Helmut Gipper*. 493-518. Amsterdam: Benjamins.

Malotki, E. (1979a): *Hopi-Raum*: eine sprachwissenschaftliche Analyse der Raumvorstellungen in der Hopi-Sprache. Tübingen: Narr.

Mater, E. (1966): *Deutsche Verben*. Leipzig: Bibliographisches Institut.

Merkle, W. (1975): *Bairische Grammatik*. München: Heimeran.

Metzger, W. (1975): *Gesetze des Sehens*. Frankfurt: Kramer. [3. Aufl.].

Miller, G.A.; Johnson-Laird, Ph.N. (1976): *Language and Perception*. Cambridge (Mass.): Harvard University Press.

Moilanen (1979): *Statische lokative Präpositionen im heutigen Deutsch*. Tübingen: Niemeyer.

Montague, R. (1974): *Formal Philosophy*. Hrsg. von R.H. Thomason. New Haven, London: Yale University Press.

Nedjalkov, V.P. (1976): *Kausativkonstruktionen*. (Kauzativnyje konstrukcii v nemeckom jazyke, dt.) Tübingen: Narr.

Pelka, R. (1982): "Sprachliche Aspekte von Bedienungsanleitungen technischer Geräte und Maschinen". In: Grosse/Mentrup (1982: 74-103).

Petter, G. (1966): *Die geistige Entwicklung des Kindes im Werk von Jean Piaget*. (Lo sviluppo mentale nelle ricerche di Jean Piaget, dt.) Bern: Huber.

Pokorny, J. (IEW): *Indogermanisches etymologisches Wörterbuch*. Bern: (1949f.).

Polenz, P.von: "Ableitungsstrukturen deutscher Verben". In: *Zeitschrift für deutsche Sprache* 24 (1968), 1-15 und 129-160.

Pottier, B. (1957): "Sur la nature du cas et de la préposition. Questions de méthode". In: *Mélanges de linguistique et de littérature à la mémoire d'István Frank*. Saarbrücken: Universität des Saarlandes. 545-551.

Pottier, B. (1962): *Systématique des Éléments de Relation. Étude de morphosyntaxe structurale romane*. Paris: Klincksieck.

Quine, W.V. (1960): *Word and Object*. Cambridge (Mass.): MIT Press.

Quine, W.V. (1974): *The Roots of Reference*. La Salle (Ill.): Open Court.

Rescher, N. (1966): *The Logic of Commands*. London: Routledge and Kegan Paul.

Rescher, N. (1969): *Many Valued Logic*. New York: McGraw-Hill.

Rubinstein, S.L. (1962): *Grundlagen der Allgemeinen Psychologie*. (Rubinštejn: Osnovy obščej psichologii, dt.). Berlin: Volk und Wissen.

Saile, G. (1974): *Probleme einer Oberflächensemantik: Zur logischen Bedeutungsanalyse von Tautologien und Kontradiktionen.* Linguistische Arbeiten und Berichte Berlin (West). Heft 3. Freie Universität Berlin: Fachbereich 16 (Germanistik).

Saile, G.; Kegel, G. (1974): "Textsemantik - Verbindung der referenz- und sinnsemantischen Komponente". In: *Linguistische Berichte* 34. 40-54.

Saile, G. (1977): *Die Beschreibung räumlicher Operationen.* Technische Universität Berlin: Unveröff. phil. Dissertation.

Saile, G. (1982): "Sprachliche Bedingungen des Technologietransfers". In: Ballmer, Th.T.; Posner, R. (Hrsg.) *Festschrift für Helmut Schnelle zum 50. Geburtstag.* Berlin: de Gruyter [im Druck].

Schiller, F. (Nationalausgabe 1980): *Werke*, Bd. 10, hrsg. von S. Seidel. Weimar: Böhlau.

Schmidt, W. (1977): *Grundfragen der deutschen Grammatik.* Berlin: Volk und Wissen.

Schnelle, H. (1962): *Zeichensysteme zur wissenschaftlichen Darstellung.* Stuttgart-Bad Cannstatt: Fromann.

Schnelle, H. (1973): *Sprachphilosophie und Linguistik.* Reinbek: Rowohlt.

Schnelle, H. (1979): "Syntax und Semantik - Wo stehen wir heute?" In: *Linguistische Berichte* 63. 1-26.

Schoenthal, G. (1976): *Das Passiv in der deutschen Standardsprache.* München: Hueber.

Schramm, H.E. (1967): *Des Ritters Götz von Berlichingen denkwürdige Fensterrede.* Gerlingen: Körner.

Sinclair, H. (1971): "Sensorimotor Action Patterns as a Condition for the Acquisition of Syntax". In: Huxley, R.; Ingram, E. (Hrsg.) (1971): *Language Acquisition: Models and Methods.* New York: Academic Press. 121-135.

Sinclair, H. (1973): "Language Acquisition and Cognitive Development". In: Moore, T.E. (Hrsg.) (1973): *Cognitive Development and the Acquisition of Language.* New York, London: Academic Press. 9-25.

Stechow, A.von (1982): "Three Local Deictics". In: Jarvella/Klein. (1982: 73-99).

Steinitz, R. (1969): *Adverbialsyntax.* Studia Grammatica X. Berlin: Akademie-Verlag.

Steinthal, H. (1890f.): *Geschichte der Sprachwissenschaft bei den Griechen und Römern.* Bd. 1.2. Berlin: Dümmler.

Stern, C.; Stern, W. (1928): *Die Kindersprache: eine psychologische und sprachtheoretische Untersuchung.* Leipzig: Barth. [Nachdruck: Wiss. Buchges., Darmstadt 1965].

Stötzel, G. (1970): *Ausdrucksseite und Inhaltsseite der Sprache: methodenkritische Studien am Beispiel der deutschen Reflexivverben*. München: Hueber.

Tasche, F. (1979): "Das Verhältnis der Logik zu den Einzelwissenschaften". In: *Philosophie und Einzelwissenschaften*. TUB-Dokumentation 6. Berlin: Technische Universität. 36-57.

Thalberg, J. (1972): *Enigmas of Agency: Studies in the Philosophy of Human Action*. London: Allen & Unwin.

Traugott, E.C. (1975): "Spatial Expressions of Tense and Temporal Sequencing: a Contribution to the Study of Semantic Fields". *Semiotica* 15. 207-230.

Troll, Th. (1974): *Wo kommet denn dia kloine Kender her?* (Mayle, P.: Where did I come from?, schwäb.) Hamburg: Hoffmann und Campe.

Trubetzkoy, N.S. (1958): *Grundzüge der Phonologie*. Göttingen: Vandenhoeck & Ruprecht.

Unterstenhöfer, G. (1975): "Die Betriebsanleitung - Möglichkeiten ihrer Nutzung für die Unfallverhütung". In: *Die Berufsgenossenschaft*. Mai 1975. 163-164.

Vendler, Z. (1968): *Adjektives and Nominalizations*. The Hague: Mouton.

Vernay, H. (1974): *Essai sur l'organisation de l'espace par divers systèmes linguistiques*. München: Fink.

Vernon, M.D. (1974): *Wahrnehmung und Erfahrung* (Perception through Experience, dt.). Köln: Kiepenheuer und Witsch.

Wandruszka, M. (1969): *Sprachen - Vergleichbar und Unvergleichbar*. München: Pieper.

Whorf, B.L. (1956): *Language, Thought and Reality: selected Writings of Benjamin Lee Whorf*. Hrsg. von J.B. Carrol. New York: Wiley.

Winograd, T. (1972): *Understanding Natural Language*. Edinburgh: University Press.

Wright, G.H.von (1963): *Norm and Action. A logical Enquiry*. London: Routledge and Kegan Paul.

Wright, G.H.von (1968): *An Essay in Deontic Logic and the General Theory of Action*. Amsterdam: North-Holland.

Wright, G.H.von (1971): *Explanation and Understanding*. London: Routledge and Kegan Paul.

Wunderlich, D. (1970): *Tempus und Zeitreferenz im Deutschen*. München: Hueber.

Wunderlich, D. (1982): "Raumkonzepte - Zur Semantik der lokalen Präpositionen". In: Ballmer, Th.T.; Posner, R. (Hrsg.): *Festschrift für Helmut Schnelle zum 50. Geburtstag*. Berlin: de Gruyter [im Druck].

Zadeh, L.A. (1965): "Fuzzy sets". *Information and Control* 8. 338-353.

Zwicky, A.M.; Sadock, J.M. (1975): "Ambiguity tests and how to fail them". In: Kimbal, J.P. (Hrsg.) (1975). *Syntax and Semantics*, Bd. 4. New York, London: Academic Press. 1-36.

Register

Kursive Seitenzahlen verweisen auf Textstellen, die für das Stichwort wesentlich sind.